AF154313

Themenseite:

Ein **Vorspann** weckt dein Interesse und bringt das Thema der Seite auf den Punkt.

Quellentexte stehen immer auf der rechten Seite.

Die **Verfassertexte** stehen immer auf der linken Seite.

Ein **Lexikon** klärt Begriffe, die im Text vorkommen.

Schon gewusst-Kästen greifen Kurioses auf, bieten Informationen zu einer Person oder stellen Gegenwartsbezüge her.

Die Materialien der Seite werden mit den **Aufgaben** bearbeitet. Es gibt einen einfacheren und einen schwierigeren Lernweg (Aufgabenkonzept siehe die folgende Doppelseite).

Folgende Abkürzungen und Symbole solltest du dir merken:

Q steht für Quellen: Texte und Gegenstände, die aus vergangenen Zeiten übrig geblieben sind.

D bezeichnet Darstellungen von Geschichte: Berichte heutiger Forscher/Forscherinnen, Schaubilder oder Karten.

T steht für Verfassertext. Er wurde von einem Autor/einer Autorin dieses Schulbuches geschrieben und ist in Abschnitte gegliedert (T1, T2, …).

 Bei diesem Text handelt es sich um eine Geschichtserzählung, die sich der Autor/die Autorin ausgedacht hat. Die Geschichte könnte aber so ähnlich passiert sein.

Zusätzliche Materialien wie Arbeitsblätter, Animationen, Erklärfilme oder interaktive Übungen findest du unter schueler.klett.de, wenn du in dem Suchfenster den abgedruckten Code eingibst.

MK steht für Medienkompetenz. In Aufgaben oder auf Doppelseiten mit diesem Symbol übst du den Umgang mit verschiedenen Medien.

SP steht für Sprachbildung. Das Symbol steht bei den Lösungshilfen und den Hinweisen für das Lösen der Aufgaben. Hier findest du sprachliche Tipps, wie du über Geschichte sprechen und deine Antworten formulieren kannst.

DEIN Weg durch „Zeitreise"

Wegweiser-Seite:

Im Wegweiser dieser Seite werden die wichtigsten Stationen vorgestellt, die dich im Kapitel erwarten. Du kannst die Wegweiser-Seite einfach zur ersten **Orientierung** nutzen.

Oder du wählst einen der beiden Wege, um selbstständig auf Zeitreise zu gehen und die abgedruckten Fragen zu beantworten. Dazu wirst du einige Unterrichtsstunden benötigen. Weg A (grün) ist meist einfacher als Weg B (blau).

Material zur Beantwortung der Fragen findest du auf den Themenseiten, in der Bücherei oder im Internet.

Die **Aufgabenwege** umschließen den Wegweiser. Weg A (grün) ist meist einfacher als Weg B.

Die **Stationen** sind in Bildern auf dem Wegweiser dargestellt.

Am Ende präsentierst du deine **Ergebnisse** mit einem kleinen Produkt.

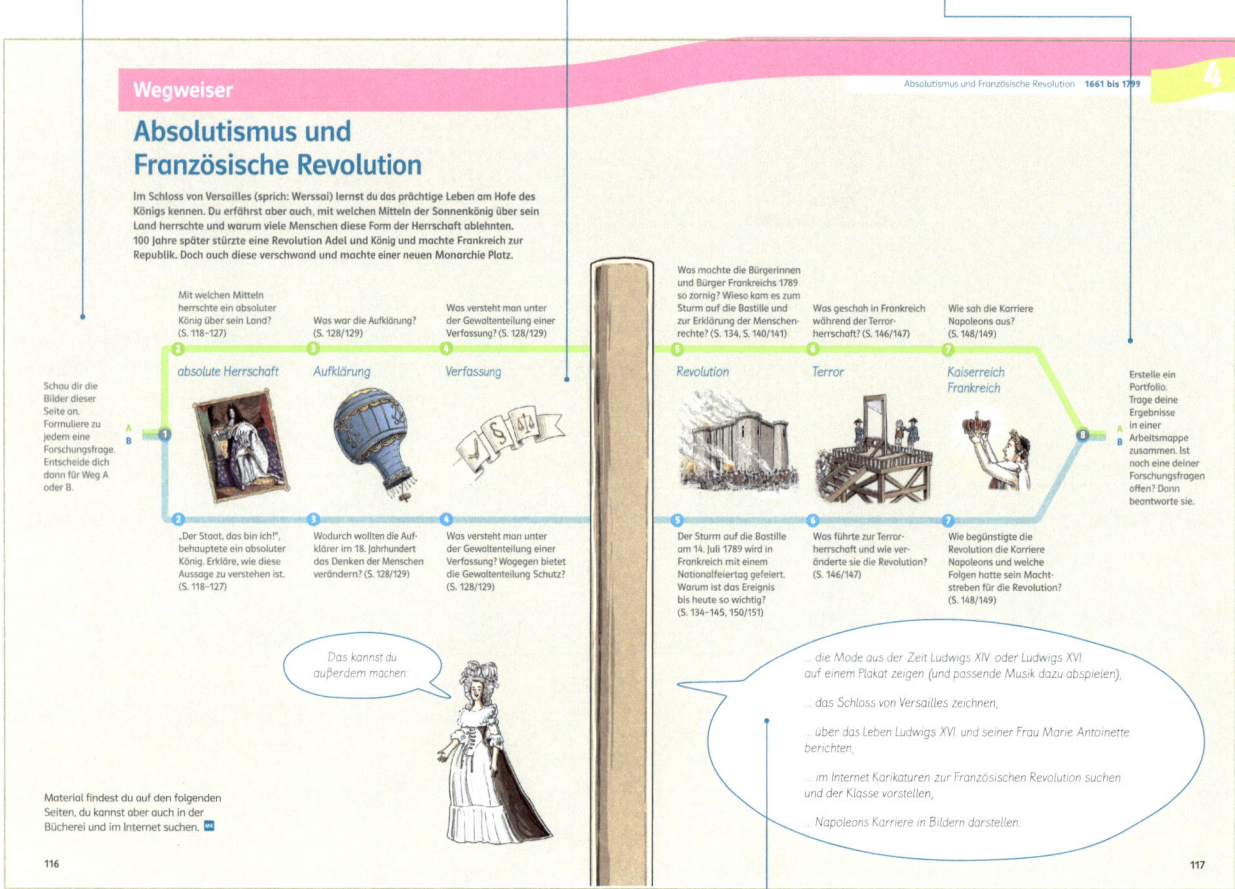

Mit den Tipps zum **offenen Lernen** kannst du deinen Vorlieben folgen.

Aufgaben:

Zeitreise bietet dir nicht nur zwei Wege durch das gesamte Kapitel an, sondern im **Aufgabenblock** auch zwei Lösungswege für jede einzelne Seite.

Du **startest** gemeinsam mit deinen Mitschülern und Mitschülerinnen, wählst dann Weg A (einfacher) oder Weg B (schwieriger).

Unterwegs kannst du von Weg A auf Weg B umsteigen.

Jeder Aufgabenblock endet mit einer gemeinsamen Schlussaufgabe.

Wer schneller ist oder besonders interessiert am Thema, kann zusätzlich die **EXTRA-Aufgaben** lösen.

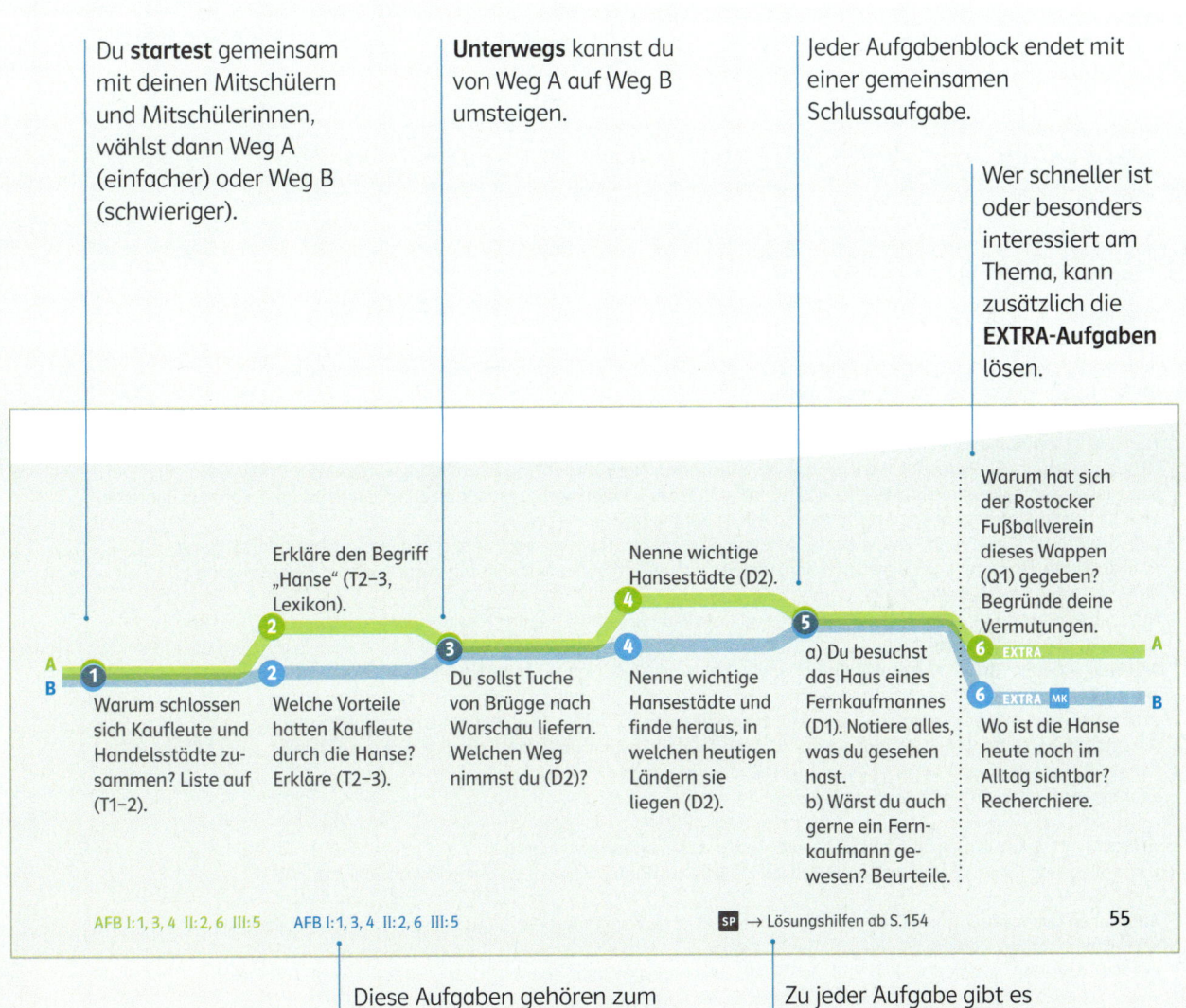

Erkläre den Begriff „Hanse" (T2–3, Lexikon).

Nenne wichtige Hansestädte (D2).

Warum hat sich der Rostocker Fußballverein dieses Wappen (Q1) gegeben? Begründe deine Vermutungen.

1 Warum schlossen sich Kaufleute und Handelsstädte zusammen? Liste auf (T1–2).

2 Welche Vorteile hatten Kaufleute durch die Hanse? Erkläre (T2–3).

3 Du sollst Tuche von Brügge nach Warschau liefern. Welchen Weg nimmst du (D2)?

4 Nenne wichtige Hansestädte und finde heraus, in welchen heutigen Ländern sie liegen (D2).

5 a) Du besuchst das Haus eines Fernkaufmannes (D1). Notiere alles, was du gesehen hast.
b) Wärst du auch gerne ein Fernkaufmann gewesen? Beurteile.

6 EXTRA — A

6 EXTRA MK — B
Wo ist die Hanse heute noch im Alltag sichtbar? Recherchiere.

AFB I: 1, 3, 4 II: 2, 6 III: 5   AFB I: 1, 3, 4 II: 2, 6 III: 5

SP → Lösungshilfen ab S. 154

Diese Aufgaben gehören zum Anforderungsbereich (AFB) I, II oder III (siehe dazu S. 186/187).

Zu jeder Aufgabe gibt es 💡 **Lösungshilfen** im Anhang des Buches (ab S. 154).

Bildinformationen zu den Auftaktseiten:

S. 8 f.: Szene aus dem Film **„Karl der Große"**, 2013 • S. 42 f.: **Verkaufsstand im Stil des Mittelalters** vor dem Restaurant „Olde Hansa" in Tallin (Estland). Das Restaurant befindet sich in einem ehemaligen Hanse-Packhaus und lockt Touristen mit Speisen und Musik wie im 15. Jahrhundert • S. 70 f.: **Flucht von Katharina von Bora aus dem Kloster.** Aufnahme vom Festspiel-Filmset für „Luther – Der Anschlag", 67. Bad Hersfelder Festspiele, 2017 • S. 114 f.: **Madame de Polignac am Hof von Versailles.** Szene aus dem Kinofilm „Leb wohl, meine Königin!", Kinostart in Deutschland: 2012

1. Auflage

1 6 5 4 3 2 | 28 27 26 25 24

Alle Drucke dieser Auflage sind unverändert und können im Unterricht nebeneinander verwendet werden. Die letzte Zahl bezeichnet das Jahr des Druckes.

Das Werk und seine Teile sind urheberrechtlich geschützt. Das Gleiche gilt für die Software und das Begleitmaterial. Jede Nutzung in anderen als den gesetzlich zugelassenen Fällen bedarf der vorherigen schriftlichen Einwilligung des Verlages. Hinweis § 60 a UrhG: Weder das Werk noch seine Teile dürfen ohne eine solche Einwilligung eingescannt und/oder in ein Netzwerk eingestellt werden. Dies gilt auch für Intranets von Schulen und sonstigen Bildungseinrichtungen. Fotomechanische, digitale oder andere Wiedergabeverfahren nur mit Genehmigung des Verlages. Jede öffentliche Vorführung, Sendung oder sonstige gewerbliche Nutzung oder deren Duldung sowie Vervielfältigung (z. B. Kopieren, Herunterladen oder Streamen) und Verleih und Vermietung ist nur mit ausdrücklicher Genehmigung des Ernst Klett Verlages erlaubt. Nutzungsvorbehalt: Alle Rechte, auch für Text- und Data-Mining (TDM), Training für künstliche Intelligenz (KI) und ähnliche Technologien, sind vorbehalten. An verschiedenen Stellen dieses Werkes befinden sich Verweise (Links) auf Internet-Adressen. Haftungshinweis: Trotz sorgfältiger inhaltlicher Kontrolle wird die Haftung für die Inhalte der externen Seiten ausgeschlossen. Für den Inhalt dieser externen Seiten sind ausschließlich die Betreiber verantwortlich. Sollten Sie daher auf kostenpflichtige, illegale oder anstößige Inhalte treffen, so bedauern wir dies ausdrücklich und bitten Sie, uns umgehend per E-Mail an info@klett.support davon in Kenntnis zu setzen, damit bei der Nachproduktion der Verweis gelöscht wird. Lehrmedien/Lehrprogramm nach § 14 JuSchG

© Ernst Klett Verlag GmbH, Stuttgart 2022. Alle Rechte vorbehalten. www.klett.de Das vorliegende Material dient ausschließlich gemäß § 60b UrhG dem Einsatz im Unterricht an Schulen.

Autorinnen und Autoren: Sven Christoffer, Christine Dzubiel (Sprachförderung), Klaus Leinen, Jörg Peter Müller, Ina Setzer-Lenz, Dirk Zorbach (Aufgaben), Gerd Wiesmann
mit Beiträgen von: Wilfried Dähling, Prof. Dr. Michael Epkenhans, Helmut Heimbach, Arno Höfer, Dr. Peter Offergeld, Volker Scherer, Dr. Holger Schmenk, Eckhard Spatz, Dr. Hans Steidle

Beraterinnen und Berater: Dr. Martin Liepach, Ina Setzer-Lenz
Didaktischer Berater: Prof. Dr. Peter Gautschi (Grundkonzeption)

Entstanden in Zusammenarbeit mit dem Projektteam des Verlages.

Gesamtgestaltung: normaldesign, Jens-Peter Becker, Schwäbisch Gmünd
Umschlagbild: Getty Images (AFP/Vincenzo Pinto), München
Satz und Layout: Anne Lehmann, Leipzig
Reproduktion: Meyle & Müller, Medien-Management, Pforzheim
Druck: PASSAVIA Druckservice GmbH & Co. KG, Passau

Printed in Germany
978-3-12-453060-8

9 783124 530608

zeitreise 2

Autorinnen und Autoren
Sven Christoffer
Christine Dzubiel (Sprachförderung)
Klaus Leinen
Jörg Peter Müller
Ina Setzer-Lenz
Dirk Zorbach (Aufgaben)
Gerd Wiesmann

Beraterinnen und Berater
Dr. Martin Liepach
Ina Setzer-Lenz

Didaktischer Berater (Grundkonzeption)
Prof. Dr. Peter Gautschi

Ernst Klett Verlag
Stuttgart · Leipzig · Dortmund

Einstieg

Deine letzte Unterrichtsstunde im Fach Geschichte liegt vielleicht schon einige Zeit zurück. Du hast dich im Band 1 der „Zeitreise" mit dem alten Ägypten, Griechenland und Rom befasst. Im Jahr 476 war das Römische Reich untergegangen. In diesem Band der „Zeitreise" wirst du erfahren, wie in der Mitte Europas ein neues Großreich entstand, das „Heilige Römische Reich". Damit begann auch eine neue Epoche: das Mittelalter.

Wenn du noch einmal wiederholen möchtest, was das Fach Geschichte eigentlich ausmacht, schau dir den Erklärfilm „Was ist Geschichte?" unter dem Zeitreise-Code 🌐 **se82cg** an.

Inhalt

Leben im Mittelalter

um 500
König Chlodwig gründet ein fränkisches Großreich.

um 529
Gründung des Benediktinerordens

800
Der Frankenkönig Karl wird zum Kaiser gekrönt.

10.–14. Jahrhundert
In Europa werden viele Burgen gebaut.

1000–1300
Das Leben auf dem Land ändert sich, z. B. durch neue Erfindungen.

?

In der Filmszene werden Papst, Bischof und König gezeigt. Ordne zu und begründe.

Welcher der drei Männer steht im Mittelpunkt? Woran erkennt man das?

An welchem Ort spielt die Handlung wohl?

Was könnte der Anlass für die Begegnung zwischen Papst und König sein? Stelle Vermutungen an.

9

Leben im Mittelalter

Mit dem Ende des Weströmischen Reiches begann eine neue Epoche – das Mittelalter. In diesem Kapitel wirst du entdecken, dass die Kirche das Leben stark bestimmte. Du wirst Menschen auf dem Land, im Kloster, auf der Burg und in der Stadt kennen lernen. Und du wirst sehen, dass das Mittelalter keineswegs so „finster" war, wie viele Menschen meinen.

Was war das „Reich"? Wer herrschte dort? (S. 12–19)

Was macht ein Papst? Wie beeinflusste die Kirche den Alltag? (S. 22–25)

Wie war die mittelalterliche Gesellschaft aufgebaut? (S. 26/27)

2 **3** **4**

Herrschaft

Kirche

Gesellschaft

Schreibe fünf Begriffe auf, die dir zum Mittelalter einfallen.

A
B

1

2 Was sind die Unterschiede zwischen König und Kaiser? Warum spricht man vom „Heiligen Römischen Reich"? (S. 12–21)

3 Warum kam es zum Streit zwischen Papst und Kaiser? (S. 22/23)

4 Welche Bedeutung hatten die Ständeordnung und die Grundherrschaft für das Leben im Mittelalter? (S. 26–29)

Das kannst du außerdem machen:

Material findest du auf den folgenden Seiten, du kannst aber auch in der Bücherei und im Internet suchen. **MK**

Wie sah der Alltag der Bauern aus? (S. 30/31)

Wie lebten Mönche und Nonnen? (S. 34/35)

Wie und warum wurden Burgen gebaut und wer bewohnte sie? (S. 36/37)

5   **6**   **7**

Land   *Kloster*   *Burg*

8   A B

Schau dir noch einmal die fünf Begriffe an, die du am Anfang des Kapitels aufgeschrieben hast. Was hast du im Kapitel zum Leben im Mittelalter zu diesen Begriffen Neues erfahren? Schreibe auf.

5   **6**   **7**

Wie sah das Leben auf dem Land aus und wie änderte es sich? (S. 30–33)

Welche Bedeutung hatten Klöster im Mittelalter? (S. 34/35)

Ritter, Burgen, Edelfrauen – wer diese Begriffe hört, hat sofort feste Bilder im Kopf. Wie aber war das Leben auf der Burg wirklich? (S. 36–39)

> ... eine Burg zeichnen und eine kleine Geschichte dazu schreiben,
>
> ... einen Ritter zeichnen und seine Aufgaben aufschreiben,
>
> ... einen kurzen Text auf Pergamentpapier mit einer Feder schreiben – wie die Mönche.

Die Franken gründen ein Großreich

Das Weströmische Reich war untergegangen. Auf seinem Gebiet entstand zwischen dem 6. und 8. Jahrhundert ein neues Großreich: das Frankenreich. Nach dem Sieg in einer Schlacht fällte Frankenkönig Chlodwig eine Entscheidung – und wurde mächtiger als je zuvor.

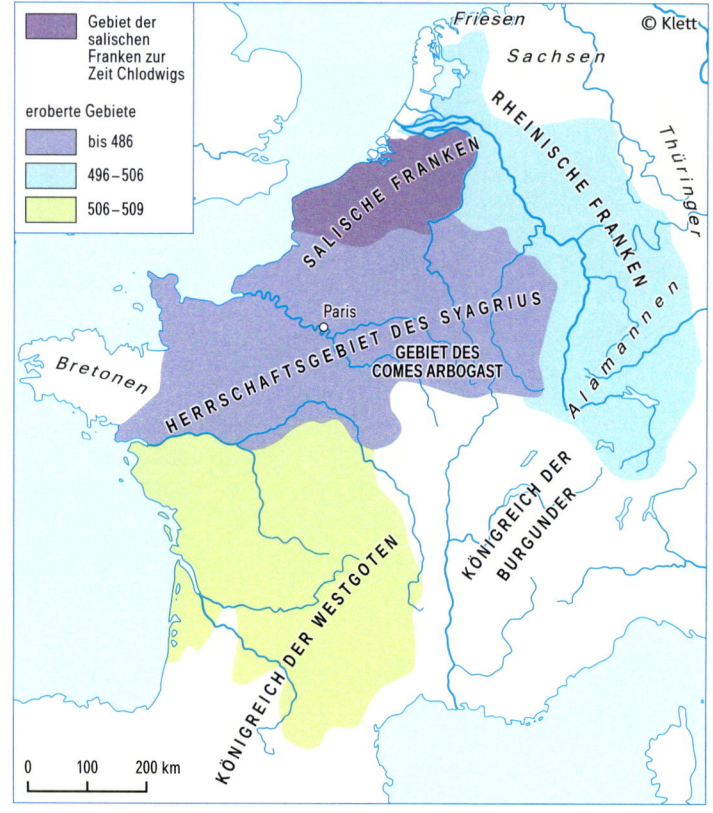

Legende:
- Gebiet der salischen Franken zur Zeit Chlodwigs

eroberte Gebiete
- bis 486
- 496–506
- 506–509

© Klett

Friesen
Sachsen
RHEINISCHE FRANKEN
Thüringer
SALISCHE FRANKEN
Alamannen
Paris
HERRSCHAFTSGEBIET DES SYAGRIUS
GEBIET DES COMES ARBOGAST
Bretonen
KÖNIGREICH DER BURGUNDER
KÖNIGREICH DER WESTGOTEN

0   100   200 km

D1   Das Frankenreich zur Zeit Chlodwigs (481–511)

Chlodwig trat zum Christentum über. Alle Menschen im Frankenreich mussten jetzt ebenfalls Christen werden, sofern sie es nicht schon waren. Warum trat Chlodwig zum Christentum über? Tat er es aus Dankbarkeit, weil Gott ihm den Sieg in einer Schlacht geschenkt hatte (siehe Q1)? Sein Schritt stärkte jedenfalls seine Macht. Ab sofort unterstützen ihn auch die christlichen Bischöfe und Äbte. Ebenso konnten die Bevölkerungsgruppen in seinem Reich besser zusammenwachsen, weil nun alle dieselbe Religion hatten.

T3   Ein Beamter wird König

Chlodwig teilte das Frankenreich unter seinen Söhnen auf. Diese führten aber ständig Kriege gegeneinander. Das schwächte ihre Macht. Mehr und mehr bestimmten die obersten Hofbeamten die Politik. Diese Männer nannte man Hausmeier. Sie verwalteten den königlichen Hof und führten das Heer an. Die Könige selbst verloren immer mehr an Einfluss. Der mächtige Hausmeier Pippin erklärte sich schließlich im Jahr 751 selbst zum König.

T4   Bündnis zwischen König und Papst

Pippin bat beim Papst um Unterstützung – und schloss mit ihm ein Bündnis. Der Papst salbte ihn zusammen mit dessen Söhnen. Eine Salbung kannte man aus der Bibel. Der Papst wollte damit zeigen, dass Pippin ein mächtiger König war, den Gott geschickt hatte. Und der Papst bestimmte, dass nach Pippins Tod nur dessen Söhne Könige werden durften. Im Gegenzug beschützte Pippin den Papst und half ihm, seine Feinde zu besiegen. Der Papst stieg zum „Königsmacher" auf: Wer im Mittelalter König werden wollte, brauchte den Segen des Papstes.

Franken
Germanischer Stamm. Franken bedeutet „mutige Krieger", „Freie" oder „Adlige". Von ihnen bekam Frankreich seinen Namen.

T1   Die Franken

Im 4. bis 6. Jahrhundert verließen viele Menschen in Europa ihre Siedlungsgebiete. Germanische Stämme wanderten ins Römische Reich ein. Eines dieser Völker waren die Franken. Ursprünglich lebten sie im Mündungsgebiet des Rheins. Von dort aus eroberten sie die römische Provinz Gallien, das heutige Frankreich.

T2   Chlodwig eint die Franken

Die Franken setzten sich anfangs aus verschiedenen germanischen Stämmen zusammen. Einer der fränkischen Könige hieß Chlodwig. Um 500 vereinte er alle Stämme.

Q1 Chlodwig ließ sich um 500 taufen. Kurz vorher hatte er bei einer Schlacht gesiegt. Der Geschichtsschreiber, Bischof Gregor von Tours, schreibt:

Als die beiden Heere zusammenstießen, kam es zu einem gewaltigen Blutbad und Clodovechs (Chlodwigs) Heer war nahe daran, völlig vernichtet zu werden. Als er das sah,
5 erhob er seine Augen zum Himmel, (…) seine Augen füllten sich mit Tränen, und er sprach: „Jesus Christus (…) ich flehe dich demütig an um deinen mächtigen Beistand: Gewährst du mir jetzt den Sieg über diese meine Feinde
10 (…) so will ich an dich glauben und mich taufen lassen auf deinen Namen."

Q2 Ein fränkisches Geschichtsbuch (nach 788) beschreibt, wie Pippin König wurde:

Bischof Burkhard von Würzburg und der Kaplan Folrad wurden von Pippin zu Papst Zacharias gesandt, um wegen der Könige im Frankenreich zu fragen, die damals keine
5 Macht als Könige hatten, ob das gut sei oder nicht. Und Papst Zacharias gab Pippin den Bescheid, es sei besser, den als König zu bezeichnen, der die Macht habe, als den, der ohne königliche Macht blieb*. Pippin wurde
10 nach der Sitte der Franken zum König gewählt und gesalbt von der Hand des Erzbischofs Bonifatius und von den Franken zum König erhoben. Hilderich aber, der Scheinkönig, wurde geschoren und ins Kloster geschickt.

* Gemeint war der machtlose König Hilderich.

Q3 **Chlodwigs Taufe.** Buchmalerei, 1375/79

Erkläre, warum Chlodwigs Übertritt zum Christentum seine Herrschaft stärkte (T2, Q3).

Finde heraus, mit welcher Begründung Pippin König werden wollte (T3, Q2).

A
B

1 Liste die Siedlungsgebiete der Franken auf (D1). Nutze dazu auch deinen Atlas.

2 Welche Gründe nennt der Geschichtsschreiber in Q1 dafür, dass Chlodwig zum Christentum übertrat? Welche Gründe werden nicht genannt (T2)?

3 Welche Folgen hatte die Aufteilung des Frankenreiches? Erkläre (T3).

4 Pippin will König werden. Er erläutert dem Papst seine Pläne. Schreibe auf, welche Gründe er nennen würde (T3, Q2).

5 „Das Bündnis von Papst und König war für beide von Vorteil." Überprüfe diese Aussage (T4).

Karl – ein Franke wird römischer Kaiser

Auf dem Gebiet des ehemaligen Weströmischen Reiches gab es im Jahr 800 wieder einen Kaiser: Karl – genannt „der Große". Mit ihm begann etwas ganz Neues.

Q1 **Karl und sein Sohn Pippin sprechen über Gesetze, der Schreiber hört zu.** Buchmalerei, um 990

einen Krieg gegen die Sachsen. Doch sie leisteten erbitterten Widerstand. Im Jahr 782 besiegte Karl die Sachsen nach 30 Jahren Krieg endgültig. Er ließ tausende Sachsen hinrichten, die Überlebenden wurden unter Zwang getauft.

T2 Karl wird römischer Kaiser

Adlige in Rom wollten um 799 Papst Leo III. absetzen. Leo floh nach Paderborn ins Frankenreich und bat den König Karl um Hilfe. Karl half ihm: Seine Männer beschützten Leo auf dem Rückweg nach Rom.
Karl schlichtete den Streit in Rom selbst. Leo blieb Papst. Deshalb krönte Leo an Weihnachten 800 Karl zum Kaiser. Im christlichen Europa gab es nun zwei Kaiser, Karl und den Kaiser in Konstantinopel.

T3 Das neue „Römische Reich"

Karl führte nun den Titel „Kaiser, der das römische Kaiserreich lenkt, und der König der Franken". Er herrschte über ein sehr großes Gebiet. Dazu brauchte er eine gute Verwaltung und viele Unterstützer. Er und seine Berater sorgten für eine einheitliche Verwaltung, ließen Abschriften der Bibel und antiker Texte verbreiten, und unterstützten eine einheitliche Schrift. Karl richtete an seiner Pfalz in Aachen sogar eine Schule ein. Er verpflichtete die Klöster, vorhandenes Wissen zu sammeln und Latein als Sprache der Gebildeten zu pflegen. Karl sorgte in seinem großen Reich nicht nur für Verbesserungen bei der Bildung, sondern auch in der Kunst und Baukunst.

T1 Karl – der Eroberer

Karl übernahm die Herrschaft im Reich, als sein Vater Pippin starb. Er vergrößerte sein Reich in mehr als 40 Kriegen. Viele Kriege führte er gegen Völker, die nicht den christlichen Glauben hatten. Karl wollte sie zum Christentum zwingen. So führte er im Norden

Q2 Münze aus der Zeit Karls um 800.
Die Umschrift lautet: „KAROLUS IMPAUG". IMP ist
die Abkürzung für Imperator (= oberster Anführer
der Armee), AUG ist die Abkürzung für Augustus
(Titel des ersten römischen Kaisers).

**Q4 Bericht über Karls Krönung aus Sicht
des Papstes:**

Als der König gerade am heiligen Weihnachts-
tag sich vom Gebet vor dem Grab des seligen
Apostels Petrus zur Messe erhob, setzte ihm
Papst Leo eine Krone aufs Haupt und das
5 Römervolk rief: „Dem erhabenen Karl, dem
von Gott gekrönten großen und friedens-
bringenden Kaiser der Römer Leben und
Sieg!" Und nach den lobenden Zurufen wurde
er vom Papst nach der Sitte der alten Kaiser
10 durch Kniefall geehrt und fortan (…) Kaiser
und Augustus genannt.

Q3 Karlspreis-Medaille mit Karls Bildnis. Jedes
Jahr wird in Aachen der Karlspreis verliehen.
Den Preis erhalten Personen, die sich für den
Zusammenhalt Europas einsetzen.

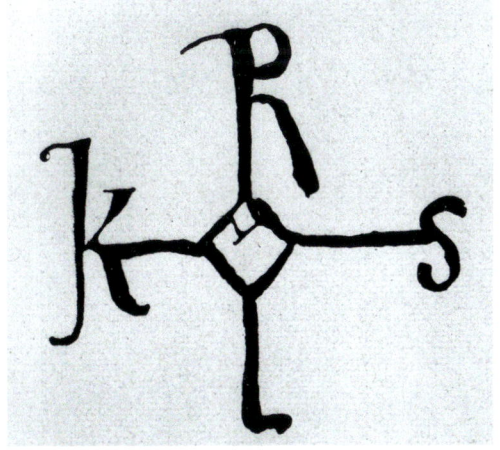

Q5 Karls Unterschrift. Karl konnte wahrscheinlich nicht schreiben, deshalb setzte er nur einen
kleinen Haken in die Mitte der Raute. Sein Schreiber
hatte den Namenszug vorbereitet. Urkunde
(Ausschnitt), 790

2 Warum wurde Karl zum Kaiser gekrönt? Begründe (T2, Q4).

3 Wie ließ sich Karl auf der Münze darstellen? Beschreibe (Q2).

a) Suche Karls Namen in Q1.
b) **4** Wie wird Karl in der Buchmalerei dargestellt? Beschreibe (Q1).

6 EXTRA Karl wurde schon zu Lebzeiten „der Große" genannt – zu Recht? Diskutiert.

A ——— A

B ——— B

1 Wie vergrößerte Karl das Franken-reich? Beschreibe (T1).

2 Fertige einen Bericht von der Kaiserkrönung an (T2, Q3). Behandle darin auch die Frage aus Aufgabe A2.

3 Wie wird Karl in der Malerei und auf der Münze dargestellt? Vergleiche (Q1–2).

4 Welche Bedeu-tung hatte die Schrift für Karls Regierung? Vergleiche (T1–3, Q1, Q3, Q5).

5 Warum beginnt mit der Kaiser-krönung Karls etwas ganz Neues? Beurteile (Vorspann, T3).

6 EXTRA Karl gilt als „Vater Europas" (siehe auch Q3) – zu Recht? Diskutiert.

Der reisende Königshof

Das Frankenreich umfasste um 800 ein sehr großes Gebiet, über das ein Kaiser herrschte. Es gab keine Hauptstadt. Der Kaiser reiste daher mit seinem Gefolge von Ort zu Ort, um seine Herrschaft ausüben zu können.

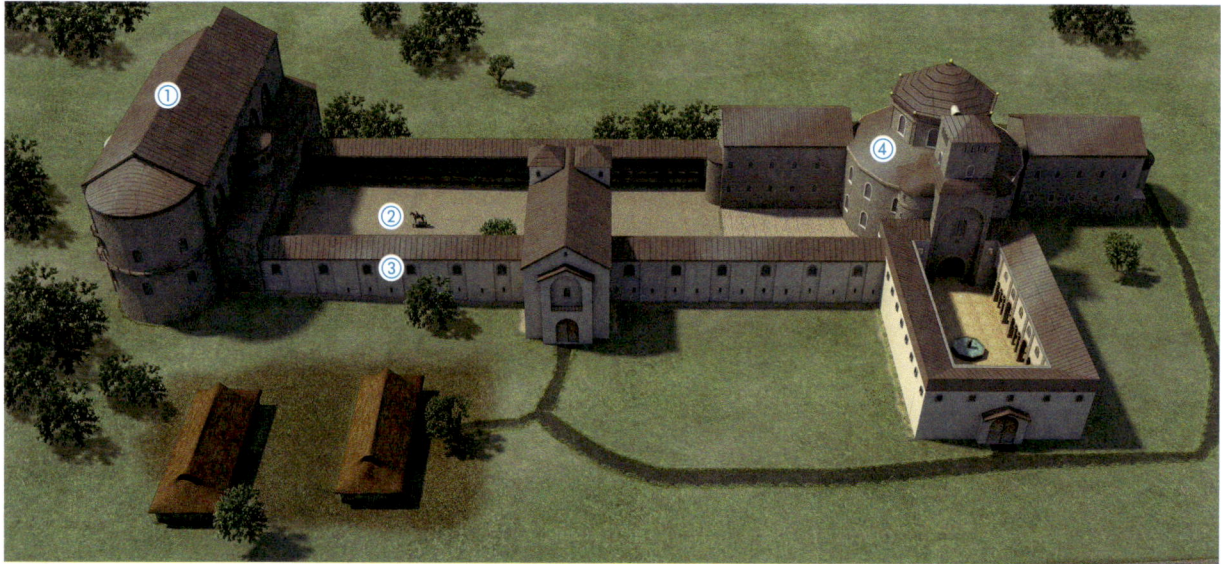

D1   **Die Aachener Kaiserpfalz.** Computerrekonstruktion (abrufbar über den Zeitreise-Code). `MK`
① Königshalle: Hier wohnte Karl, hier sprach er Recht, hier versammelte er die Adligen zu Beratungen und Festen.
② Reiterstandbild ③ überdachte Gänge ④ Pfalzkapelle

T1   Ein großes Reich ist zu regieren

Es ist früh am Morgen, doch Karl ist schon wach. Zeit zum Aufstehen. Karl greift zu seinem Wollrock und schnürt die Lederbänder der Sandalen fest. Wie ein König sieht Karl an diesem Morgen nicht aus. Er kleidet sich wie die Männer seines Volkes, nur an hohen Feiertagen trägt er kostbare Kleider. Zum Frühstück gibt es Brot und Getreidebrei. Während des Essens tritt Alkuin zu ihm. Alkuin ist ein weiser Mann, ein Gelehrter, der fast ständig mit Karl zusammen ist. Karl schätzt den Rat seines Beraters, denn er muss ein großes Reich regieren. Es reicht von der Nordsee bis ans Mittelmeer.

T2   Der König auf Reisen

Kaiser Karl reiste mit Alkuin und vielen anderen Beratern und Helfern durch das Reich, um seine Herrschaft auszüüben. Sie wohnten auf den verschiedenen Pfalzen (Königsgütern), manchmal auch in Klöstern oder auf Burgen. In manchen Jahren legte Karl mit seinem Gefolge über 1000 km zurück, und das auf dem Pferd und zu Fuß. Vor Ort sprach Karl Recht, überprüfte die Abgaben und erteilte neue Aufträge. So konnten viele Menschen den Kaiser auch „live" sehen.

T3   Die Pfalz in Aachen

Die Pfalz in Aachen besuchte Karl besonders oft. Dort ließ er prächtige Gebäude errichten, zum Beispiel die Königshalle, in der er Gericht hielt und mit seinen Männern Rat abhielt. Davor im Hof stand eine Statue, die den germanischen König Theoderich zeigte. Zu der Pfalz gehörte auch eine große Kapelle, in der heute noch der Thron Karls steht. Karl wurde 814 dort beigesetzt. Die Aachener Pfalzkapelle war für die Könige und Kaiser im ganzen Mittelalter ein bedeutender Ort. Oft wurden sie am Karlsthron gekrönt.

🌐 **ji937f** Animation: Aachener Kaiserpfalz
Erklärfilm: Steckbrief erstellen

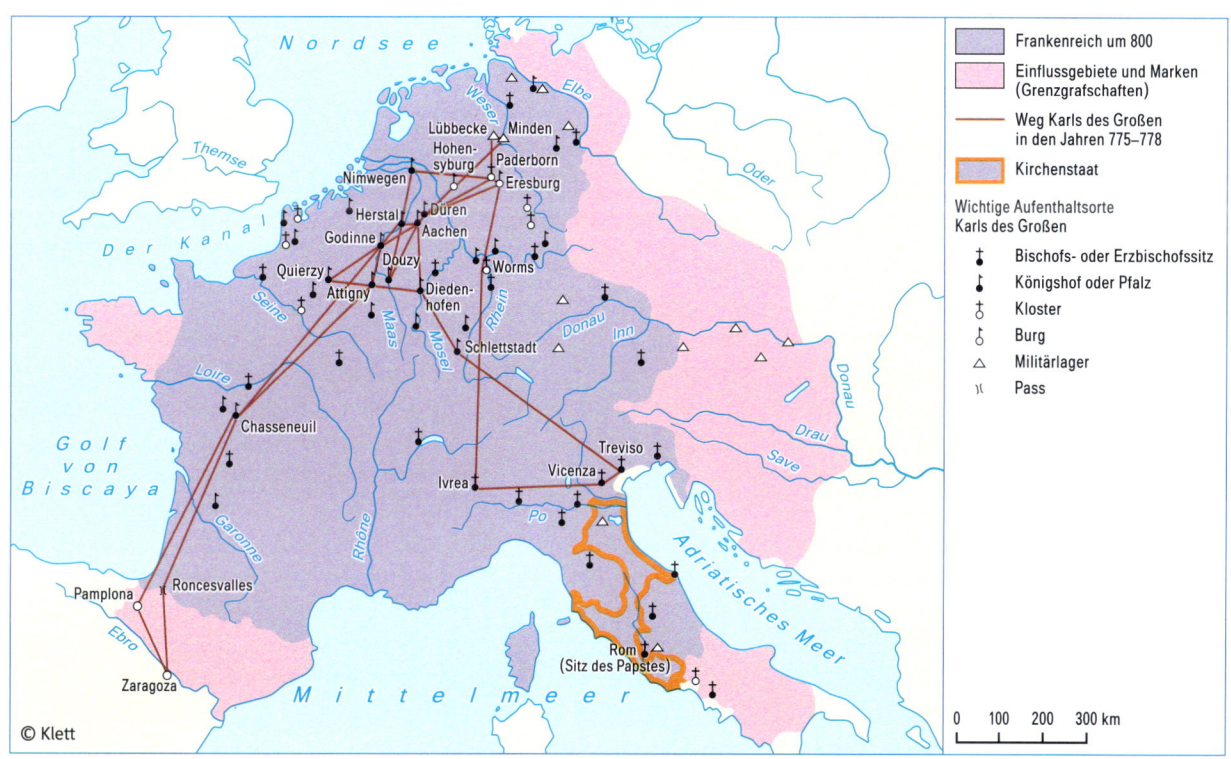

Frankenreich um 800

Einflussgebiete und Marken (Grenzgrafschaften)

Weg Karls des Großen in den Jahren 775–778

Kirchenstaat

Wichtige Aufenthaltsorte Karls des Großen

✝ Bischofs- oder Erzbischofssitz

● Königshof oder Pfalz

✝ Kloster

◗ Burg

△ Militärlager

)(Pass

D2 **Karls Reisen.** Zwischen 775 und 778 legte Karl fast 6 500 Kilometer zurück.

Q1 **Reitender König.**
Die Figur ist aus Bronze und soll vermutlich Karl darstellen. Sie stammt aus dem 9. Jahrhundert.

Schon gewusst?

Reisen im Mittelalter war beschwerlich. Fernstraßen gab es nur wenige. Reisende mussten auf schmalen Pfaden Wälder oder Sümpfe durchqueren, sie wurden von Räubern oder wilden Tiere bedroht. Auf Reisen waren vor allem Bettler, Pilger, Boten und Händler, aber auch Adlige und Bauern. Die meisten Menschen allerdings verließen ihre Umgebung nie.

1 Beschreibe die Ausdehnung des Frankenreiches (T1, D2).

2 a) Bearbeite A2. b) Miss die größte Ausdehnung des Frankenreichs. Was bedeutet das für die Dauer der Reise? Prüfe.

2 Warum war der König dauernd auf Reisen? Erkläre (T2, Q1, D2).

3 MK Was ist eine Pfalz (T3)? Erkläre und nutze D1–2.

4 „Von einer zentralen Hauptstadt aus hätte Karl das Reich gar nicht regieren können." Nimm Stellung zu dieser Aussage.

4 Warum brauchte Karl viele Helfer? Begründe (T1–3).

5 Was sehen die Menschen von Kaiser Karl? Berichte aus Sicht a) einer Kölner Marktfrau, b) eines Bischofs in Ivrea, c) eines Grafensohnes in Schlettstadt, d) einer Adligen in Rom (D2, T2).

6 EXTRA MK Schreibe einen Steckbrief zu Karl (S. 14–17). Du kannst den Steckbrief auch digital erstellen. Dazu findest du eine Vorlage mit Hilfen im Zeitreise-Code.

Das „Heilige Römische Reich" entsteht

Das große Reich Karls blieb nicht lange bestehen. Erst mehr als 150 Jahre später gab es hier wieder einen römischen Kaiser, Otto. Und dieser kam ausgerechnet aus dem Gebiet, gegen das Karl so lange Krieg geführt hatte: Sachsen.

Marken
Gebiete an den Grenzen, die gerade erst erobert worden sind, Grenzbezirke

Bistümer
kirchliche Gebiete, denen ein Bischof vorstand

Heiliges Römisches Reich
Bezeichnung seit dem 13. Jahrhundert. Der Name setzt sich so zusammen: Der Kaiser musste als oberster christlicher Herrscher Reich und Kirche beschützen (HEILIGES Römisches Reich). Die Kaiser des Mittelalters orientierten sich an den römischen Kaisern und herrschten über ein Gebiet, das große Teile des alten Römischen Reiches umfasste (Heiliges RÖMISCHES Reich).

deutsch
bezeichnet zunächst nur eine gemeinsame Sprache, später dann eine Zusammengehörigkeit

T1 Zwei größere Reiche entstehen

Karls Nachkommen teilten sich das Reich im Streit untereinander auf. Es entstanden dadurch zwei größere und mehrere kleinere Gebiete: das westfränkische und das ostfränkische Reich, dazwischen lagen Lotharingien und Burgund. Aus dem Gebiet der Westfranken entwickelte sich später Frankreich. Im ostfränkischen Reich lebten verschiedene Gruppen mit ihren Herzögen, z. B. die Sachsen, die Schwaben und die Bayern. Sie sprachen alle ihren eigenen Dialekt. Im Laufe der Zeit aber bildete sich eine gemeinsame Sprache heraus, das frühe Deutsch. Noch viel später entstand hier das Gebiet, das wir heute Deutschland nennen.

T2 Ein Sachse wird Kaiser

Einer der mächtigen Herzöge im ostfränkischen Reich war der Sachse Heinrich. Er wurde 911 von den anderen Großen zum König bestimmt. Nach seinem Tod 936 wurde sein Sohn Otto König. Otto, den manche später auch „den Großen" nannten, führte viele Kriege und dehnte das Reichsgebiet deutlich aus. Er ließ die Marken befestigen und besiedeln. Dazu schenkte er Grafen und besonders geistlichen Herren viel Land. Die neuen Herren durften dann über diese Gebiete verfügen. So entstanden neue Bistümer.

Das Reich unter Otto I. umfasste große Gebiete in Mitteleuropa. Otto war damit der mächtigste König im 10. Jahrhundert. Deshalb verlieh ihm der Papst 962 auch die Kaiserkrone.

T3 Das Heilige Römische Reich entsteht

Otto und seine Nachfolger herrschten über ein Gebiet, das die „deutschen" Herzogtümer und das Königreich Italien sowie weitere Gebiete umfasste. Die Königswürde war nun mit dem Kaisertitel, der von dem Papst verliehen wurde, verbunden. Die Kaiser sahen sich als Schutzherren aller Christen. Das Reich erhielt daher seit dem 13. Jahrhundert seinen vollen Namen: Heiliges Römisches Reich.

Schon gewusst?

Bei vielen mittelalterlichen Königen wurde der erstgeborene Sohn schon als Kleinkind zum Nachfolger und Mitkönig ernannt. Starb der Vater früh, übernahmen Verwandte die Regierung, bis der Sohn mündig wurde. Im 10. Jahrhundert regierten daher öfter **Kaiserinnen**. So führte Theophanu für ihren Sohn Otto III. 985–991 die Regierung, nach ihrem Tod übernahm sie Ottos Großmutter Adelheid (991–994).

Q1 Theophanu (960–991). Stich (Datum unbekannt)

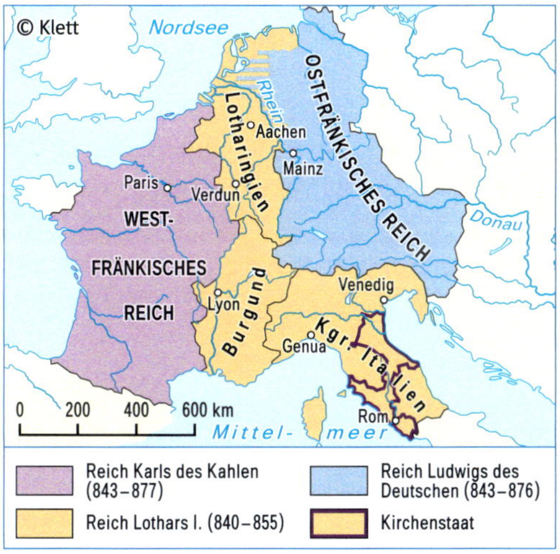

© Klett

Karte 1 (links oben):

Nordsee
OSTFRÄNKISCHES REICH
Lotharingien
Rhein
Aachen
Mainz
Paris
Verdun
Donau
WEST-
FRÄNKISCHES
REICH
Burgund
Lyon
Venedig
Genua
Kgr. Italien
Rom
Mittel- meer

0   200   400   600 km

Reich Karls des Kahlen (843–877)	Reich Ludwigs des Deutschen (843–876)
Reich Lothars I. (840–855)	Kirchenstaat

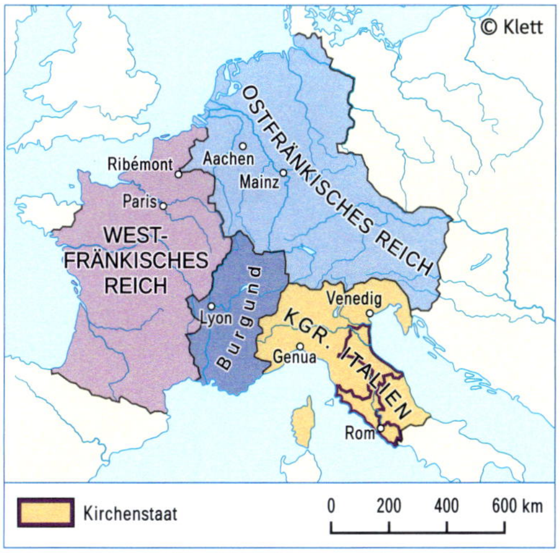

Karte 2 (links unten):

© Klett

OSTFRÄNKISCHES REICH
Ribémont
Aachen
Mainz
Paris
WEST-
FRÄNKISCHES
REICH
Burgund
Lyon
Venedig
Genua
KGR. ITALIEN
Rom

Kirchenstaat   0   200   400   600 km

Karte 3 (rechts):

© Klett

Nordsee
Ostsee
Friesland
Bremen
Elbe
Hzm. Sachsen
Weser
Magdeburg
Gnesen
H Z M. P O L E N
Oder
Köln
Thüringen
Mainz
Franken
Hzm. Böhmen
Reims
Trier
Mähren
Hzm. Lothringen
Sens
Seine
Hzm. Schwaben
Hzm. Bayern
Salzburg
Donau
K G R. U N G A R N
K G R. F R A N K- R E I C H
Besançon
Inn
Hzm. Kärnten
Drau
Lyon
Vienne
KGR. BURGUND
Rhône
Mailand
Po
Aquileja
Save
R E P. V E N E D I G
Ravenna
Romagna
K G R. K R O A T I E N
Arles
Aix
KÖNIGREICH ITALIEN
Adriatisches Meer
Spalato
Kirchen-staat
Rom
Mittelmeer

Herzogtümer und andere Reichsgebiete im deutschen Königreich	Reichsgrenze 962
	Reichsgrenze 1033
Mark (Grenzgrafschaft)	☩ Sitz eines Erzbistums
	✝ Sitz eines Bistums

0   150   300 km

D1 Von den Reichsteilungen 843 (links oben) und 880 (links unten) bis zum Reich Ottos I. (936–973). Anmerkung: Die Grenzlinie sieht aus wie eine festgelegte und deutliche Grenze. Das Reich hatte aber zu dieser Zeit keine solche befestigte eindeutige Grenze.

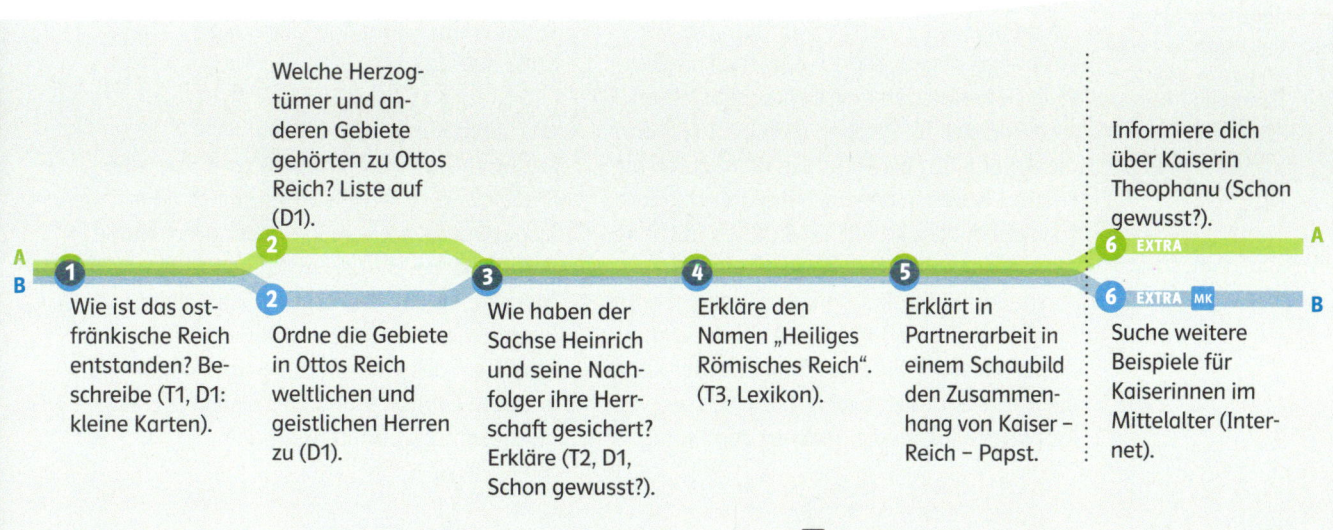

A
B

1 Wie ist das ost-fränkische Reich entstanden? Be-schreibe (T1, D1: kleine Karten).

2 Welche Herzog-tümer und an-deren Gebiete gehörten zu Ottos Reich? Liste auf (D1).

2 Ordne die Gebiete in Ottos Reich weltlichen und geistlichen Herren zu (D1).

3 Wie haben der Sachse Heinrich und seine Nach-folger ihre Herr-schaft gesichert? Erkläre (T2, D1, Schon gewusst?).

4 Erkläre den Namen „Heiliges Römisches Reich". (T3, Lexikon).

5 Erklärt in Partnerarbeit in einem Schaubild den Zusammen-hang von Kaiser – Reich – Papst.

6 EXTRA Informiere dich über Kaiserin Theophanu (Schon gewusst?).

6 EXTRA MK Suche weitere Beispiele für Kaiserinnen im Mittelalter (Inter-net).

Was ist ein König?

Bei einem König denken viele an einen reichen Mann mit Krone und prächtiger Kleidung in einem Schloss. Ihr kennt schon die Könige Chlodwig, Heinrich, Karl und Otto. Saßen sie in einem prächtigen Schloss? Warum waren ausgerechnet sie Könige? Und: Wann wird ein König eigentlich Kaiser?

Q1   Reichskrone.
Abgebildet ist Christus, der spricht: „Durch mich regieren Könige."

Q2   Reichsapfel.
Er steht für die christliche Herrschaft des Königs über die ganze Erde.

Salbung
Ein Kirchenherr bestreicht den König mit Öl und bestätigt damit die Auserwähltheit.

huldigen
dem neuen Herrscher die Treue versprechen

Reichsinsignien
Zeichen der Macht und Aufgaben der deutschen Könige und Kaiser. Dazu gehörten Reichskrone, Reichsapfel, Reichsschwert und „Heilige Lanze". Sie stammen aus dem 9. bis 12. Jahrhundert.

T1   Wer kann König werden?

Als einer der ersten fränkischen Könige gilt der Merowinger Chlodwig. Er wurde von den fränkischen „Großen" zu ihrem Anführer bestimmt. Dabei half ihm, dass er militärische Erfolge hatte, aus einer mächtigen Familie kam und viele Gefolgsleute hatte. Zudem galt er als Herrscher von Gott auserwählt. Oft wurden die Söhne der verstorbenen Könige zum neuen König bestimmt. Gab es keinen Sohn oder erwies er sich als schwach, wählten sich die Fürsten einen anderen Nachfolger aus einer mächtigen Familie im Reich. Oft wählten sie einen Verwandten des verstorbenen Königs, sodass manche Familien viele Generationen lang den König stellten – zum Beispiel die Ottonen (936 bis 1024) oder die Salier (1024 bis 1125). Die Wahl durch die Fürsten wurde in den nächsten Jahrhunderten so wichtig, dass Karl IV. 1356 dieses Recht in einer prächtigen Urkunde festhielt, der „Goldenen Bulle". Zur Königskrönung gehörte unbedingt die Salbung durch einen Bischof oder Erzbischof. Sie zeigte an, dass der König auch von Gott auserwählt war. Nach der Krönung huldigen die anderen dem König.

T2   Was tut ein König?

Ein mittelalterlicher König konnte das Reich nicht alleine regieren. Er hatte weder genug Land noch eigene Gefolgschaft, sodass er auf die Unterstützung anderer Großer angewiesen war. Sie stellten ihm Soldaten bei Feldzügen, berieten ihn und halfen ihm, das Gesetz durchzusetzen. Der König brauchte deshalb bei allen Entscheidungen die Zustimmung der anderen.
Seit Pippin galt der König auch als Beschützer des Papstes. Daher reiste der König mindestens einmal im Leben nach Rom. Der Papst verlieh dem König dort dann die Kaiserwürde.

T3   Vom König zum Kaiser

Karl und Otto waren die ersten Kaiser des Mittelalters in Mitteleuropa. Sie erhielten die Kaiserwürde, weil sie in besonderem Maße den Papst beschützt hatten und über mehrere Reiche herrschten. Die Kaiserkrone konnte nur vom Papst verliehen werden und zeigte an, dass dieser König über allen anderen Großen stand und als Schutzherr der gesamten Christenheit galt.

Q3 Reichsschwert.
Zeichen der Macht.

Q4 „Heilige Lanze". Sie gilt als sieg-
bringend. In die Spitze wurde angeblich
ein Nagel vom Kreuz Christi eingearbeitet.

Q5a Huldigung Ottos III. Linke Bildseite: ① Sclavinia (Slawin),
trägt eine goldene Kugel (Globus) ② Germania (Germanin), trägt
ein Füllhorn ③ Gallia (Fränkin), trägt einen Palmenzweig
④ Roma (Römerin) trägt eine Schale mit Edelsteinen. Farbdruck
19. Jahrhundert nach einer Buchmalerei, Ende 10. Jahrhundert

Q5b Huldigung Ottos III. Rechte Bildseite: ① Zwei geistliche
Herren mit Tonsur und Bibel ② Otto III. ③ Zwei weltliche
Herren mit Schwert, Lanze und Schild. Buchmalerei, Ende
10. Jahrhundert

2 Welche Rolle
hatten die Fürsten
bei der Königs-
wahl? Beschreibe
(T1).

4 Gruppenarbeit:
a) Beschreibt je
eine der Reichs-
insignien (Q1–4).
b) Wo kommt sie in
diesem Kapitel vor?
c) Was soll sie
symbolisieren?
Erklärt.
d) Gestaltet ein
Plakat dazu.

5 Wie stellt der
Künstler Ottos
Huldigung dar?
Beschreibe
(Q5a–b).

6 EXTRA
Du bist ein
Gesandter des
oströmischen
Kaisers und sollst
ihm anhand der
Buchmalereien
Q5 von der
Krönung Ottos III.
berichten. Was
schreibst Du?

A
B

1 „König gesucht!"
Schreibe eine
Stellenanzeige
für den König im
10. Jahrhundert
(T1–2).

2 Welche Rolle
hatten die Fürsten
und der Bischof bei
der Königskrönung?
Erkläre (T1, Q5b).

3 Was war der
Unterschied
zwischen einem
König und einem
Kaiser im Mittel-
alter? Erkläre
(T2–3).

5 Woran erkennst
du, dass Otto
Kaiser ist?
Erkläre (Q5b)

Kaiser und Papst

Der Kaiser war oberster weltlicher Herr, der Papst war höchster geistlicher Herr.
Zwei oberste Herren – konnte das im Mittelalter funktionieren?

Q1 **Zwei Mächte.** Christus übergibt Kaiser und Papst zwei Symbole ihrer Herrschaft. Buchmalerei, 13. Jahrhundert

T2 Der Kaiser – Schutzherr aller Christen

Zu den Zeiten der Karolinger und der Ottonen galt der Kaiser als Schutzherr für alle Christen und auch für den Papst. Bis Ende des 10. Jahrhunderts bestimmten die Kaiser auch über viele kirchliche Angelegenheiten im Reich: Sie schenkten Land an Klöster, gründeten Bistümer und setzten Bischöfe ein. Kaiser und Papst galten als Einheit.

T3 Der Kaiser im Streit mit dem Papst

Das Verhältnis zwischen Kaiser und Papst geriet im 11. Jahrhundert aus dem Gleichgewicht. Die weltliche Macht nahm immer mehr Einfluss auf die kirchliche Macht. So bewirkte Kaiser Heinrich III. 1046 die Absetzung von gleich drei Päpsten. Zugleich bemühte sich der Papst um eine bessere Ordnung seiner Kirche. Die Bischöfe wurden enger an Rom gebunden, über die Besetzung von Kirchenämtern sollten fortan nur noch Geistliche entscheiden. So durften seit 1059 nur noch die Kardinäle den Papst wählen, nicht mehr die römischen Adligen.
Der Streit zwischen den beiden Mächten eskalierte um 1076: König Heinrich IV. setzte weiterhin neue Bischöfe ein, daraufhin exkommunizierte ihn Papst Gregor VII. Der Streit wurde beigelegt, nachdem Heinrich IV. vor dem Papst büßte. Ein Vertrag von 1122 (das Wormser Konkordat) sicherte dem Papst dann endgültig die oberste Gewalt über Kirche und Geistliche zu. Seitdem gab es im Mittelalter zwei getrennte Mächte, die weltliche und die kirchliche, nebeneinander.

Kardinal
höchstes Amt in der Kirche nach dem Papst

exkommunizieren
aus der Kirche ausschließen

Konkordat
Vertrag zwischen Papst und weltlicher Herrschaft

büßen
für ein Vergehen die Strafe annehmen

Petrus
Jünger Jesu, wohl Mitbegründer der Gemeinde in Rom

T1 Der Papst – Stellvertreter Christi

Der Papst galt und gilt in der (katholischen) Kirche als Nachfolger des Petrus und wird als Stellvertreter von Jesus Christus anerkannt (siehe Lexikonbegriff „Christentum", S. 25). Er hat damit das höchste Amt in der Kirche und war oberster Herr über alle Christen. Er ist zugleich auch Bischof von Rom. Bis ins 11. Jahrhundert wurde der Papst meist aus dem Kreis der römischen Adligen bestimmt. Öfter kam es zu Streitigkeiten des Papstes mit den anderen adligen Familien in Rom. Manchmal brauchte der Papst dann die militärische Hilfe des weltlichen Herrschers, um sein Amt zu behaupten. So bedurfte eine neue Papstwahl der Zustimmung des Kaisers.

Q2 Papst Gregor VII. formuliert Gedanken zum Amt des Papstes (Auszug), 1075. Er sagt,

3. dass er (der Papst) Bischöfe absetzen und auch wieder einsetzen kann

9. dass alle Fürsten allein nur des Papstes Füße küssen

5 12. dass es ihm erlaubt ist, Kaiser abzusetzen

19. dass er von niemandem gerichtet werden darf

22. dass die römische Kirche niemals in Irrtum verfallen ist und nach dem Zeugnis der Schrift

10 niemals irren wird.

Q3 1122 versicherten sich Kaiser Heinrich V. und Papst Calixt II. im „Wormser Konkordat" gegenseitig ihre Rechte.

Ich, Heinrich, von Gottes Gnaden erlauchter Kaiser der Römer (…) verzichte (…) auf jegliche Investitur durch Ring und Stab und gestatte, dass in allen Kirchen meines

5 König- und Kaiserreiches die Wahl nach dem Kirchengesetz und die Weihe in Freiheit vor sich gehen. (…)

Ich, Calixt, Bischof, Diener Gottes, gewähre Dir, dem geliebten Sohn Heinrich: (…) der

10 Gewählte soll aber die Regalien (Herrschaftsrechte) aus deiner Hand (…) erhalten (…). Ich schließe mit dir und allen, die auf deiner Seite stehen oder zur Zeit dieser Auseinandersetzung standen, aufrichtigen Frieden.

Q4 Canossa. Heinrich IV. bittet Mathilde von Tuszien, im Streit mit dem Papst zu vermitteln. Er wird begleitet von seinem Paten, Abt Hugo. Das Treffen mit dem Papst findet dann in der Burg von Canossa statt, die zum Gebiet Mathildes gehört. Der Text lautet: „Der König bittet den Abt. Er fleht Mathilde an." Buchmalerei, 11. Jahrhundert

1 Welche Stellung hat der Papst bis zum 11. Jahrhundert? Beschreibe (T1, Q1).

2 Beschreibe die Buchmalerei und erkläre Symbole wie Schwert, und Schlüssel) (Q1, T2).

2 Wie stellt der Zeichner das Verhältnis zwischen Papst und Kaiser dar? Arbeite heraus (Q1, T2).

3 a) Warum kommt es zum Streit zwischen Kaiser und Papst (T3)? Erkläre anhand von Q2.
b) Welche Situation zeigt Q4?

3 Warum kommt es zum Streit zwischen Kaiser und Papst? Fasse zusammen (T3).

4 Stellt den Streit zwischen Papst und Kaiser um 1076 in einem Schaubild dar. Teilt euch dazu in zwei Gruppen und sammelt Informationen zu eurer Position (König: T2–3, Q2, Q4; Papst: T1–3 , Q3–4).

5 Was hat sich durch das Wormser Konkordat geändert? Beschreibe (Q4, T3).

6 Zwei oberste Herren – konnte das im Mittelalter funktionieren? Diskutiert.

Kirchliches Leben im Mittelalter

Der christliche Glauben und die Regeln der Kirchen gehörten für die Menschen im Mittelalter fest zum alltäglichen Leben. Was bedeutete das für den Einzelnen und das Zusammenleben?

Q1 **Das Jenseits.** Das Bild zeigt eine mittelalterliche Vorstellung vom Leben nach dem Tod im Paradies (oben) und in der Hölle (unten). Buchmalerei, 12./13. Jahrhundert

T2 Kirche im alltäglichen Leben

In fast jedem Dorf gab es eine kleine Kirche mit einem Pfarrer, in Städten gab es mehrere Kirchen. Die Priester begleiteten das gesamte Leben der Menschen: Sie predigten in der Kirche, tauften Neugeborene, schlossen Ehen und beerdigten die Toten. Ihnen beichteten die Menschen ihre Sünden und hofften dadurch auf Gottes Vergebung. Der kirchliche Kalender bestimmte den Alltag: Am Sonntag durfte nicht gearbeitet werden, weil die Menschen dann in die Kirche gingen. Zudem gab es viele kirchliche Feiertage, an denen die Arbeit ruhte.

Die Bauern gaben einen Teil ihrer Ernten (den „Zehnt") an die Kirche ab, die damit ihre Arbeit und den Pfarrer bezahlte.

T3 Nur Christen?

Im Reich lebten im Mittelalter fast ausschließlich Menschen, die christlich glaubten. Die meisten Menschen starben, ohne je einem Menschen mit anderer Religion begegnet zu sein. In manchen Städten und Regionen gab es jüdische Gemeinden, zum Beispiel in Worms, Mainz und Köln oder an der Sieg. Kaufleute und Händler berichteten von orthodoxen Christen und muslimischen Osmanen, die sie auf ihren Handelsfahrten trafen. Einige Gelehrte tauschten sich mit islamischen und jüdischen Gelehrten aus, aber die große Mehrheit kannte nur das Christentum.

T1 Die Furcht der Menschen

Die Christinnen und Christen im Mittelalter waren überzeugt, dass sie nach ihrem Tod vor Gott wie vor einem Gericht stehen würden: Gute Menschen konnten auf ewiges Leben im Paradies hoffen, schlechte Menschen würden ewig in der Hölle leiden. Die Angst vor der Hölle war groß. Daher wollten sich die Menschen mit guten Taten und Bußen für ihre Sünden auf das Jenseits vorbereiten. Die Kirche spielte dabei die zentrale Rolle. Die Herren der Kirche vermittelten den Willen Gottes und gaben die Regeln für ein gottgefälliges Leben vor.

D1 **Aus einem Fachbuch über Pilger:**

Etwa 30 Kilometer am Tag stellten für Fußreisende eine gute Leistung dar. Die Überquerung von Flüssen und Gebirgen, die Reparatur von Kleidung oder Schuhen, die
5 Beschaffung von Nahrungsmitteln oder Ermüdung führten aber dazu, dass man im Durchschnitt sechs Tage für eine Strecke von 150 Kilometern und zehn Tage für 200 Kilometer benötigte. Für die 3000 Wegekilometer
10 von Lübeck nach Santiago musste man eine Reisezeit von ca. fünf Monaten einplanen. War die Besiedlung dünn und das Gelände unwegsam, stieg das Risiko von Zwischenfällen und die durchschnittliche Tagesleistung sank. Mit
15 dem Schiff konnte man 120 bis 200 Kilometer am Tag zurücklegen.

Q2 **Ein Pilger.** Holzschnitt, 1499

Christentum
Eine der Weltreligionen. Es entstand im 1. Jahrhundert aus den Lehren des jüdischen Predigers Jesus von Nazareth. Christen glauben wie Juden und Muslime an „den einen Gott". Christen verehren Gott allerdings in drei Gestalten: als Gott Vater, Sohn (Jesus Christus) und Heiligen Geist. Die Heilige Schrift der Christen ist die Bibel. Im 4. Jahrhundert wurde das Christentum zur römischen Staatsreligion. Es breitete sich in Europa aus.

Schon gewusst?

Wer im Mittelalter als Christ eine Sünde beging, rechnete damit, im Leben nach dem Tod dafür bestraft zu werden. Da die Angst vor den Höllenstrafen groß war, versuchten die Menschen, schon vor dem Tod die Sünden zu büßen. Das konnte in einer Beichte geschehen oder durch Spenden und Schenkungen an die Kirche. Der Pfarrer bestätigte dann, die Sündenstrafen zu erlassen. Im späten Mittelalter geschah dies oft in Schriftstücken, den **Ablassbriefen**.

3 Ein Priester im Mittelalter berichtet von seiner Tätigkeit. Schreibe den Bericht auf (T2).

Am Sonntag darf auch heute noch nicht überall gearbeitet werden. Informiert euch über die Sonntagsruhe.

6 **EXTRA** MK — A

6 **EXTRA** — B

2

A **1**
B

2

Eine Bäuerin besucht mit ihrem Sohn die Dorfkirche und erklärt ihm, warum die Kirche für das Leben der Menschen wichtig ist. Am Ende kommt auch der Pfarrer dazu. Schreibe das Gespräch auf (T1–2, Q1).

4 Können wir das mittelalterliche Leben christlich nennen? Diskutiert.

5 Was bedeutete die Kirche für den Einzelnen und das Zusammenleben? Nimm Stellung zur Frage im Vorspann.

Zeichne eine Sprechblase für den Pilger Q2. Er berichtet, warum er pilgert und was auf seiner Pilgerfahrt besonders mühsam oder interessant war (T1–3, D1, Schon gewusst?).

1 Wie stellten sich die Menschen im Mittelalter das Leben nach dem Tod vor? Beschreibe (T1, Q1).

2 Was taten die Menschen, um sich auf das Jenseits vorzubereiten? Arbeite heraus (T2, Schon gewusst?).

Die Ständeordnung

Du willst etwas anderes werden als deine Eltern? Es vielleicht sogar weiter bringen als sie? Daran wird dich heute niemand hindern. Im Mittelalter hätten die Menschen das anders gesehen.

Stand/Stände
Gesellschaftliche Gruppen mit gemeinsamen Kennzeichen, z.B. Herkunft der Geburt, Beruf, Bildung. Stände unterschieden sich nach ihren Aufgaben, ihrem Ansehen und ihren politischen Rechten.

T1 „Anständiges" Leben

Die mittelalterliche Gesellschaft war eine Ständegesellschaft. Menschen mit gleicher Herkunft und Bildung gehörten zu einem Stand. Schon die Geburt entschied über die Zukunft der meisten Menschen. Der Sohn eines unfreien Bauern wurde – fast immer – ein unfreier Bauer. Das wurde auch von der Gesellschaft erwartet. Die Tochter eines Adligen blieb adlig oder konnte in ein Kloster eintreten und gehörte dann als Nonne zum Stand der Geistlichen.

T2 Die Ständeordnung

Vom 11. Jahrhundert an sprach die Kirche davon, dass Gott die Gesellschaft in drei Stände aufgeteilt habe. Ganz oben stand der weltliche Herrscher, der König. Er entschied über Krieg und Frieden, erließ Gesetze und war der höchste Richter im Land. Den Ersten Stand bildeten die Geistlichen – also Bischöfe, Äbtissinnen und Äbte. Geistliche waren auch weltliche Herren über die Menschen, die auf ihrem Land wohnten.

Die Adligen bildeten den Zweiten Stand. Dazu gehörten die Gefolgsleute des Königs, mächtige Herzöge und Grafen. Sie besaßen ebenfalls viel Land und ihr Ansehen war groß. Auch die nicht so reichen Ritter gehörten diesem Stand an. Die meisten Menschen waren Bäuerinnen und Bauern. Sie gehörten dem Dritten Stand an und standen unten in der Gesellschaft. Sie besaßen die wenigsten Rechte.

T3 Gottgewollte Ordnung?

Die Ständeordnung wurde von vielen Menschen lange Zeit als gottgewollt gesehen. Ab dem 13. Jahrhundert kamen kritische Stimmen auf: Manche hielten die Bauern für wichtiger als die Geistlichen, weil alle Menschen von ihrer harten Arbeit lebten. Auch in der Kirche selber entstand eine neue Bewegung, die Bettelorden. Sie beriefen sich auf die Gleichheit der Menschen vor Gott und führten ein Leben in Armut und Demut. Zwei von ihnen waren Franz und Klara von Assisi.

D1 Vertreter der drei Stände

Schon gewusst?

Franz von Assisi wuchs in einer reichen Kaufmannsfamilie in Assisi Ende des 12. Jahrhunderts auf und nahm als junger Mann an verschiedenen Kriegen teil. Als er Anfang 20 war, hört er mehrfach die Stimme Gottes, die ihm ein anderes Leben befahl. Er sollte die Kirche erneuern. Daraufhin legte Franz sein bisheriges Leben ab und lebte nun in großer Armut und kümmerte sich um die Tiere und die Kranken. Bald folgten andere Menschen seinem Vorbild, zum Beispiel die Adlige Klara. Daraus entstanden große **Bettelorden**, die Franziskaner und die Klarissen.

Q1 **Die drei Stände.** Christus als Herrscher über die Welt befiehlt: „Du, bete demütig" (links), „Du, beschütze" (rechts) und „Du, arbeite" (Mitte). Holzschnitt von 1492, nachträglich farbig gemacht

① **A/B** Inwiefern entschied im Mittelalter die Geburt über den Stand? Erkläre deinem Nachbarn (T1).

② **A** Nenne die drei Stände (T2) und ordne ihnen die Personen in D1 zu.

② **B** Erstelle eine Tabelle mit drei Spalten: Stand, Wer gehörte dazu? Aufgaben/Eigenschaften (T2, Q1, D1).

③ **A** Wie begründet der Zeichner die Verteilung der Stände? Stelle dar (Q1).

③ **B** a) Bearbeite Aufgabe A3. b) Wie passt die Ständeeinteilung zur Rolle der Kirche im Mittelalter? Erkläre (S. 166).

④ **A** Welche neuen Gedanken kamen im 13. Jahrhundert auf? Fasse zusammen (T3).

④ **B** Befragt Franz von Assisi. Wie denkt er über die Stände und die Einteilung der Menschen? Schreibt das Gespräch auf (T3, Schon gewusst.).

⑤ Wenn du auf Zeitreise 700 Jahre zurückreisen könntest: Wen würdest du am liebsten treffen? Welche Fragen möchtest du stellen?

⑥ **EXTRA** **A** Wie steht es heute mit der Zugehörigkeit durch Geburt? Frage deine Eltern, ob sie anders leben als deine Großeltern.

⑥ **EXTRA** **MK** **B** Auch heute leben Menschen bewusst einfach, z. B. in einem Orden. Recherchiert Beispiele.

Leben in der Grundherrschaft

Heute arbeiten von 100 Menschen in Deutschland höchstens noch drei in der Landwirtschaft. Im Mittelalter waren es 90. Aber nicht nur das war anders. Für die meisten Menschen war mit der Arbeit auch Unfreiheit verbunden.

Frondienste
von „fro" = Herr. Arbeiten, die die abhängigen Bauern für den Grundherrn leisten mussten (z.B. Einholen der Ernte, Hüten des Viehs oder Reparaturen)

Abgaben
Zu festgelegten Terminen mussten die abhängigen Bauern dem Grundherrn Tiere, Getreide oder Erzeugnisse wie Käse, Wein oder Öl abliefern.

T1 Was ist eine Grundherrschaft?

Grund und Boden gehörten zum größten Teil den weltlichen und geistlichen Herren, den Grundherren. Die Arbeit darauf verrichteten Bäuerinnen und Bauern. Diese Bauern waren von ihrem Grundherrn abhängig. Die Grundherren besaßen also nicht nur das Land, sondern herrschten auch über die Bauern. Diese Form der Landwirtschaft nennt man Grundherrschaft.

T2 Wie war die Grundherrschaft aufgebaut?

Seit dem 8. Jahrhundert sah die Grundherrschaft so aus: Der Grundherr besaß einen oder mehrere Fronhöfe. Auf dem größten lebte er selbst (Herrenhof), auf den anderen setzte er Meier (Verwalter) ein. In der Nähe wohnten in kleinen Häusern die abhängigen Bauern. Sie bearbeiteten die Felder des Grundherrn und leisteten Abgaben. Die Meier überwachten vor Ort die Frondienste der Bäuerinnen und Bauern und ihre Abgaben.

T3 Wieso wurden die Bauern abhängig?

Viele Bauern mussten in den Krieg ziehen und konnten in dieser Zeit ihre Felder nicht bewirtschaften. Die Ernte reichte dann zum Überleben nicht aus. Auch Missernten konnten einen Bauern in Schwierigkeiten bringen. Dann musste er einen großen Landbesitzer um Hilfe bitten. Der half gern – aber z.B. nur unter der Bedingung, dass der Bauer ihm seinen Hof überließ. So wurden viele Bauern von einem Grundherrn abhängig. Manche Bauern begaben sich auch freiwillig in die Abhängigkeit eines Grundherrn. Sie wurden zwar unfrei, aber brauchten keinen Kriegsdienst mehr zu leisten. Für ihren Schutz sorgte von nun an der Grundherr. Alle unfreien Bauern waren aber vom Willen ihres Grundherrn abhängig, wenn sie beispielsweise heiraten wollten. Welche Pflichten die unfreien Bauern genau hatten, das regelten Abgaben- und Dienstordnungen (siehe Q1).

D1 Fronhof.
Auf den Fronhöfen arbeiteten auch unfreie Knechte, Mägde und Handwerker. Rekonstruktion

Q1 Duisburger Fronhofsordnung, wo der Abt des Klosters Prüm (Eifel) 893 Grundherr war:

In Duisburg gibt es eine Kirche, von der jährlich 30 Schillinge kommen. Es gibt dort 19 halbfreie Höfe. Jeder davon zahlt zu Weihnachten 1 Unze, zu Ostern 1 Huhn und 10 Eier,
5 im Sommer an Steuer für den Heeresdienst 12 Denare, 1 Pfund Flachs und jedes zweite Jahr 1 Schwein im Wert von 5 Denaren; jeder leistet 2 Tage in der Woche Fronarbeit. Es gibt 2 andere Höfe, von denen jeder jährlich
10 3 Schillinge zahlt und sonst nichts. In Emmerich ist 1 Hof, der zahlt zu Weihnachten 1 Unze, 1 Pfund Flachs und leistet 2 Tage in der Woche Fronarbeit. (…) Es gibt dort 4 Höfe, die uns Meginhardus übergeben hat. Einer davon zahlt
15 an Gerste 15 Müdden, an Roggen 16 Müdden, an Hafer 14 Müdden, 2 Lämmer im Wert von 12 Denaren, leistet jährlich 14 Tage Fronarbeit, 1 Tag muss er pflügen (…). Es gibt dort 8 landlose Arbeiter auf dem Fronhof. Jeder davon
20 zahlt 12 Denare, die Frauen zahlen 5 Schillinge.

(Schilling = Silberwährung; 16 Unzen = 1 Pfund = ca. 500 Gramm; Denar = Pfennig; 1 Müdden = 200 l)

Q2 Bericht über den Grundherrn und Bischof Meinwerk von Paderborn (ca. 970 bis 1036):

Häufig besuchte er die Fronhöfe seines Bistums. Verfallenes reparierte er, Repariertes sicherte er durch klugen Schutz (…). So kam er auch einmal und fand einen Garten, der
5 außer einem kleinen Stück in der Mitte mit Brennnesseln, wildem Kohl und anderen Unkräutern bedeckt war. Und sofort befahl er, dass der Frau des Meiers (die den Garten zu pflegen hatte) ihre eitlen Kleider ausge-
10 zogen werden sollten. Dann ließ er sie durch den ganzen Garten schleifen, bis das Unkraut, das in die Höhe geschossen war, dem Erdboden gleich gemacht war. Dabei tröstete er die betrübte Frau mit den von ihm gewohnten
15 Schmeichelworten und munterte sie mit der ihm eigenen Freundlichkeit auf. Im folgenden Jahr fand er den ganzen Garten mit aller Sorgfalt und überreichem Fleiß in Ordnung gebracht vor. Da belohnte er die Frau, indem er
20 ihr vermehrt seinen Dank zeigte und sie freigebig beschenkte.

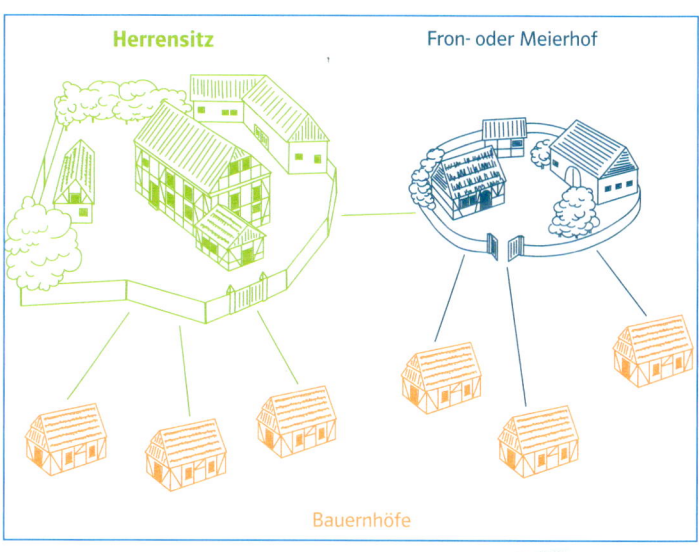

Herrensitz   Fron- oder Meierhof

Bauernhöfe

D2 Aufbau einer Grundherrschaft

A
B

1 Beschreibe, was man unter dem Begriff Grundherrschaft versteht (T1).

2 Wie war die Grundherrschaft aufgebaut? Erkläre (T2, D2).

2 Wie war die Grundherrschaft aufgebaut? Fertige eine Zeichnung an, in der du die Informationen aus T2 und D2 zusammenträgst.

3 Liste auf, welche Abgaben die Bauern leisten mussten (Q1).

4 Stell dir vor, du wärst der Meier auf dem Hof in D1. Berichte, was deine Aufgaben sind (D1, T2).

4 Zwei Bauern streiten sich darüber, ob sie sich in die Unfreiheit einer Grundherrschaft begeben sollen oder nicht. Was spricht dafür, was dagegen? Schreibe einen Dialog (T3).

5 Bewerte, was die Grundherrschaft für die abhängigen Menschen bedeutete (Q1, T3, ggf. Q2).

Alltag der Bäuerinnen und Bauern

Als Bauersfamilie im Mittelalter zu leben, das bedeutete vor allem: harte Arbeit. Mühsam mussten die Felder beackert werden, um etwas ernten zu können. Zum Leben blieb den Bauern und ihren Familien nicht viel.

T1 Wohnen auf dem Bauernhof

Zu einem Bauernhof gehörten ein Wohnhaus und ein Stall für das Vieh. Das Wohnhaus hatte meist nur einen Raum mit ein paar selbst gefertigten Möbeln. Hier lebte die ganze Bauernfamilie, in kalten Wintern manchmal auch das Vieh. Denn hier war die einzige Feuerstelle. Umgeben waren die Gebäude von einem Garten, der durch einen Zaun geschützt war. Dahinter erstreckten sich Wiesen, Felder und schließlich der Wald. Er lieferte vor allem den wichtigsten Rohstoff – Holz, denn Holz wurde für die Herstellung der Gebäude, Zäune, Gerätschaften und als Brennmaterial für die Feuerstellen gebraucht.

T2 Auf dem Feld

Die Arbeit auf den Feldern war meist Männersache. Gearbeitet wurde von Sonnenaufgang bis Sonnenuntergang. Die Art der Arbeit hing von der Jahreszeit ab. Besonders wichtig war der Anbau des lebensnotwendigen Getreides (Weizen, Roggen, Gerste, Hafer). Dafür musste zuerst der Boden gepflügt werden. Das geschah mit einem Hakenpflug aus Holz, der von Ochsen gezogen wurde. Der Pflug drang nicht tief in die Erde ein. So mussten die Bauern das gleiche Feld mehrmals kreuzweise pflügen. Die Ernte war oft schlecht. Selten nur gelang es, mit einem Sack Saatgetreide drei Säcke zu ernten. Davon mussten die Bauern auch noch Abgaben für den Grundherrn und Saatgetreide für das nächste Jahr bereithalten. Zum Leben blieb nicht viel übrig. Eine Missernte war daher eine Katastrophe.

T3 Auf dem Hof

Die Frauen versorgten vor allem den Hof und das Vieh. Sie sammelten Eier ein, melkten die Kühe und stellten Butter oder Käse her. Manche arbeiteten als Magd. Sie trieben Gänse, Schweine oder Ziegen auf Wiesen oder in den Wald und hüteten sie dort. Die meisten Frauen heirateten früh, mit 15 oder 16 Jahren, und bekamen viele Kinder. Kinder waren erwünscht als Hilfen bei der Arbeit und im Alter. Doch viele Kinder starben damals schon bei der Geburt oder in jungen Jahren.

D1 Bauernleben im Mittelalter. Rekonstruktionszeichnung

D2 Bauernhaus im Mittelalter. Rekonstruktionszeichnung

Q1 Das Sonntagsgesetz Karls des Großen von 789 schrieb vor,

dass die Männer weder Feldarbeit verrichten noch im Weinberg sich beschäftigen, auf den Feldern pflügen, mähen, Holz schneiden, einen Zaun errichten, in den Wäldern roden,
5 Bäume fällen, im Felsgestein arbeiten, in Gerichtsversammlungen zusammenkommen oder auf die Jagd gehen dürfen. Ebenso sollen die Frauen nicht weben, Kleider nicht auftrennen noch nähen oder besticken. Auch
10 dürfen sie nicht Wolle rupfen, Kleidungsstücke öffentlich waschen, damit die Sonntagsruhe nicht gestört wird.

Q2 Ein Gelehrter schrieb 1543 über das Bauernleben:

Bauern führen ein schlechtes und erbärmliches Leben. Es ist ein jeder von dem anderen abgeschieden und lebt für sich selbst nur mit seinem Vieh. Ihre Häuser sind schlecht von
5 Schlamm und Holz gemacht, auf den Erdboden gesetzt und mit Stroh gedeckt. Ihre Speise ist trockenes Schwarzbrot, Haferbrei oder gekochte Erbsen und Linsen. Wasser und Molke ist fast ihr einziges Getränk. Diese Leute
10 haben nie Ruhe. Von früh bis spät müssen

Q3 Arbeiten des Bauern im Jahresablauf. Miniatur, um 818

sie arbeiten. Ihren Herren müssen sie oft das ganze Jahr dienen, das Feld pflügen, säen, das Getreide abschneiden und in die Scheune bringen, Holz hauen und Gräben machen. Es
15 gibt nichts, was das arme Volk nicht tun muss.

---

3 Liste den Arbeitsalltag einer Bäuerin auf (D1–2, T3).

Als Bauersfamilie zu leben, das bedeutete vor allem harte Arbeit. Schreibe einen kurzen Text zu dieser Aussage (D1–2).

5 Ordne folgende Tätigkeiten den Monaten zu (Q3): Gras mähen, pflügen, schlachten, säen, Bäume beschneiden, Wein aufbinden.

1 Liste auf, welche Arbeiten ein Bauer zu tun hatte (T1, D1–2).

2 Liste auf, welche Tätigkeiten eine Bäuerin zu tun hatte (D1–2, T3, Q1). Hatte jemand das härtere Leben? Beurteile.

3 Als Bauersfamilie zu leben, das bedeutete vor allem harte Arbeit. Schreibe einen kurzen Text zu dieser Aussage (D1–2, Q2).

4 Welche Adjektive fallen dir ein, wenn du die Lebensbereiche einer Bauernfamilie (Wohnen, Essen, Arbeit, Kleidung) beschreiben sollst?

5 Beschreibe Q3. Erkläre, welche Tätigkeiten die Bauern im Jahresablauf verrichten mussten.

6 Diskutiert: Bauernfamilien wollten viele Kinder haben. Wäre ein solcher Wunsch auch heute noch wünschenswert?

Das Leben auf dem Land ändert sich

Um 1300 sah das Leben auf dem Land nicht mehr so aus wie vorher. Viele Landbewohner waren wohlhabender und freier geworden. Aber auch die Unterschiede zwischen Arm und Reich waren gewachsen.

Tagelöhner
Arbeiter, der nur für einen Tag bei seinem Arbeitgeber beschäftigt war. Dafür erhielt er seinen Tageslohn.

T1 Mehr Nahrung für mehr Menschen

Zwischen 1000 und 1300 wuchs die Bevölkerung Europas von 40 auf 70 Millionen Menschen. Es musste daher mehr Nahrung erzeugt werden. Waldstücke wurden gerodet und zu Ackerland gemacht. Früher hatte ein Bauer immer nur auf der Hälfte seines Ackers Getreide angebaut. Die andere Hälfte lag brach, sie „ruhte" sich aus. Ab jetzt teilten die Bauern ihren Acker in drei Teile. Auf dem ersten Teil stand Sommergetreide (Saat im Frühjahr), auf dem zweiten Wintergetreide (Saat im Herbst), der dritte Teil „ruhte" sich aus. Jedes Jahr wurde gewechselt. Die Erträge stiegen, weil nun zwei Ernten eingefahren werden konnten und nur noch ein Drittel der Felder brachlag.

T2 Große Veränderungen

Die Bauern verkauften ihre Ernte auf dem Markt in der nächsten Stadt und erhielten damit ein wenig Geld. Mit diesem Geld konnten sich die Bauern von den Diensten für den Grundherrn freikaufen. Viele Grundherren verpachteten ihre Fronhöfe gegen jährliche Geldzahlungen. Deshalb brauchten sie auch die Dienste der abhängigen Bauern nicht mehr. Von den Geldzahlungen konnten sich die Grundherren ein angenehmeres Leben leisten. Wer aber arbeitete jetzt auf den Feldern der Grundherren? Die Pächter der Höfe ließen Tagelöhner für sich arbeiten. Diese gehörten zur ärmsten Gruppe im Mittelalter.

T3 Mehr Freiheit, mehr Unterschiede

Das Leben der Menschen auf dem Land wurde freier, weil es die Fronhöfe nicht mehr gab. In vielen Dörfern fingen die Bauern an, alltägliche Angelegenheiten selbst zu regeln. Sie wählten einen Vorsitzenden der Dorfgemeinschaft, den sogenannten Dorfschulzen oder Bauernmeister. Die Bauern hielten Gemeindeversammlungen ab und stellten Ordnungen für die gemeinsame Bestellung der Felder sowie für die Nutzung der Gewässer, Weiden und Wälder auf. Nicht alle konnten die neuen Möglichkeiten nutzen: Die Unterschiede zwischen Reich und Arm auf dem Land nahmen zu.

D1 Pflügen im Jahr 800 und um 1300. Der Hakenpflug (links) hatte den Boden nur oberflächlich gelockert. Der neue Räderpflug (rechts) dagegen drang tief in die Erde ein und drehte sie um. Die Ernteerträge stiegen.

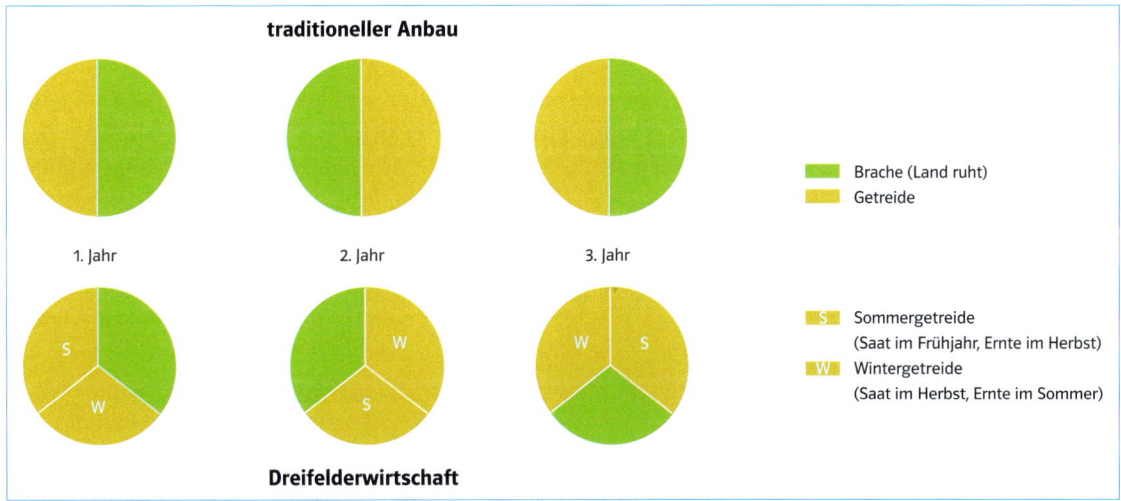

D2 Vergleich zwischen traditionellem Anbau (oben) und Dreifelderwirtschaft (unten)

Q1 Ein Kölner Kloster verpachtet Land, 1361:
Die Pächter müssen Folgendes versprechen:
Wir versprechen auf Treu und Glauben, dass
wir in jedem der 12 Pachtjahre von dem
Ackerland 2 Morgen mit Mist und 2 Morgen
5 mit Kalk auf eigene Kosten düngen oder
düngen lassen, wo es besonders nötig ist. Wir
werden keinen Waid (nicht essbare Pflanze
zum Färben) pflanzen. Wir werden das Ackerland in drei Teile aufteilen. Einer davon wird
10 mit Wintersaat, der andere mit Sommersaat
bestellt. Den dritten Teil, der in der Volkssprache „Brache" heißt, werden wir so liegen
lassen und nichts einsäen.

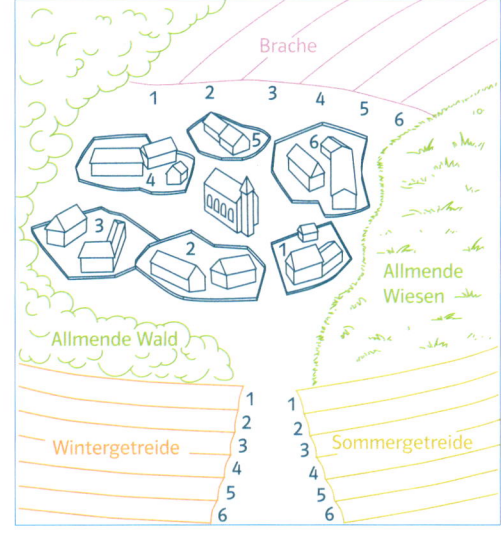

D3 Aufteilung des Landes von sechs Bauern nach dem Prinzip der Dreifelderwirtschaft

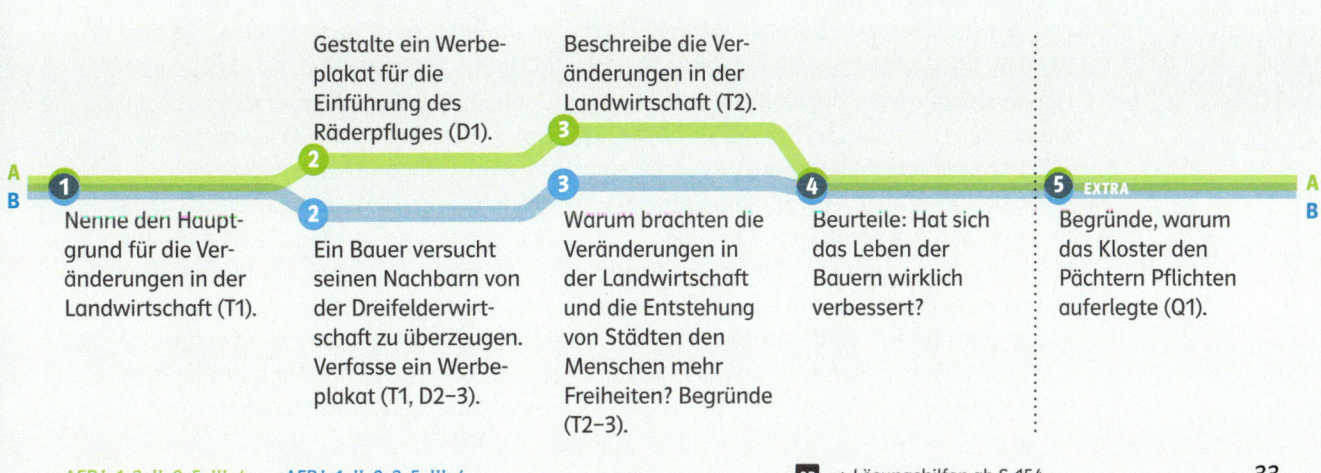

Gestalte ein Werbe-
plakat für die
Einführung des
Räderpfluges (D1).
2

Beschreibe die Ver-
änderungen in der
Landwirtschaft (T2).
3

A
B
1

Nenne den Haupt-
grund für die Ver-
änderungen in der
Landwirtschaft (T1).

2

Ein Bauer versucht
seinen Nachbarn von
der Dreifelderwirt-
schaft zu überzeugen.
Verfasse ein Werbe-
plakat (T1, D2–3).

3

Warum brachten die
Veränderungen in
der Landwirtschaft
und die Entstehung
von Städten den
Menschen mehr
Freiheiten? Begründe
(T2–3).

4

Beurteile: Hat sich
das Leben der
Bauern wirklich
verbessert?

5 EXTRA

Begründe, warum
das Kloster den
Pächtern Pflichten
auferlegte (Q1).

A
B

Leben im Kloster

Die Kirche prägte das Leben der Menschen im Mittelalter sehr stark. Das galt für Könige und Fürsten ebenso wie für einfache Bauern. Ein besonderer Ort der Kirche war das Kloster. Dort gab es strenge Regeln, nach denen sich alles richtete. Das erlebte auch der elfjährige Claudio.

D1   Tagesablauf im Kloster. Nachts um zwei geht Claudio mit den anderen Mönchen zum Beten in die Kirche.

T1   Ein Leben für Gott

Vor fast 1500 Jahren gründete Benedikt von Nursia in Süditalien ein Kloster. Er und seine Glaubensbrüder wollten hier Gott dienen und ungestört von anderen Menschen sein. Ihre Regel lautete: „Ora et labora" – „bete und arbeite". Die Mönche verpflichteten sich, auf Besitz zu verzichten, nicht zu heiraten und anderen Menschen Gutes zu tun. Nach dem Vorbild der Benediktiner entstanden in Europa viele Klöster. Auch Frauen gründeten Klöster und lebten als Nonnen nach den gleichen Regeln wie die Mönche.

T2   Ein Leben in Armut?

Das Leben der Nonnen und Mönche nach den Regeln der Kirche beeindruckte viele Menschen. Reiche schenkten den Klöstern Land und manchmal auch Geld. Als Gegenleistung sollten die Nonnen und Mönche für sie beten. So kam es, dass viele Klöster reich wurden. Aber schon bald lebten Mönche und Nonnen nicht mehr nach den strengen Regeln des Benedikt von Nursia. Sie aßen und tranken viel, bauten prunkvolle Kirchen und benahmen sich wie vornehme Damen und Herren. Deswegen verließen viele Mönche und Nonnen ihre Klöster. Sie wollten wieder nach den Lehren des Benedikt leben. An anderen Orten gründeten sie neue Klöster und gaben ihren Gemeinschaften neue Namen.

T3   Ein strenger Tagesablauf

Der elfjährige Claudio ist vor einem Jahr ins Kloster gekommen. Nicht, weil er unbedingt Mönch werden wollte. Sein Vater wollte, dass er gut versorgt wird. Als Jüngster von sechs Söhnen eines Grafen kann Claudio nämlich kaum noch etwas erben. Claudio kann sich nur schwer an das Leben im Kloster gewöhnen. Nachts um zwei Uhr ruft ihn die Glocke zum ersten Mal zum Gebet. Zusammen mit den anderen Mönchen geht er müde durch den Kreuzgang in die Kirche. Gegen die Kälte zieht sich Claudio die Kapuze weit ins Gesicht. Nach dem Gebet geht es wieder ins Bett.

Um sechs Uhr beginnt sein Tag. Wieder nehmen alle in der Kirche Platz. Beim Morgengesang antwortet der Chor dem Vorsänger. Claudio gähnt. Er sieht, wie ein Mönch überprüft, dass keiner der Brüder einschläft.

Dann beginnt für ihn die Arbeitszeit. Gern würde er in der beheizten Schreibstube bei den Mönchen sein, die am Schreibpult stehen und kostbare Bücher abschreiben. Oder als Schüler in die Klosterschule gehen. Er würde sogar die Bibel oder wissenschaftliche Bücher lesen. Aber er muss mit anderen Brüdern im Garten oder auf den Feldern arbeiten. Das ist sehr anstrengend. Claudio ist hungrig. Seine erste Mahlzeit ist das Mittagessen: etwas Fisch und ein paar Bohnen. Obwohl er beides nicht gerne mag, isst er alles auf, denn Fleisch gibt es in diesem strengen Kloster nicht.

Zweimal wird seine Arbeitszeit durch ein Chorgebet unterbrochen. Nach dem Abendessen muss Claudio wieder in die Kirche, zum Abendgebet. Er hat, wie die meisten Mönche, den Tag schweigend verbracht. Er ist froh, dass er endlich schlafen kann – bis zum nächsten Gebet.

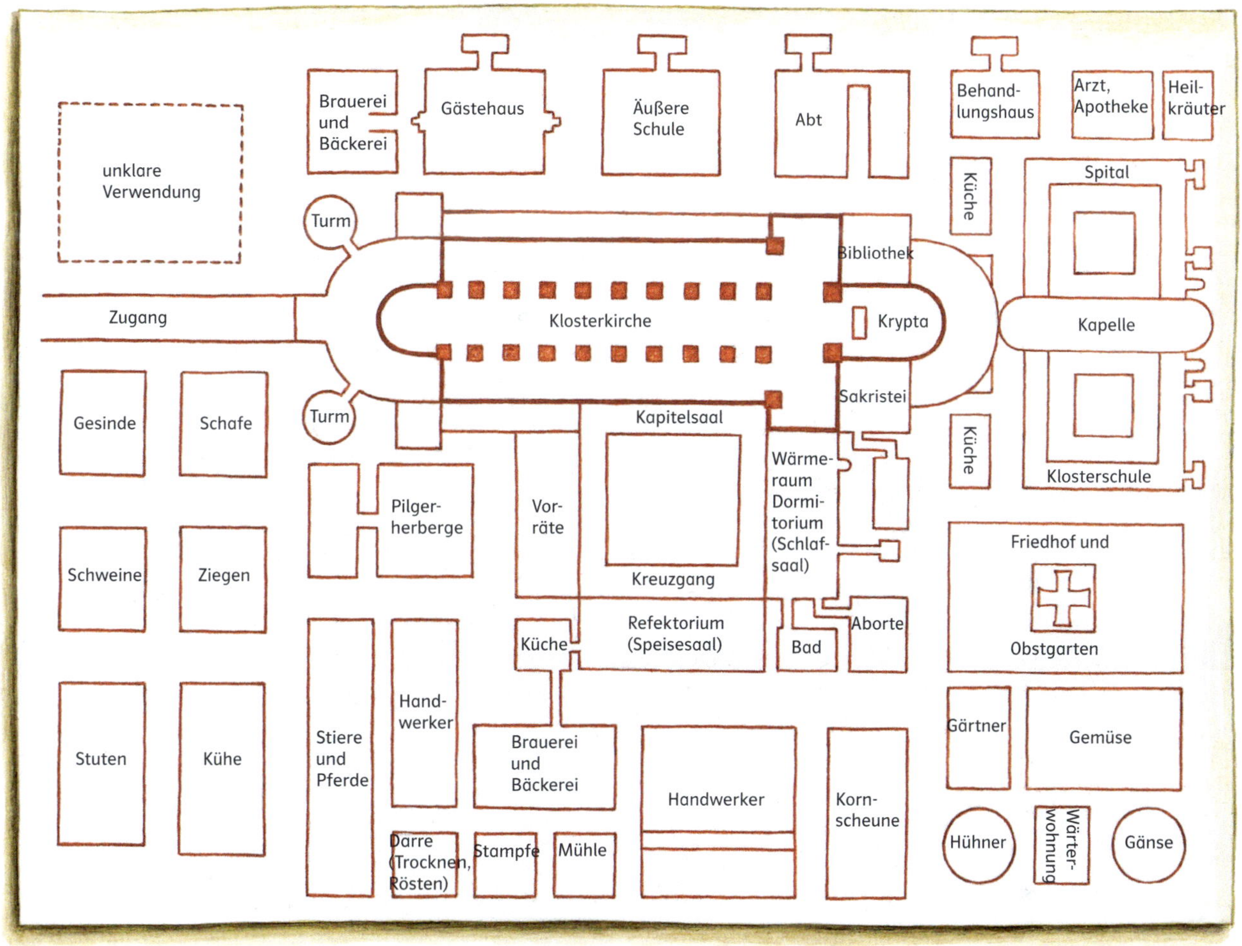

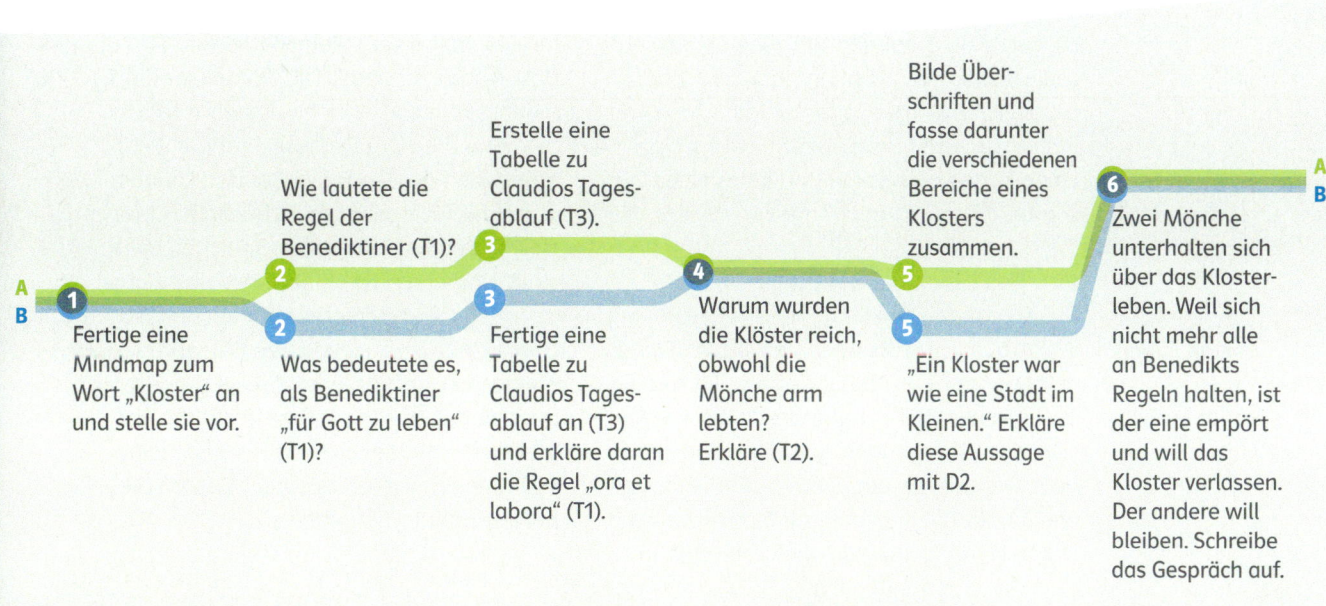

Brauerei und Bäckerei
Gästehaus
Äußere Schule
Abt
Behandlungshaus
Arzt, Apotheke
Heilkräuter
unklare Verwendung
Turm
Küche
Spital
Bibliothek
Zugang
Klosterkirche
Krypta
Kapelle
Sakristei
Gesinde
Schafe
Turm
Kapitelsaal
Küche
Klosterschule
Wärmeraum
Dormitorium (Schlafsaal)
Pilgerherberge
Vorräte
Schweine
Ziegen
Kreuzgang
Friedhof und Obstgarten
Refektorium (Speisesaal)
Küche
Aborte
Bad
Handwerker
Gärtner
Gemüse
Stuten
Kühe
Stiere und Pferde
Brauerei und Bäckerei
Handwerker
Kornscheune
Hühner
Wärterwohnung
Gänse
Darre (Trocknen, Rösten)
Stampfe
Mühle

D2 **Klosterplan.** Er zeigt den Grundriss des Klosters St. Gallen in der Schweiz. Heutige Nachzeichnung des Plans von 820, der allerdings nie in die Tat umgesetzt wurde

A

1 Fertige eine Mindmap zum Wort „Kloster" an und stelle sie vor.

2 Wie lautete die Regel der Benediktiner (T1)?

3 Erstelle eine Tabelle zu Claudios Tagesablauf (T3).

4 Warum wurden die Klöster reich, obwohl die Mönche arm lebten? Erkläre (T2).

5 Bilde Überschriften und fasse darunter die verschiedenen Bereiche eines Klosters zusammen.

6 Zwei Mönche unterhalten sich über das Klosterleben. Weil sich nicht mehr alle an Benedikts Regeln halten, ist der eine empört und will das Kloster verlassen. Der andere will bleiben. Schreibe das Gespräch auf.

B

1 Fertige eine Mindmap zum Wort „Kloster" an und stelle sie vor.

2 Was bedeutete es, als Benediktiner „für Gott zu leben" (T1)?

3 Fertige eine Tabelle zu Claudios Tagesablauf an (T3) und erkläre daran die Regel „ora et labora" (T1).

4 Warum wurden die Klöster reich, obwohl die Mönche arm lebten? Erkläre (T2).

5 „Ein Kloster war wie eine Stadt im Kleinen." Erkläre diese Aussage mit D2.

6 Zwei Mönche unterhalten sich über das Klosterleben. Weil sich nicht mehr alle an Benedikts Regeln halten, ist der eine empört und will das Kloster verlassen. Der andere will bleiben. Schreibe das Gespräch auf.

AFB I: 1, 2 II: 3–5 III: 6   AFB I: 1, 2 II: 3–5 III: 6

SP → Lösungshilfen ab S. 154

Leben auf der Burg

Für uns ist heute eine warme Wohnung selbstverständlich. Auf einer mittelalterlichen Burg pfiff der Wind durch die Fenster. Insgesamt war das Leben auf einer Burg kein Zuckerschlecken.

D1 **Die Marksburg.** Sie wurde 1231 erstmals urkundlich erwähnt. Auch wenn später häufig an- und umgebaut wurde, sieht die Marksburg noch heute weitgehend so aus wie im Mittelalter. Das macht sie im Vergleich zu anderen Burgen so besonders. Diese Computerrekonstruktion zeigt nicht den heutigen Zustand, sondern orientiert sich an Zeichnungen von 1607/08 (abrufbar unter dem Zeitreise-Code). **MK**

T1 Burgen werden gebaut

Zwischen dem 10. und dem 14. Jahrhundert wurden fast überall in Europa Burgen gebaut. Die ersten Burgen waren durch Holzzäune und Erdwälle geschützt. Später errichtete man dicke Mauern aus Stein. Eine Burg baute man dort, wo man sich gut vor Feinden schützen konnte: auf einem Berg oder auf einer kleinen Insel. Auf der Burg wohnte der adlige Burgherr mit seinem Gefolge. Von hier aus verwaltete er sein Land. Die Burg bot den Burgbewohnern und allen Menschen in der Umgebung Schutz. Die meisten Burgen lagen so, dass man von ihnen aus einen Handelsweg, ein Tal oder einen Fluss überblicken und beherrschen konnte.

T2 Das Leben auf der Burg

Die Burg war eine kleine Stadt für sich – mit Wohnräumen, Stallungen und Verteidigungsanlagen. Im Herrenhaus wohnte die Familie des Burgherrn. Hier befand sich der Rittersaal, der Palas genannt wurde. Im Herrenhaus waren auch die Zimmer für die Frauen und Kinder. Die Knechte und Mägde wohnten in den Nebengebäuden. Sie arbeiteten in

Haus und Hof und versorgten das Vieh. Die meiste Zeit im Jahr war es finster und kalt in der Burg. Die Fackeln sorgten lediglich für ein wenig Licht. Nur wenige Räume waren beheizt. Glasfenster gab es nur selten. Weil die Fenster nur mit Tierhäuten abgedichtet waren, war es kalt und feucht in der Burg – besonders im Winter.

T3 Eine Burg wird belagert

Wenn es Krieg gab, flohen die Bauernfamilien mit ihrem Vieh auf die Burg. Dort waren sie sicher. Oft wurde eine Burg monatelang von Feinden belagert, sodass niemand die Burg verlassen konnte. Jetzt brauchte man genug Wasser und Lebensmittel für viele Menschen. Deshalb hatten viele Burgen einen großen Speicher, Viehställe und einen tiefen Brunnen. Die Burgbewohner wehrten sich mit Pfeil und Bogen oder Armbrüsten gegen ihre Belagerer. Auch Steine, heißes Wasser und flüssiger Teer oder heißes Öl schütteten sie auf die Angreifer. Wenn aber die Vorräte ausgingen oder der Brunnen versiegte, mussten die Burgbewohner aufgeben.

⊕ **ji937f** Animation: Marksburg

Q1 **Über das Alltagsleben auf einer Burg berichtet der Ritter Ulrich von Hutten im Jahr 1518:**

Die Burg selbst, ob sie auf dem Berg oder in der Ebene liegt, ist nicht als angenehmer Aufenthalt, sondern als Festung gebaut. Sie ist von Mauern und Gräben umgeben, innen
5 ist sie eng und durch Stallungen für Vieh und Pferde zusammengedrängt. Überall stinkt es nach Schießpulver; und dann die Hunde und ihr Dreck, auch das – ich muss schon sagen – ein lieblicher Duft! Man hört das Blöken der
10 Schafe, das Brüllen der Rinder, das Bellen der Hunde, die Rufe der auf dem Feld Arbeitenden, das Knarren der Fuhrwerke. Der ganze Tag bringt vom Morgen an Sorge und Plage, ständige Unruhe und dauernden Betrieb.
15 Äcker müssen gepflügt und umgegraben werden, Weinberge müssen bestellt, Bäume gepflanzt, Wiesen bewässert werden; man muss säen, düngen, mähen und dreschen. Wenn aber einmal ein schlechtes Ertragsjahr
20 kommt, dann haben wir fürchterliche Not und Armut.

D2 **Wurfschleuder.** Sie war die größte Wurfwaffe bei den mittelalterlichen Belagerungen. Man konnte Geschosse bis zu 500 Meter weit schleudern. Als Munition dienten Steine, Feuertöpfe mit flüssigem Teer und Öl. Auch Fässer mit Bienenkörben, toten Tieren oder Menschenleichen wurden als Geschosse verwendet. Heutiger Nachbau

Q2 **Eroberung einer Burg.** Flämische Buchmalerei, um 1460/80

Die Menschen auf der Burg erwarten eine Belagerung. Zähle auf, welche Vorkehrungen getroffen werden müssen (T3).

„Es wäre mein Traum, auf einer Burg zu leben." Prüfe, ob die Bewohner damals dieser Aussage zugestimmt hätten (Q1).

A
B

1 Worauf muss ein Ritter achten, wenn er eine Burg bauen möchte? Zähle auf (T1).

2 **MK** Aus welchen Räumen/Gebäuden bestand eine Burg? Liste auf (T2, D1, Animation im Zeitreise-Code).

3 Zwei Angreifer unterhalten sich, wie sie mit anderen Kämpfern eine Burg erobern wollen (T3, D2, Q2).

4 „Es wäre mein Traum, auf einer Burg zu leben." Prüfe diese Aussage aus damaliger und heutiger Sicht.

5 Erstelle einen Steckbrief von einer Burg in der Nähe deines Schulortes mit den entsprechenden Angaben.

Ritter, Knappen und Edelfrauen

„Der führt etwas im Schilde!" Kennst du diese Redensart? Sie geht auf mittelalterliche Ritter zurück, die ihr Wappen auf ihren Schild malten. Ob man einen Freund oder einen Feind vor sich hatte, konnte man also daran erkennen, was der Ritter „im Schilde führte".

T1 Das Leben als Ritter

Jeder Fürst oder König suchte sich Männer aus, die ihm halfen, das Land zu beherrschen. Diese dienten vor allem als Reiterkrieger. Der adlige Herr gab jedem Mann ein Gut mit Bauern, das er zu verwalten hatte. Von den Abgaben der Bauern ernährten sich die Krieger und bezahlten ihre teure Ausrüstung. Seit dem 12. Jahrhundert nannten sie sich „Ritter". Sie hatten ihrem Herrn treu zu dienen und tapfer für ihn im Krieg zu kämpfen. Später wurden viele Ritter unabhängig von ihrem Herrn. Manche bauten sich sogar eigene Burgen. In Friedenszeiten hielten die Ritter Jagden und Turniere ab, um ihre Kampfkraft und Geschicklichkeit zu trainieren. Ein Turnier war immer ein großes Fest, das viele Menschen auf die Burg zog.

T2 Zum Ritter geboren?

Sollte ein Junge zum Ritter erzogen werden, wurde er mit sieben Jahren auf die Burg eines anderen Ritters gegeben. Dort lernte er Regeln für gutes Benehmen, reiten, schwimmen und fechten, aber auch singen, tanzen und Schach spielen. Mit seinem 14. Geburtstag wurde der Junge dann zum Knappen. Er begleitete nun seinen Ritter bei den täglichen Aufgaben. Er diente dem Burgherrn, trug ihm das Schwert und den Schild, bediente ihn bei Tisch, begleitete ihn zu Turnieren und zog mit ihm in den Krieg. Wenn der Knappe seine Sache gut machte, wurde er einige Jahre später zum Ritter geschlagen.

T3 Mädchen am Hof

Die adligen Mädchen lernten vor allem schreiben, lesen, rechnen, handarbeiten, singen und ein Musikinstrument zu spielen. Junge Frauen wurden im Umgang mit Kräutern geschult, sodass sie Salben herstellen und Kranke heilen konnten. Schon mit dreizehn Jahren heirateten viele Mädchen. Oft waren sie gebildeter als ihre Ehemänner. Wenn der Mann in den Krieg zog, verwaltete die Burgherrin die Ländereien allein.

D1 Ritterturnier

Zu sehen ist ein Zweikampf: Zwei Ritter galoppierten mit ihren Pferden aufeinander los. Jeder versuchte, den anderen mit seiner Lanze vom Pferd zu werfen. Fiel ein Ritter, ging der Kampf am Boden mit dem Schwert weiter, bis einer aufgab. Der Verlierer musste dem Sieger sein Pferd und seine Waffen geben. Rekonstruktionszeichnung

Q1 Bei der Erhebung zum Ritter wurde ein Schwertsegen gesprochen:

Wir bitten dich, Herr, erhöre unsere Bitten und segne mit der Hand Deiner Majestät dieses Schwert, mit welchem sich Dein Diener zu umgürten wünscht. Segne es, damit es Ver-
5 teidigung und Schutz für Kirchen, Witwen, Waisen und alle, die Gott dienen, gegen das Wüten der Heiden sein könne. Allen, die ihnen nachstellen, möge es Furcht, Angst und Schrecken einflößen.

Q3 Szene aus dem Ritterleben.
Der Markgraf von Brandenburg und seine Frau beim Schachspiel. Buchmalerei, 14. Jahrhundert

Q2 Benimmregeln auf der Burg um 1250:

Wenn ihr euch zum Essen setzt, so sollt ihr sprechen: „Segne es uns Jesus Christus!" Gedenket Gott zu allen Zeiten und vergesst beim Essen nicht die Armen und Waisen. Kein edler
5 Mann soll aus dem Schöpflöffel trinken noch aus Schüsseln. Gar mancher beißt von seinem Brotstück ab und taucht es dann wieder nach bäurischer Sitte in die Schüssel, ja mancher legt den Knochen, den er benagt hat, wieder
10 in die Schüssel. Niemand esse, wenn er den Mund noch voll hat. Ehe man trinkt, wische man den Mund ab, damit nicht Fett an den Trank komme. Man stochere nicht mit den Messern in den Zähnen herum. Vor dem
15 Essen aber wasche jeder seine Hände.

Schon gewusst?

Eine Fernsehdokumentation von 2016 bezeichnete die Ritter als „Helden aus Eisen". In Filmen, Spielen oder Mittelalterspektakeln werden sie in Rüstungen mit Schwertern oder Lanzen gezeigt. Sie kämpfen dort für eine gerechte Sache: für ihren König, ihren Glauben oder für die Liebe einer Frau. **Doch waren Ritter wirklich Helden?** Die ersten Ritter waren Reitersoldaten der fränkischen Könige. Die Menschen sahen sie nicht als Helden, sondern als Plage an. Denn sie trugen untereinander Fehden aus, zündeten Burgen an, verwüsteten Dörfer und plünderten Klöster. Erst als sie mit kirchlichem Segen Adlige wurden, bekamen sie einen besseren Ruf: Sie galten nun als Beschützer der Armen und Schwachen und als Kämpfer für den Glauben. In Wirklichkeit kämpften sie oft für Geld.

D2 Ritter = Helden?
Comiczeichnung

Liste auf, was ein Knappe tun und können musste (T2).

Zwei Jungen im Jahr 1250: Der eine will Ritter werden, der andere zögert. Spielt das Gespräch nach (T1, Q1–3, D1).

Vergleiche die Ausbildung von Jungen und Mädchen auf einer Burg (T2–3).

A
B

1 MK
Schreibe einen Artikel für ein (Online-)Lexikon zum Thema „Ritter" (T1).

2
Liste auf, was ein Mädchen am Hof tun und können musste (T3)

3
Zwei Mädchen im Jahr 1250: Das eine liebt das Leben am Hof, das andere nicht. Spielt das Gespräch nach (T3, Q1, Q3).

4
Vergleiche die Ausbildung von Jungen und Mädchen auf einer Burg (T2–3). Welche Ausbildung war schwieriger? Beurteile.

5
Waren Ritter Helden? Nimm Stellung (Schongewusst-Kasten, D2).

6 EXTRA
Diskutiert die Rollen von Jungen und Mädchen im Mittelalter und vergleicht es mit eurem Rollenverständnis.

Leben im Mittelalter

 ji937f Arbeitsblatt und Üben interaktiv

Land Kloster Burg

 Ich kann erklären, wie die Franken ein Großreich gründeten.

Ich kann das Leben auf dem Land beschreiben.

Ich kann die Bedeutung der mittelalterlichen Klöster erläutern.

 Ich kann beurteilen, ob die Ständeordnung gerecht war.

 Ich kann beurteilen, wie das Leben auf der Burg wirklich war.

 Ich kann Vermutungen zu Vor- und Nachteile der Grundherrschaft formulieren.

 Ich kann begründet Stellung nehmen, ob man zu Recht vom „finsteren" Mittelalter spricht.

Städte und Handel im Mittelalter

12. Jahrhundert
Viele Handwerker organisieren sich in Zünften.

14. Jahrhundert
In den Städten bilden die Kaufmannsfamilien eine neue Oberschicht: die Patrizier.

1356
Kaufleute schließen sich in der Vereinigung „Hanse" zusammen.

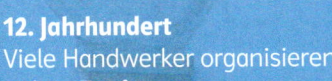

?

Welche Waren würdest du auf diesem Markt erwarten? Wo kommen sie her?

Überlege dir drei Regeln für den Verkauf auf einem Markt.

Wo würdest du diesen Markt vermuten? Warum dort?

In vielen Städten gibt es Wochenmärkte. Was wird dort meist verkauft? Gehen du oder deine Eltern auf solche Märkte? Warum?

Worin unterscheidet sich dieser Markt vom Online-Shopping? Welche Vorteile und Nachteile siehst du?

Städte und Handel im Mittelalter

Die meisten Menschen im Mittelalter lebten als Bauern auf dem Land. Doch ab dem 12. Jahrhundert entstanden immer mehr Städte; hier arbeiteten Handwerker und Kaufleute. In diesem Kapitel wirst du das Leben in mittelalterlichen Städten kennen lernen. Du wirst sehen, dass das Mittelalter keineswegs so „finster" war, wie viele Menschen meinen.

Wie entstanden Städte? Wie war eine mittelalterliche Stadt aufgebaut? (S. 46–49)

Was kennzeichnete einen mittelalterlichen Markt? (S. 50/51)

Welche Handwerke gab es in mittelalterlichen Städten? Was war eine Zunft? (S. 52/53)

2 **3** **4**

Entstehung *Markt* *Handwerk*

Schreibe fünf Begriffe auf, die dir zur Stadt im Mittelalter einfallen.

A
B

1

2 **3** **4**

Wie entstanden Städte? Wie war eine mittelalterliche Stadt aufgebaut und was sieht man heute noch davon? (S. 46–49)

Welche Bedeutung hatte der Markt für eine mittelalterliche Stadt? (S. 50/51)

Welche Rolle spielten die Zünfte in einer mittelalterlichen Stadt? (S. 52/53)

> *Das kannst du außerdem machen:*

Material findest du auf den folgenden Seiten, du kannst aber auch in der Bücherei und im Internet suchen. **MK**

Wie funktionierte der
Fernhandel im Mittelalter?
(S. 54/55)

5

Handel

5

Wie funktionierte der
Fernhandel im Mittelalter?
Welche Rolle spielte dabei
die Seidenstraße? (S. 54–61)

Wie wurden mittelalterliche
Städte regiert? (S. 62/63)

6

Herrschaft

6

Wer veränderte sich die
Stadtregierung im Laufe des
Mittelalters? (S. 62/63)

Wer war arm, wer reich?
Wer war angesehen,
wer stand am Rand der
Gesellschaft? (S. 64/65)

7

Gesellschaft

Stadtluft
macht
frei-
aber auch
gleich?

7

Welche Bevölkerungs-
gruppen lebten in einer
mittelalterlichen Stadt?
Welche Rechte hatten sie?
(S. 64/65)

8

A
B

Schau dir noch
einmal die fünf
Begriffe an, die
du am Anfang
des Kapitels auf-
geschrieben hast.
Schreibe auf, was
du im Kapitel zur
Stadt im Mittel-
alter zu diesen
Begriffen Neues
erfahren hast.

... ein Zunftzeichen zeichnen oder
am Computer gestalten **MK**
a) zu einem mittelalterlichen Handwerk
(z. B. Gerber, Barbier, Kürschner, Böttcher,
Münzmeister, Sattler, Büchsenmacher, ...)
b) oder zu einem modernen Handwerk,

... ein Werbeplakat zu einer Sehenswürdigkeit
aus dem Mittelalter in eurem Schul- oder
Heimatort gestalten,

... recherchieren, was manche Autokenn-
zeichen mit der Hanse zu tun haben. **MK**

Städte entstehen und wachsen

Um das Jahr 1000 lebten die allermeisten Menschen in Dörfern auf dem Land.
Doch das änderte sich bald: Ab 1100 schossen neue Städte wie Pilze aus dem Boden –
und veränderten das Leben.

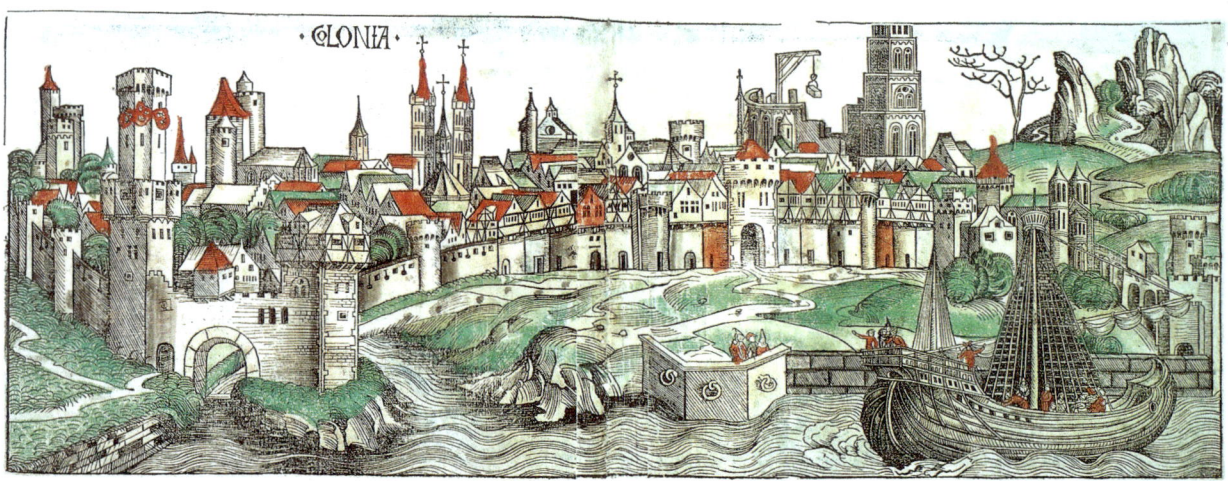

Q1 **Stadtansicht von Köln am Rhein,** 1493. Die Stadt Köln zählte mit
ca. 40 000 Einwohnern zu den größten deutschen Städten im Mittelalter.

Stadt
von Landes- oder
Grundherren ge-
gründete größere
Ansiedlung von
Kaufleuten und
Handwerkern, die
vom Stadtherrn
(Gründer) mit be-
sonderen Rechten
(Freiheiten) aus-
gestattet war
(z.B. Abhaltung
von Märkten,
Mauerbau, Zoll-
freiheit, persön-
liche Freiheit der
Bewohner)

T1 „Städteboom"

Zwischen 1100 und 1400 entstanden allein in
Deutschland ca. 3 000 Städte. Die meisten
von ihnen waren klein. Nur ganz wenige
hatten über 10 000 Einwohner. Um 1400
wohnte etwa jede/r zehnte Deutsche in
einer Stadt (= zehn Prozent, heute: mehr als
75 Prozent). In den Städten gab es viele
Kaufleute und Handwerker. Die Handwerker
lebten davon, Güter herzustellen und zu
verkaufen: Die Schuster fertigten Schuhe,
die Schmiede Werkzeuge und Waffen, die
Kürschner Pelze. Die Kaufleute verkauften
diese Güter. Sie fuhren auf Märkte, die
manchmal weit entfernt waren. Kaufleute
und Handwerker ließen sich gern an Stellen
nieder, wo sie mit vielen Abnehmern
rechnen konnten: in der Nähe von Klöstern,
Burgen oder an Handelswegen. Die Landes-
und Grundherren erlaubten den Bewohnern
solcher Siedlungen, dort Märkte abzuhalten
und schützende Stadtmauern zu bauen.
So entstanden aus den Siedlungen von
Kaufleuten und Handwerkern Städte.

T2 **Städtische Freiheiten**

Im Vergleich zu den Menschen auf dem Land
genossen die Stadtbewohner viele Freiheiten. Man sagte daher: „Stadtluft macht
frei." In der Stadt gab es keine Abgaben und
Frondienste. Die Stadtbürger zahlten dem
Stadtherrn nur eine erträgliche Steuer.
Dienste für den Stadtherrn waren in fast
allen Städten auf einen Tag begrenzt.
Streitigkeiten untereinander durften Kaufleute und Handwerker oft selber schlichten.
Oder sie durften zumindest bei der Schlich-
tung durch den Richter des Stadtherrn mit-
wirken. In vielen Städten gelang es den
Kaufleuten und Handwerkern im Laufe der
Zeit sogar, die Stadtregierung selbst
auszuüben.
All das zog unfreie Landbewohner natürlich
mächtig an. Viele zogen – auch ohne Erlaubnis ihrer Herren – in die Städte. Wer sich von
ihnen „Jahr und Tag" (das entsprach etwa
einem Jahr) in der Stadt halten konnte,
wurde frei wie die anderen Stadtbewohner.

🌐 692vr3 Üben interaktiv:
Schaubild zur Stadtentstehung

Q2   Gründungsurkunde der Stadt Freiburg (1120), die Vorbild für Gründungsurkunden vieler anderer Städte wurde:

Ich (Konrad – Herzog von Zähringen) verspreche allen, die zu meinem Markt kommen, Frieden und Schutz. (…) Allen Kaufleuten der Stadt erlasse ich den Zoll. Meinen Bürgern
5 will ich keinen anderen Vogt (als meinen Stellvertreter) oder Priester geben außer dem, welchen sie selbst gewählt haben. Wenn ein Streit (…) entsteht, soll nicht von mir oder meinen Richtern darüber entschieden
10 werden, sondern nach Gewohnheit und Recht aller Kaufleute, wie es besonders in Köln geübt wird. (…) Jeder, der in diese Stadt kommt, darf sich hier frei niederlassen, wenn es nicht der Leibeigene irgendeines Herrn ist. (…) Wer
15 aber Jahr und Tag in der Stadt gewohnt hat, ohne dass irgendein Herr ihn als seinen Leibeigenen gefordert hat, der genieße von da an sicher die Freiheit.

D1   Günstige Standorte (1–5) für die Entstehung einer Stadt (Mitte)

A
B

1 Beschreibe, was eine Stadt von anderen Ansiedlungen unterscheidet und wer hier vor allem wohnte (T1, Q1, Lexikon).

2 Warum entstanden Städte an den genannten Stellen (D1)? Begründe.

3 Erkläre mit einem Satz die Bedeutung von „Stadtluft macht frei" (T2).

3 Erkläre die Bedeutung von der Aussage „Stadtluft macht frei" und liste die Vorteile auf, die freie Stadtbewohner hatten (T2).

4 Liste auf, welche Vorteile die Stadt ihren Bewohnern bot (Q2).

4 Liste auf, welche Vorteile die Stadt ihren Bewohner bot (Q2), und bewerte sie.

5 Die Stadtbevölkerung ist ohne Landbevölkerung nicht lebensfähig. Nimm Stellung zu dieser Aussage.

Suche nach Städten mit den Endungen -berg, -burg, -furt. Erkläre, was der Name über die Entstehung der Stadt verrät (D1).

6 EXTRA

6 EXTRA MK

Informiere dich über die Entstehung einer Stadt in deiner Nähe. Bereite ein Plakat vor.

A
B

Methode

Stadtpläne auswerten

T1   Alte Bauten und Befestigungen finden

Ein Stadtplan hilft dir nicht nur, dich in einer Stadt zurechtzufinden. Er enthält auch versteckte Hinweise, wie die Stadt früher aussah. Mittelalterliche Städte entwickelten sich meist um ein Zentrum mit Hauptkirche, Rathaus und Markt. Diese Bauten existieren häufig noch. Wenn du sie findest, kannst du sicher sein: Hier war das alte Stadtzentrum. Um das Zentrum herum siedelten die frühen Anwohner, geordnet nach Berufen oder Herkunft, wie es damals üblich war.

Straßennamen wie Schusterstraße, Dominikanerstraße, Judengasse oder Webergasse weisen heute noch darauf hin. Vielfach lässt sich auch der Verlauf alter Befestigungen erkennen. Wo einst Mauern, Türme, Wälle und Gräben standen, verlaufen heute meist breite Straßen. Oft deuten heute noch Straßennamen darauf hin: z. B. -graben (frühe Befestigung) oder -allee (spätere Befestigung).

Stadtpläne auswerten

Beschreiben

1 Notiere, um welche Stadt es sich handelt. Von wann ist der Stadtplan?

2 Bestimme anhand der Lage von Rathaus/großer Kirche und Markt (Märkten) das Zentrum der mittelalterlichen Stadt.

Untersuchen

3 Stelle fest, ob sich in der Umgebung des Zentrums Straßen befinden, deren Namen Rückschlüsse auf ihre einstigen Anwohner oder die wirtschaftliche Nutzung erlauben.

4 Prüfe, ob du Hinweise auf die frühere Befestigung der Stadt findest, indem du
a) die Namen von Straßen untersuchst,
b) auffällige Formen von Straßenzügen entdeckst (Ringe, Vierecke),
c) nach Hinweisen auf noch vorhandene Überreste suchst.

5 Vergleiche die Größe des Altstadtbereichs mit der heutigen Ausdehnung der Stadt.

Deuten

6 Was „erzählt" der Stadtplan über die Stadtgeschichte? Fasse deine Ergebnisse zusammen.

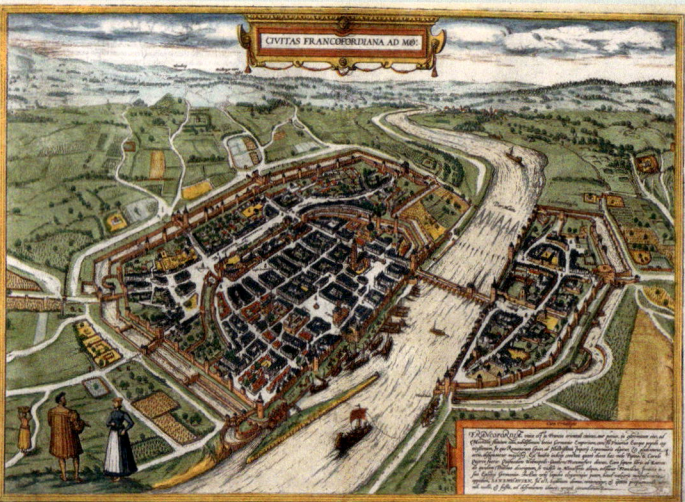

Q1   Stadtansicht von Frankfurt. Im Inneren befindet sich die Altstadt, die von der alten Stadtmauer (Staufenmauer) und dem trockengelegten Wassergraben begrenzt wird. Wie ein Ring liegt die 1333 gegründete Neustadt darum. Sie wird von der neuen Stadtmauer und Gräben von ihrer Umgebung abgegrenzt. Auf der anderen Seite des Mains liegt die Siedlung Sachsenhausen, die 1219 gegründet wurde. Kolorierter Kupferstich, um 1560

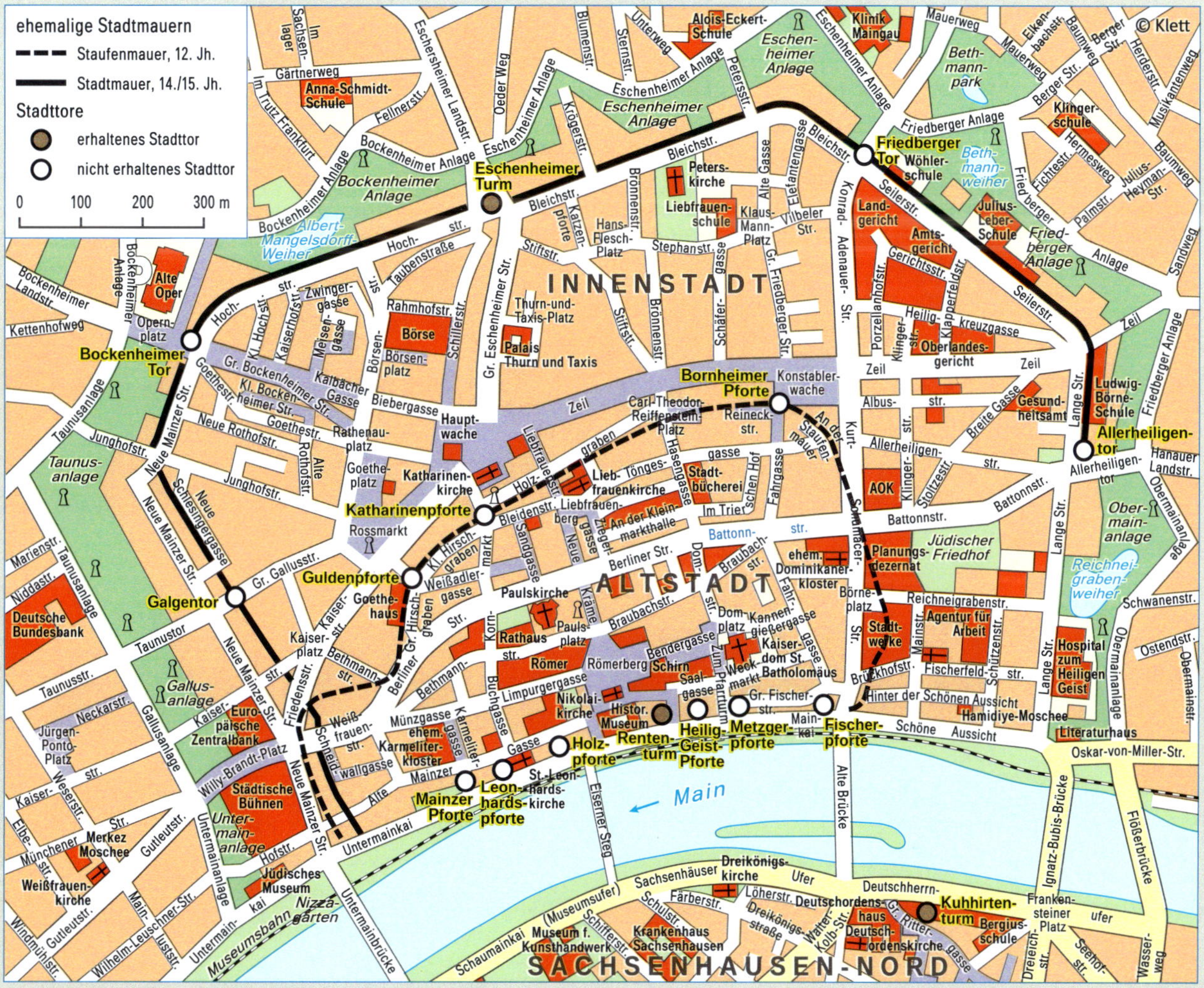

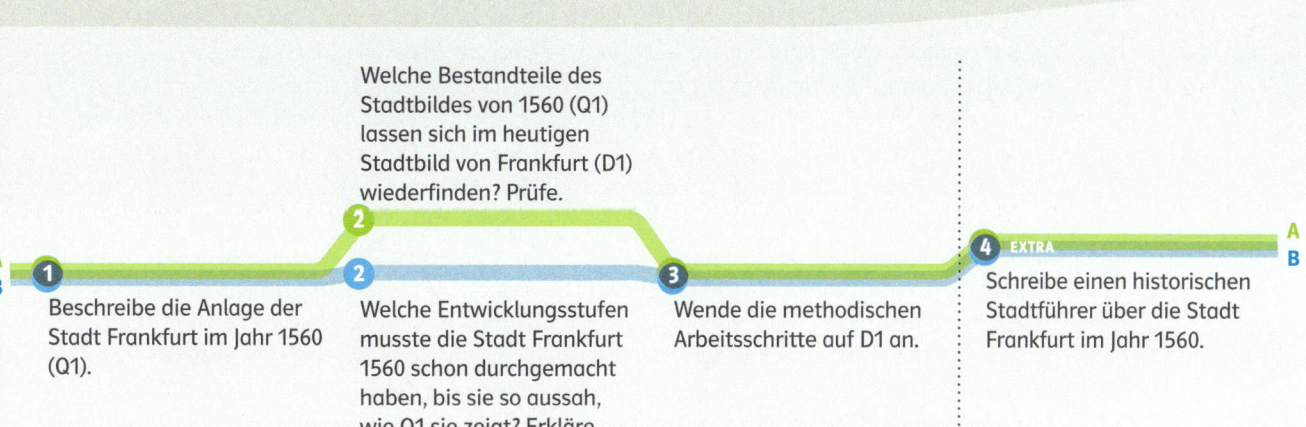

ehemalige Stadtmauern
- - - - Staufenmauer, 12. Jh.
───── Stadtmauer, 14./15. Jh.

Stadttore
- ⬤ erhaltenes Stadttor
- ◯ nicht erhaltenes Stadttor

0 100 200 300 m

© Klett

D1 **Innenstadt von Frankfurt.** Die Staufenmauer aus dem 12. Jahrhundert ist bis heute in Resten erhalten. Die äußere Mauer wurde Anfang des 19. Jahrhunderts abgetragen. Heutige Ansicht

Welche Bestandteile des Stadtbildes von 1560 (Q1) lassen sich im heutigen Stadtbild von Frankfurt (D1) wiederfinden? Prüfe.

A
B

1 Beschreibe die Anlage der Stadt Frankfurt im Jahr 1560 (Q1).

2 Welche Entwicklungsstufen musste die Stadt Frankfurt 1560 schon durchgemacht haben, bis sie so aussah, wie Q1 sie zeigt? Erkläre.

3 Wende die methodischen Arbeitsschritte auf D1 an.

4 EXTRA Schreibe einen historischen Stadtführer über die Stadt Frankfurt im Jahr 1560.

Auf dem Markt

Märkte unter freiem Himmel gibt es noch heute. Für die Menschen im Mittelalter aber war der Markt viel wichtiger als für uns. Warum das so war, erklärt Bauer Arnold seinem Sohn Jackop, als sie den Markt in der Nachbarstadt besuchen.

D1 **Mittelalterlicher Markt.** Rekonstruktionszeichnung

Markt
Ort, an dem Waren gekauft und verkauft werden. Die Fürsten gründeten und schützten Märkte (Marktrecht).

T1 Jackops erster Besuch auf dem Markt

S (ohn): „Vater, was wollte der Soldat am Stadttor?"

V (ater): „Er hat mir die Marktordnung erklärt, Jackop."

S: „Was ist das?"

V: „Sie schreibt den Marktbesuchern vor, wie sie sich verhalten müssen. Die Marktordnung legt z.B. fest, was wir für unsere Hühner und Eier nehmen dürfen."

S: „Gibt es in jeder Stadt einen Markt?"

V: „Nein, nur in den Städten, denen der Landesherr erlaubt hat, Märkte abzuhalten."

S: „Sieh mal, Vater, da sind unsere Nachbarn mit Käse, Honig, Äpfeln und Bohnen."

V: „Ja, sowas bieten wir Bauern an. Und dahinter siehst du die Stände der Kaufleute und Handwerker aus der Stadt. Da gibt es Schuhe, Kleider, Töpfe, Brot, Fleisch und vieles mehr. Und alles vom Feinsten!"

S: „Das meiste davon machen wir aber doch zu Hause selber, du und Mutter."

V: „In der Stadt ist das aber anders. Die Handwerker üben spezielle Berufe aus. Ein Metzger backt z.B. nicht. Er muss Brot beim Bäcker kaufen. Und andere Sachen bei anderen Verkäufern, etwa bei uns Bauern. Deshalb sind für die Städter Märkte, wo es alles Mögliche gibt, wichtiger als für uns."

S: „Und wie geht das? Gibt der Metzger dem Bäcker Fleisch und bekommt dafür Brot?"

V: „Solche Tauschgeschäfte, Güter gegen Güter, gab es früher einmal. Aber das war viel zu kompliziert. Daher wurden die Preise in Geld festgelegt. So weiß man genau, was etwas kostet und kann Preise vergleichen."

S: „Vater, was ist das für eine Fahne dort?"

V: „Das ist die Marktfahne am Rathaus. Sie wird zu Beginn des Marktes hochgezogen und am Ende wieder eingeholt."

S: „Und wie lange dauert der Markt hier?"

V: „Heute ist Wochenmarkt, der dauert nur einen Tag. Daher sind ja auch nur Leute aus der Stadt und Umgebung hier. Aber zweimal im Jahr ist Jahrmarkt, der dauert eine Woche, in größeren Städten sogar zwei Wochen und länger. Dann ist richtig was los. Dann kommen auch Händler von weit her mit kostbaren Waren – Pelzen, seltenen Gewürzen, feinen Seidenstoffen."

S: „Toll, da gehen wir aber auch hin, bitte!"

Q1 Auszug aus der Markt- und Gewerbeordnung für die Stadt Landshut, 1256:

1. Wir verbieten, Schwerter und Dolche innerhalb der Stadt zu tragen. Und so oft Leute getroffen werden, die Schwerter tragen, so oft werden sie der Stadt 6 Schillinge und dem
5 Richter 60 Pfennige zahlen.

2. Wenn einer (der ein Schwert trägt) kein Geld besitzt, wird ihm die Hand abgeschlagen werden. (…)

5. Wir verordnen, 2½ Pfund Rindfleisch für
10 einen Schilling zu verkaufen und ebenso viel Hammelfleisch und drei Pfund Ziegenfleisch.

Die Leute, die es anders machen, werden der Stadt 6 Schillinge und dem Richter 60 Pfennige zahlen. (…)

15 10. Wir verordnen, dass kein Kauf außerhalb des öffentlichen Marktes stattfindet, was die Leute betrifft, die der Stadt Waren zuführen (…)

20. Lotterbuben in jeder Art, fahrende Schüler
20 (= Studenten, unterwegs von oder zu einer Universitätsstadt) mit langem Haar halten wir fern. Die Leute, die sie über eine Nacht hinaus beherbergen, verurteilen wir zu 1 Pfund.

Q2 Stadtwaage von Nürnberg. Der städtische Waagemeister (Mitte) und sein Knecht (links) wiegen die Ware des Kaufmanns (rechts). Dieser greift in seine Tasche, um für das Wiegen zu bezahlen. Erst dann darf er seine Ware auf dem Markt verkaufen.

Q3 „Ein Brotmaß wie im Mittelalter: unser Augustinerlaib". Am Brotmaß des Freiburger Münsters konnte im Mittelalter jeder Brotkäufer prüfen, ob sein Brot die richtige Größe hatte. Werbung einer Freiburger Bäckerei, 2016

A
B

1 Beschreibe, wozu der Markt in einer mittelalterlichen Stadt diente (Q1, T1).

2 „Auf einem Markt muss es Regeln geben!" Erkläre den Satz mithilfe von D1 und Q1–3.

2 „Auf einem Markt muss es Regeln geben!" Erkläre den Satz mithilfe von D1, Q2 und Q3.

3 Leite aus T1 die Begriffe Marktrecht und Marktordnung ab.

3 Jackop will genauer wissen, was die Marktordnung regelt und warum. Er fragt seinen Vater. Schreibe das Gespräch auf (D1, Q1).

4 Arbeite die Unterschiede zwischen Wochen- und Jahrmärkten heraus (T1).

5 „Märkte im Mittelalter waren wichtiger als heute." Nimm Stellung zu dieser Aussage.

6 EXTRA MK Informiere dich über einen bekannten Markt in deiner Umgebung und finde heraus, seit wann und warum es ihn gibt.

A
B

Handwerker schließen sich zusammen

In den Städten entwickelte sich das Handwerk besonders prächtig. Handwerker schlossen sich zu Zünften zusammen, die nicht nur die Preise und die Qualität überwachten. Auch heute noch erinnern Namen und Begriffe an die Handwerker des Mittelalters.

Zunft
(Mehrzahl: Zünfte)
Zusammenschluss der Meister eines Handwerks

T1 Das Handwerk blüht auf

Die Kunden verlangten von den Handwerkern immer bessere Erzeugnisse. Daher spezialisierten sich die Handwerker in den Städten, um besonders gute Produkte herzustellen. Grobschmiede fertigten z. B. nur noch eiserne Großteile wie Pflüge oder Wagenräder an, Kleinschmiede dagegen nur noch Schlüssel oder andere kleinere Eisenteile. So entstanden immer neue Handwerksberufe. Durch die speziellen Arbeitsmethoden nahm die Qualität der Handwerkserzeugnisse zu.

T2 Zünfte regeln das Handwerk

Alle Meister desselben Handwerks schlossen sich in einer Zunft zusammen. Nur Zunftmitglieder durften ihren Beruf ausüben. Jede Zunft hatte eine Zunftordnung. Sie schrieb vor, wie viele Meisterbetriebe eine Stadt und wie viele Lehrlinge und Gesellen jeder Meister haben durfte. Sie bestimmte auch, welche Menge an Erzeugnissen in welcher Qualität und zu welchem Preis jeder Meister herstellen durfte. Außerdem regelte die Zunftordnung, welche Aufgaben die Mitglieder bei den Festen und bei der Verteidigung der Stadt hatten.

T3 Im Meisterbetrieb

Die Meisterbetriebe eines Handwerks lagen oft alle in einer Straße. Namen wie „Schustergasse" erinnern heute noch daran. Die Familie des Meisters lebte meist mit Gesellen und Lehrlingen unter einem Dach. Für Bäcker oder Schuster war das Haus Wohn- und Arbeitsstätte in einem.

T4 Lehrlingsausbildung

Wenn sein Sohn ein Handwerk lernen sollte, schloss der Vater mit einem Meister einen Lehrvertrag ab. Darin versprach der Vater, dem Meister das Lehrgeld zu zahlen, der Meister versprach dem Vater, den Sohn in sein Haus aufzunehmen und nach den Vorschriften der Zunft auszubilden. Nach drei bis fünf Jahren endete die Lehrzeit mit der Gesellenprüfung und der feierlichen Aufnahme in die Zunft. Meister konnte jemand aber nur dann werden, wenn eine Meisterstelle frei wurde. Viele Handwerker blieben daher ihr Leben lang Gesellen.

Q1 Schneiderwerkstatt. Ein Meister mit seinem Gesellen und seinem Lehrling bei der Arbeit. Italienische Buchmalerei, 14. Jahrhundert

Q2 Vorschriften für die Schmiedezünfte von Magdeburg (1415):

Die Grobschmiede sollen keine Sporen, Schlösser, Steigbügel, großen und kleinen Zaumzeuge herstellen. Wer in die Grobschmiedezunft eintreten will, soll ein Huf-
5 eisen, ein neues Pflugeisen und ein Handbeil herstellen. Diese soll er der Zunft zur Prüfung vorlegen. Werden diese für gut befunden, so soll man ihn zur Zunft zulassen. Und was in das Arbeitsgebiet der Grobschmiede fällt, soll
10 niemand anders herstellen. (…) Die Kleinschmiede sollen keine Hufe beschlagen und keine Pflüge, Räder oder Äxte (…) herstellen. Wer in die Kleinschmiedezunft eintreten will, der soll ein Türschloss (…) herstellen.
15 (…) Nagelschmiede sollen all jene Gegenstände nicht herstellen, die für das Grob- und Kleinschmiedehandwerk vorgesehen sind.

Schon gewusst?

Die Zünfte wurden Ende des 19. Jahrhunderts abgeschafft. In der Nachfolge entstanden **Innungen, in denen sich bis heute Handwerker zusammenschließen**, um ihre Interessen gemeinsam zu vertreten. Anders als früher die Zünfte dürfen die Innungen den Handwerksbetrieben nicht die Qualität oder die Preise vorschreiben. Sie sorgen für eine gute Ausbildung, bieten Lehrgänge an oder vermitteln bei Streitigkeiten mit Auftraggebern. Aktuell gibt es in Deutschland etwa 7000 Innungen. Die Mitgliedschaft ist freiwillig.

Q3 **Handwerk heute.** Bäckermeister mit einem Auszubildenden. Foto

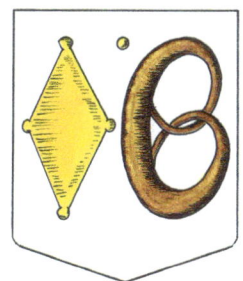

D1 **Zunftzeichen**, heutige Nachzeichnung

A
B

1 Nenne Gründe, warum sich Handwerker spezialisierten (T1).

2 Erkläre den Begriff „Zunft" (T2).

2 Erkläre den Begriff „Zunft". Begründe, warum solche Zusammenschlüsse Vorteile brachten (T2).

3 Zeichne die Zunftzeichen ab und nenne die Berufe. Fertige ein mögliches Zunftzeichen für die Schneiderzunft an (D1).

4 Nenne Dinge, die in der Zunftordnung geregelt wurden. Warum hatte das Vorteile für Handwerker und Kunden? Begründe (T2).

4 Nenne Dinge, die in der Zunftordnung geregelt wurden. Warum hatte das Vorteile für Handwerker und Kunden? Begründe (T2, Q2).

5 Vergleiche die Lehrlingsausbildung früher und heute (T4, Q3, Schon gewusst?).

6 „Die Zünfte beherrschten das Leben in der Stadt!" Nimm Stellung zu dieser Aussage.

A
B

Fernkaufleute verbinden die Städte

Schon im Mittelalter konnte man auf den Märkten Waren aus weit entfernten Gegenden kaufen. Dafür sorgten Fernkaufleute. Der Fernhandel war ein lohnendes Geschäft – aber auch gefährlich.

Hanse
von althochdeutsch hansa = Schar. Interessenvertretung seefahrender Kaufleute

T1   Reichtum durch Fernhandel

Im Mittelalter wurden auf dem Markt nicht nur Waren von Bauern aus der Nähe angeboten, sondern auch Waren aus fernen Ländern. Die Kaufleute beschafften aus fernen Ländern seltene Waren und Rohstoffe (siehe D2). Sie transportierten sie über den Landweg oder mit dem Schiff nach Hause und lagerten sie in ihrem Kaufmannshaus ein (siehe D1). Auf den heimischen Märkten verkauften sie die Waren. Das Geschäft lohnte sich, viele Kaufleute wurden reich. Doch der Fernhandel war auch gefährlich: Räuber und Piraten überfielen die Transporte. Die Kaufleute beschlossen, etwas dagegen zu unternehmen.

Q1   Wappen des Fußballvereins F. C. Hansa Rostock

T2   Die Hanse

Seit dem 12. Jahrhundert schlossen sich viele Kaufleute in Vereinigungen zusammen. Sie organisierten die Transporte ihrer Waren gemeinsam und sorgten für ihren Schutz. Zu einer mächtigen Kaufmannsvereinigung wurde die Hanse. Sie gründete in vielen Küstenstädten Handelsniederlassungen (Kontore). In den Kontoren hatte sie Büros und Lagerräume. Hier wurden ihre Schiffe beladen und entladen sowie Geschäfte abgeschlossen. Oft sicherten sich die Hansekaufleute durch Verträge mit Landesherren Vorteile gegenüber anderen Kaufleuten, zum Beispiel Zollfreiheiten und besondere Lagerrechte. Der Seehandel wurde über eine lange Zeit mit Koggen betrieben. Das waren Schiffe mit einem großen Rumpf. Sie konnten viel Fracht befördern.

T3   Die Hanse prägt den niederdeutschen Handel

Im Laufe der Zeit boten immer mehr Städte an der Nord- und Ostseeküste, aber auch an wichtigen Handelsfernstraßen, den Kaufleuten Vorrechte und Schutz an. Im Spätmittelalter gab es ungefähr 70 größere und kleine Hansestädte, führend waren zeitweise Lübeck, Bremen und Hamburg. Im Zuge des Dreißigjährigen Krieges konnten die hansischen Vorrechte nicht mehr durchgesetzt werden. Der Zusammenschluss löste sich auf.

D1   Kaufmannshaus. Das Haus eines Fernkaufmanns bestand häufig aus einem Wohnbereich und einem Bereich, in dem die Geschäfte geführt wurden. Im Speicher und im Keller lagerten die Waren. Rekonstruktion

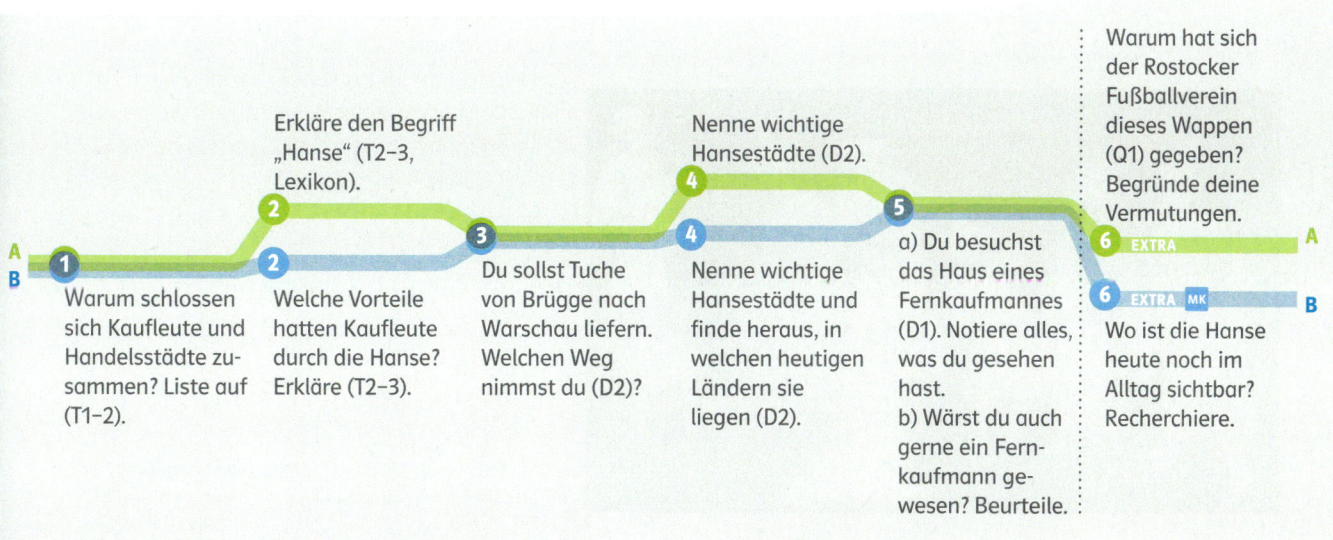

D2 **Wichtige Hansestädte und Handelswege der Hansekaufleute** um 1400

1 Warum schlossen sich Kaufleute und Handelsstädte zusammen? Liste auf (T1–2).

2 Erkläre den Begriff „Hanse" (T2–3, Lexikon).

2 Welche Vorteile hatten Kaufleute durch die Hanse? Erkläre (T2–3).

3 Du sollst Tuche von Brügge nach Warschau liefern. Welchen Weg nimmst du (D2)?

4 Nenne wichtige Hansestädte (D2).

4 Nenne wichtige Hansestädte und finde heraus, in welchen heutigen Ländern sie liegen (D2).

5 a) Du besuchst das Haus eines Fernkaufmannes (D1). Notiere alles, was du gesehen hast.
b) Wärst du auch gerne ein Fernkaufmann gewesen? Beurteile.

Warum hat sich der Rostocker Fußballverein dieses Wappen (Q1) gegeben? Begründe deine Vermutungen.

6 EXTRA

6 EXTRA MK

Wo ist die Hanse heute noch im Alltag sichtbar? Recherchiere.

Handel auf der Seidenstraße

Italienische Fernhändler reisten ab dem 13. Jahrhundert weit in den Osten Asiens, um Handel zu treiben. So kamen Porzellan, Seide und Schwarzpulver nach Europa. Doch die Händler brachten noch mehr mit als Luxuswaren und Erfindungen.

T1   Reichtum durch Fernhandel

Die Seidenstraße ist eine der ältesten und längsten Handelsrouten der Welt, die seit der Antike den Mittelmeerraum mit Asien verbindet. Händler beförderten über die Seidenstraße Güter wie Porzellan, Bronze, Pelze, Gewürze und Seide aus dem fernen Osten nach Europa. Sie galten bei Adligen und reiche Bürgern in Europa als Luxusgüter. Auch chinesische Erfindungen wie Papier und Schwarzpulver fanden so ihren Weg nach Westen. In China dagegen war man an Gold, Glas und Fertigwaren aus Europa interessiert.

T2   Mönche berichten

Im 13. Jahrhundert dehnte sich das Volk der Mongolen über weite Regionen Asiens aus. Dies trug dazu bei, dass der Austausch zwischen Asien und Europa zunahm: Die Mongolen hatten zahlreiche Gebiete erobert und waren mit ihren Reiterheeren bis nach Europa vorgedrungen. Daraufhin wurden Mönche aus Europa nach Asien geschickt, um mehr über die Absichten und das Leben der Mongolen herauszufinden.

Die Berichte der Mönche (siehe Q3) trugen dazu bei, dass sich das Bild der Europäer über Asien allmählich weitete. Die Mongolen beherrschten zu jener Zeit auch die Gegenden rund um die Seidenstraße. Sie zeigten sich gastfreundlich gegenüber ausländischen Reisenden und Kaufleuten und boten ihnen Schutz. Das ließ den Handel zwischen Europa und Asien aufblühen.

T3   Verbreitung von Kultur und Wissen

Der Handel auf der Seidenstraße führte auch zur Verbindung von Kulturen. Schriften unterschiedlicher Sprachen verbreiteten sich über die Seidenstraße ebenso wie Religionen. Neben dem Christentum gelangten so der Buddhismus und der Islam nach China. Auch das Wissen über das Leben der Menschen in weit entfernten Regionen konnte sich so verbreiten.

T4   Der Handelsreisende Marco Polo

1271 brach der aus Venedig stammende Händler Marco Polo in Richtung China auf. Wahrscheinlich führte sein Weg über den heutigen Irak zum Persischen Golf und weiter nach Zentralasien bis nach Peking. Marco Polo verfasste ausführliche Berichte (Q2) über seine Reisen. Sie prägten das Bild der Europäer von Asien für lange Zeit. Ob er alle Reiseorte selbst besucht hat, wissen die Historikerinnen und Historiker bis heute nicht sicher.

Q1   Fest am Hofe des chinesischen Großkhans.
Illustration zu den Reiseberichten Marco Polos, 1412

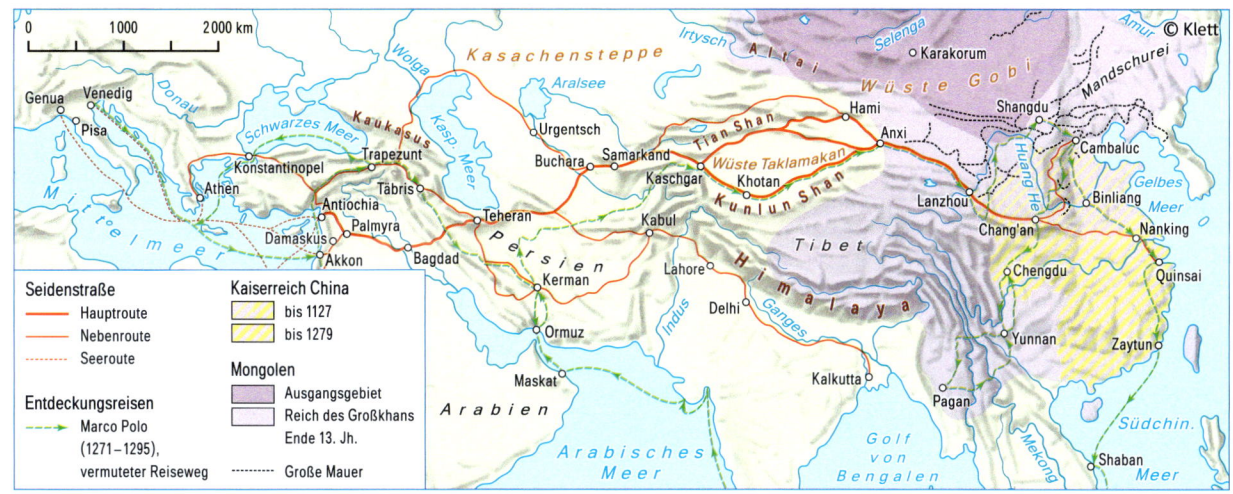

D1 Verlauf der Seidenstraße im 12./13. Jahrhundert

Q2 Marco Polo berichtet nach seiner Rückkehr aus China über seine Asienreise, 1298:

Am dritten Tag ist Quinsai (= Hangzhou) erreicht (…). Quinsai ist bei weitem die glanzvollste Stadt der Welt. (…) In Quinsai werden viele Güter hergestellt und in die Provinzstädte
5 verschickt. Unmöglich ist es, zu beschreiben, wie reich die Kaufmannschaft hier ist und mit welch unglaublichen Mengen von Waren hier gehandelt wird. (…) Die reichen Herren und ihre Frauen (…) verrichten überhaupt keine
10 Handarbeit; sie pflegen eine feine Lebensart, als wären sie Könige. (…) Alle Straßen von Quinsai sind mit Steinen und Backsteinen gepflastert. (…) Die Stadt hat noch mehr Annehmlichkeiten: es gibt über dreitausend
15 öffentliche, warme Bäder.

Q3 Der Mönch Johannes von Plano Carpini, über seine Reise ins Mongolenreich, 1247:

2. Die (…) Tartaren (Mongolen) sind ihren Herren gehorsamer als irgendwelche anderen Menschen auf der Welt (…). Mit Worten streiten sie selten oder nie miteinander, hand-
5 greiflich aber nie. Kriege, Streitigkeiten, Verletzungen, Morde geschehen unter ihnen niemals. Auch Räuber und Diebe wertvoller Dinge sind dort nicht zu finden. Deshalb werden ihre Behausungen und Karren, in
10 denen sie ihre Schätze haben, des Abends und auf der Fahrt nicht verschlossen. (…)
7. Ihre Nahrung besteht aus allem, was man essen kann. Sie essen nämlich Hunde, Wölfe, Füchse und Pferde, und in Notlagen
15 Menschenfleisch.

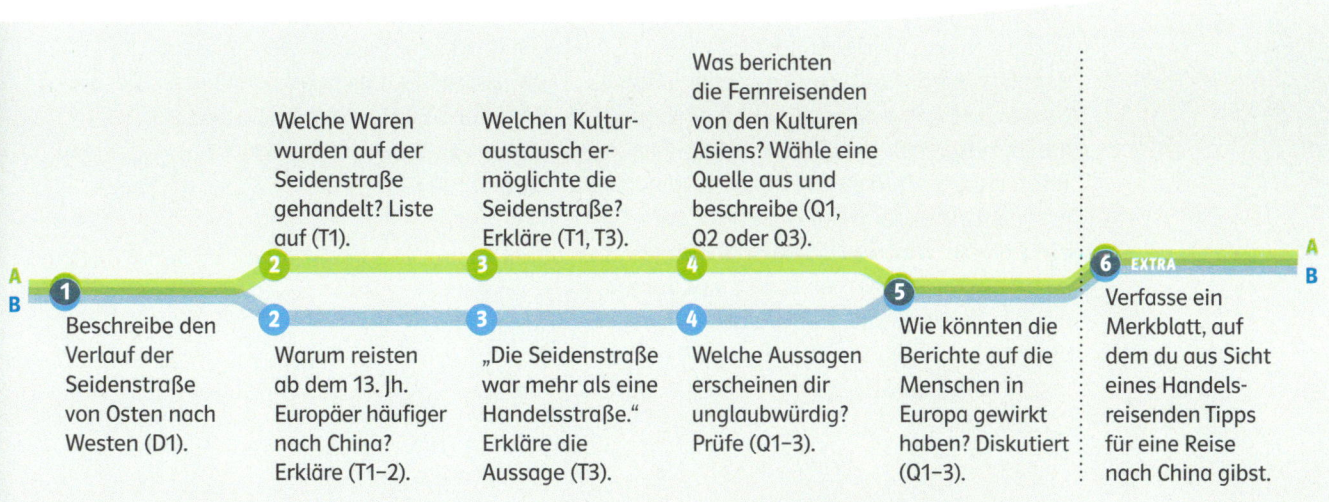

A — **1** Beschreibe den Verlauf der Seidenstraße von Osten nach Westen (D1).

2 Welche Waren wurden auf der Seidenstraße gehandelt? Liste auf (T1).

3 Welchen Kulturaustausch ermöglichte die Seidenstraße? Erkläre (T1, T3).

4 Was berichten die Fernreisenden von den Kulturen Asiens? Wähle eine Quelle aus und beschreibe (Q1, Q2 oder Q3).

6 EXTRA Verfasse ein Merkblatt, auf dem du aus Sicht eines Handelsreisenden Tipps für eine Reise nach China gibst. — **A**

B — **2** Warum reisten ab dem 13. Jh. Europäer häufiger nach China? Erkläre (T1–2).

3 „Die Seidenstraße war mehr als eine Handelsstraße." Erkläre die Aussage (T3).

4 Welche Aussagen erscheinen dir unglaubwürdig? Prüfe (Q1–3).

5 Wie könnten die Berichte auf die Menschen in Europa gewirkt haben? Diskutiert (Q1–3). — **B**

Die Pest – Pandemie im Mittelalter

Keine Krankheit hat schlimmer in Europa gewütet als die Pest. In nur vier Jahren (1347–1351) starben etwa 25 Millionen Menschen in Europa am „Schwarzen Tod". Bei der Pest handelte es sich um eine der ersten globalen Seuchen. Es zeigte sich, dass mit dem Fernhandel der weltweite Austausch in jeglicher Hinsicht zunahm – auch von todbringenden Bakterien.

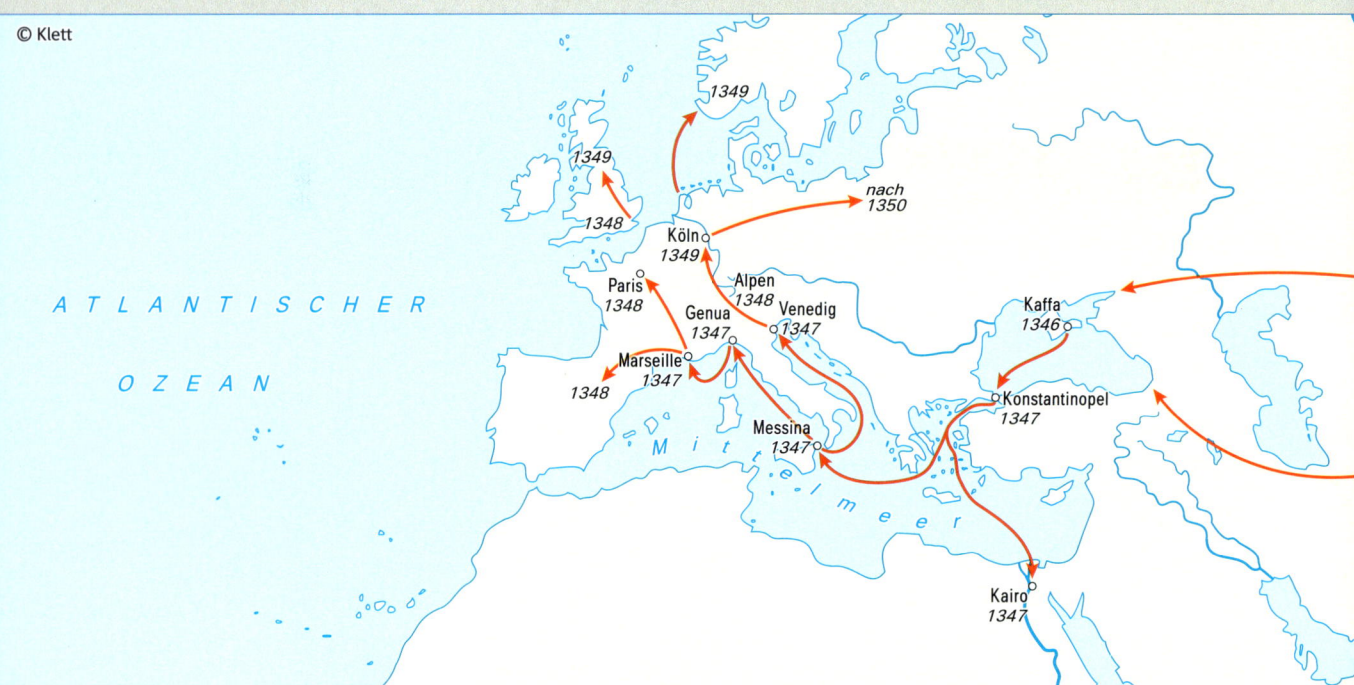

© Klett

Pandemie
Ausbreitung einer Krankheit über Ländergrenzen oder Kontinente hinweg. Im Gegensatz dazu ist eine Epidemie auf einen Ort oder eine Region beschränkt.

T1   Der „Schwarze Tod"

Die Menschen im mittelalterlichen Europa waren immer wieder von schlimmen Krankheiten betroffen. Doch keine traf sie so furchtbar wie die „große Pest". Schwarze Schwellungen, Bluthusten und hohes Fieber waren Zeichen für die Ansteckung. Der Befallene starb nach wenigen Tagen unter Qualen. Die Ansteckungsgefahr war so groß, dass Kranke völlig gemieden wurden. Die Toten wurden in Massengräbern verscharrt. Fast ein Drittel der west- und mitteleuropäischen Bevölkerung soll damals umgekommen sein. Die Wissenschaft war damals nicht in der Lage, die Ursache für die Pest zu finden.

T2   Der Pestbrief

Die tödliche Krankheit verbreitete sich insbesondere in Hafenstädten. Deshalb wurde 1375 der sogenannte Pestbrief eingeführt. Das war eine Art Gesundheitspass. Reisende mit ihren Waren mussten 40 Tage (= ital. quaranta giorni) warten, bevor sie in eine Stadt einreisen durften. In dieser Zeit beobachtete man, ob sie gesund blieben. So entstand der Begriff „Quarantäne".

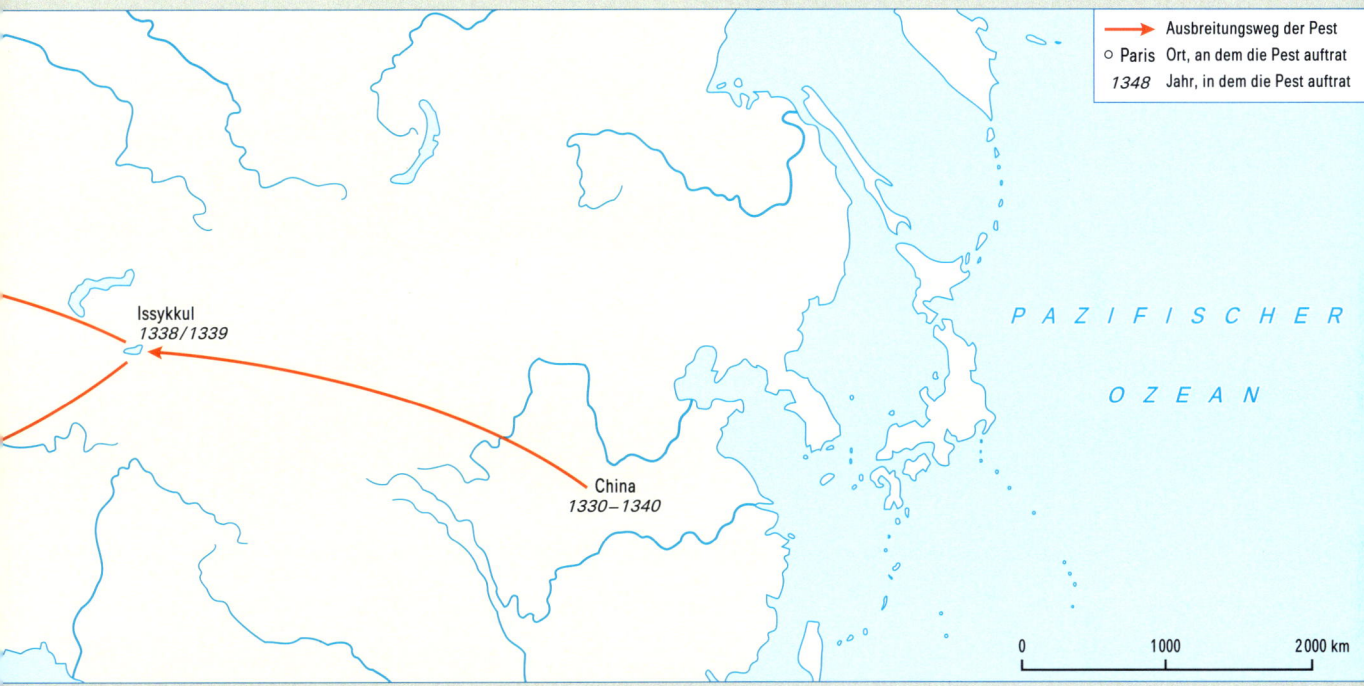

Legende:
→ Ausbreitungsweg der Pest
○ Paris Ort, an dem die Pest auftrat
1348 Jahr, in dem die Pest auftrat

Issykkul
1338/1339

China
1330–1340

P A Z I F I S C H E R

O Z E A N

0   1000   2000 km

T3   Mit dem „Taxi" nach Europa

Heute weiß man: Der Pest-Erreger stammte ursprünglich aus Asien und wurde vermutlich durch Flöhe übertragen. Klimaschwankungen begünstigten die Ausbreitung der Krankheit. Um 1334 brach die Pest in China aus. Als „Taxi" für die Flöhe und damit die Bakterien dienten Kamele, die Handelswaren transportierten. Es dauerte mehrere Jahre, bis die Erreger Europa erreichten.

Schon gewusst?

Der weltweite Austausch, aber auch Entdeckungsfahrten oder Eroberungszüge sorgten immer wieder für die **Entstehung von Pandemien**:

– Ab etwa 1500 schleppten europäische Eroberer Krankheiten nach Mittel- und Südamerika ein, gegen die die dortige Bevölkerung keine Abwehrkräfte hatte. 5–8 Millionen Angehörige der indigenen Bevölkerung (S. 84) starben an Pocken, Grippe oder Masern.

– In den Jahren 1918 bis 1920 forderte die „Spanische Grippe" weltweit mindestens 25 Millionen Todesopfer (manche Forscherinnen und Forscher gehen sogar von 50 Millionen Toten aus). Die Grippe hatte ihren Ursprung in den USA, über amerikanische Soldaten verbreitete sie sich während des Ersten Weltkrieges auf allen Kontinenten. Ihren Namen erhielt die „Spanische Grippe", weil spanische Zeitungen als erste über Krankheitsfälle berichteten.

– Von 2020 an breitete sich das Corona-Virus weltweit aus. Reisen und globaler Handel förderten die schnelle Ausbreitung. Allerdings bietet die weltweite Vernetzung auch die Möglichkeit, Pandemien gemeinsam zu bekämpfen und Medikamente und Impfstoffe zu entwickeln.

Zwei Handelsstädte im Vergleich

Köln und Timbuktu waren im Mittelalter bedeutende Städte. Doch ihre Einwohner wussten nicht einmal, dass es die jeweils andere Stadt gab. Auch wenn unser Wissen über Afrika immer noch begrenzt ist, können wir heute viele Gemeinsamkeiten in der Geschichte beider Städte entdecken.

Q1 Köln und sein Hafen. Köln war im 15. Jahrhundert mit etwa 40 000 Einwohnern eine der größten Städte im gesamten Heiligen Römischen Reich. Die Stadt hatte sich durch die Lage an mehreren Fernstraßen und am Rhein zu einem bedeutenden Handelsplatz entwickelt. Kaufleute handelten hier mit Salz, Fisch, Gewürzen, Tuchen und vor allem Wein. Handwerker stellten Pelze, Stoffe, Eisenwaren und Goldschmiedearbeiten her. Köln war aber auch ein kulturelles Zentrum. Dazu trugen die zahlreichen Kirchen und Klöster mit ihren Schulen genauso bei wie die 1388 gegründete Universität, an der man Theologie (Religion), Recht und Medizin studieren konnte. Holzschnitt, 1531

Q2 Stadtansicht von Timbuktu. So hat der Franzose René Caillié 1827 als erster Europäer die Stadt gesehen. Viele der Gebäude, die er zeichnete, waren bereits im Mittelalter gebaut worden. Vom 14. bis zum 16. Jahrhundert war Timbuktu ein bedeutendes Handelszentrum im alten Königreich Mali. Die Stadt lag an den wichtigen Karawanenstraßen nach Nordafrika und in der Nähe des Flusses Niger. Hier wurden Salz, Gold, Elfenbein, Gewürze und Sklaven gehandelt und gegen Tuche, Eisenwaren und Kupfer aus der Mittelmeerregion getauscht. In den drei großen Moscheen unterrichteten zahlreiche Gelehrte den Koran, aber auch Medizin, Astronomie und Philosophie. Im 16. Jahrhundert sollen bereits um 25 000 Menschen in Timbuktu gelebt haben.

Q3 Die Djinger-ber-Moschee (Freitags-Moschee) soll um 1325 errichtet worden sein. Es heißt, der damalige König von Mali, Mansa Musa, habe den Bau nach der Rückkehr von einer Pilgerreise nach Mekka in Auftrag gegeben. Heutiges Foto

A T L A N T I S C H E R

Nordsee

Ostsee

O Z E A N

Bergen

Stockholm

Nowgorod

Riga

Lübeck

Danzig

London

Brügge

Köln

Paris

Rhein

Krakau

Wien

Dnipro

Genua

Venedig

Belgrad

Donau

Marseille

Madrid

Barcelona

Neapel

Konstantinopel

M i t t e l m e e r

Cádiz

Algier

Tunis

Fès

Tripolis

Marrakesch

Sidschilmasa

Ghadamis

Tamanrasset

Timbuktu

Gao

Agadez

El Fasher

Djenné

Niger

Tschadsee

Bamako

Kano

| | Handelsorte |

Handelswege

.... zu Land

‐ ‐ ‐ ‐ zur See

Heiliges Römisches Reich

Malireich

0   250   500   750   1000 km

© Klett

Wer regiert die Stadt?

Wer regiert die Stadt? Diese Machtfrage wird zwischen Parteien und Wählergruppen entschieden. Die gab es aber im Mittelalter noch nicht. Damals kämpften andere Gruppen um die Macht.

Patrizier

Im Mittelalter: städtische Oberschicht aus reichen Kaufmannsfamilien. Aufgrund ihrer adligen Lebensführung wurden sie als dem Adel ebenbürtig angesehen. Die Patrizier beherrschten im 12. bis 14. Jahrhundert vielerorts die Stadtregierungen.

T1   Unter der Herrschaft der Stadtherren

Bis um 1200 wurden die Städte meist durch ihre Stadtherren regiert. Das waren Herzöge, Grafen, Bischöfe und in den Reichsstädten der König. Durch ihre adligen Beamten sorgten die Stadtherren für Schutz und Ordnung in den Städten. Sie sprachen Recht und zogen Steuern ein.

T2   Eine neue städtische Oberschicht

So blieb es aber in vielen Städten nicht. Vor allem die reichen Kaufleute, die Patrizier, drängten auf Veränderungen. Sie waren durch den Handel reich geworden und gehörten zur Oberschicht in der Stadt. Die Patrizier waren der Meinung: Die Städte verdanken uns ihren Wohlstand, jetzt wollen wir auch mitbestimmen. In neu gegründeten Städten wie Freiburg (1120) oder Reichsstädten wie Aachen (1166) gewährten ihnen die Stadtherren von sich aus Freiheiten und Rechte. In anderen Städten wie Köln kam es jedoch erst nach schweren Kämpfen zwischen dem Stadtherrn und den Stadtbewohnern zu Veränderungen. Mit der Zeit wurden die Patrizier von den Adligen dann aber als ihresgleichen angesehen. Heiraten stifteten enge Verwandtschaften zwischen beiden Gruppen. Die Patrizier besetzten vielerorts die Führungsämter der Städte. Sie stellten die Bürgermeister und die Ratsherren des Stadtrats. In vielen Städten galten lange Zeit nur Patrizier als geeignet dafür, die Städte zu regieren.

T3   Zünfte drängen an die Macht

Die Handwerker bildeten den weitaus größten Teil der Bevölkerung in der Stadt. Sie blieben lange von der Regierung der Stadt ausgeschlossen. Im 14. Jahrhundert wehrten sich die Handwerker in zahlreichen Städten gegen die Alleinherrschaft der Patrizier. Gerade die Handwerker der großen und wichtigen Zünfte, wie z. B. die Weber in Köln, führten diesen Protest an. Kaufleute, die keine Patrizier waren, unterstützten sie oft. Wo die Aufstände Erfolg hatten, wurden fortan neben Patriziern auch Zunftmitglieder Bürgermeister und Ratsherren. Das war z. B. 1396 in Köln oder 1450 in Aachen der Fall. Allerdings fanden solche Veränderungen nicht in allen Städten Deutschlands statt. So gab es am Ende des Mittelalters viele unterschiedliche Formen der Stadtregierung. Manche Städte wurden immer noch von Stadtherren, andere von Patriziern oder Zünften oder von beiden regiert.

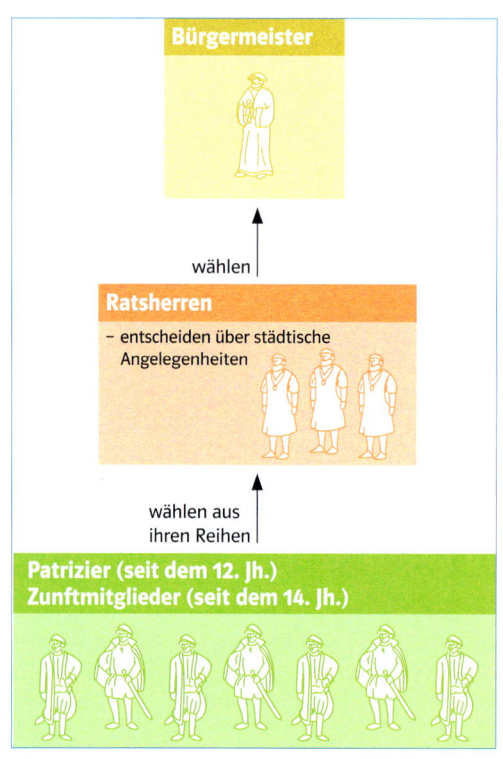

D1   Die Stadtregierung im Mittelalter

Q1
Machtwechsel im Augsburger Stadtrat 1368. Der Rat der Patrizier (sitzend) empfängt eine Abordnung der Augsburger Handwerker (vorne stehend) und stimmt ihrer Forderung nach künftiger Beteiligung der Zünfte an der Regierung Augsburgs zu. Zeitgenössische Buchillustration

A
B

1 Nenne die drei Formen, wie Städte im Mittelalter regiert wurden (T1–3).

2 Warum beanspruchten die Patrizier mehr Macht in der Stadt (T2)? Begründe.

2 Warum beanspruchten die Patrizier mehr Macht in der Stadt? Findest du das gerecht? Begründe.

3 Beschreibe Q1. Was kannst du aus dem Stimmengewirr heraushören? Schreibe einige Sprechblasen in dein Heft (T3).

3 Beschreibe Q1. Was kann man aus dem Bild über die Stellung der einzelnen Gruppen ableiten? Erläutere.

4 Nenne die Forderung der Handwerker in Q1.

4 Nenne die Forderung der Handwerker in Q1 und begründe sie. Spielt die Szene in der Klasse nach.

5 Erkläre das Schaubild D1.

5 Erkläre das Schaubild D1. Erläutere, wie sich die Gruppe der Personen, die Macht in der Stadt hat, veränderte.

6
A
B

Welche Form der Stadtregierung ist die beste? Führt eine Diskussion in der Klasse.

Stadtluft macht frei – aber auch gleich?

Unfreie wurden frei, wenn sie ein Jahr und einen Tag in der Stadt wohnten. Daher hieß es: „Stadtluft macht frei." Aber das bedeutete nicht, dass alle Stadtbewohner auch gleich waren.

Bürgerrecht
Ein Bürger hatte das Recht, den Stadtrat zu wählen, selbstständig ein Geschäft und Gerichtsprozesse zu führen sowie sein Vermögen zu verwalten. Allerdings hatte er auch die Pflicht, am Wach- und Verteidigungsdienst für die Stadt teilzunehmen. Selbstständige Bürgerinnen konnten sich davon freikaufen.

T1 Bürger waren längst nicht alle

Nicht jeder Stadtbewohner war auch Bürger der Stadt. In den meisten Städten erhielt man das Bürgerrecht nur, wenn man ein Haus, ein Grundstück und Vermögen besaß und Steuern zahlte. Das traf nur auf die reicheren und wohlhabenderen Einwohner zu.

T2 Frauen in der Stadt

Frauen galten als Bürgerinnen, wenn sie mit einem Bürger verheiratet waren. Aber auch unverheiratete Frauen konnten das Bürgerrecht erlangen. Dafür mussten sie selbstständigen Handel oder ein Handwerk betreiben. Das kam gar nicht so selten vor: Köln war z. B. bekannt für seine Kauffrauen und Meisterinnen der Garnmacherzunft. Sie durften zwar nicht an der Ratswahl teilnehmen, konnten aber wie männliche Bürger Verträge abschließen und selbstständig Prozesse vor Gericht führen. Allerdings brachten es nur Frauen aus wohlhabenden Familien so weit. Das Leben einfacher Frauen – Mägde, Tagelöhnerinnen, Lohnarbeiterinnen – sah anders aus. Dabei war ein Leben als Magd in einem Bürgerhaus noch ganz erträglich, selbst wenn der Lohn gering und die Arbeit hart war. Schlimm war es dagegen für eine Frau, ihren Lebensunterhalt in einem verachteten Beruf verdienen zu müssen. Das war etwa bei Frauen in Badehäusern oder zweifelhaften Gaststätten der Fall. Auf solche Frauen schauten die Mitmenschen mit Verachtung herab.

T3 Am unteren Rand der Gesellschaft

Nur die kleine Oberschicht der Kaufleute erwirtschaftete für sich große Vermögen. Handwerkerfamilien führten meist ein bescheidenes Leben. Und Krankheit oder Tod eines Mitglieds konnte die ganze Familie zu Bettlern machen. Tatsächlich war Betteln in schlechten Zeiten manchmal die einzige Chance zu überleben. Dabei galt Betteln nicht als schlimm, wenn es aus echter Not geschah. Anders war es, wenn ein Bettler Leiden nur vortäuschte. Dies galt als „unehrlich" und machte ihn ehrlos. Als „unehrliche" Berufe galten auch Henker und Folterknechte, Totengräber, Beseitiger von Tierkadavern und Kloakenreiniger. Sie wurden in der Stadt dringend gebraucht, waren aber dennoch verachtet. Genauso verachtet wurden Prostituierte und umherziehende Spielleute und Gaukler. Wer mit ihnen verkehrte, verlor für immer seinen guten Ruf.

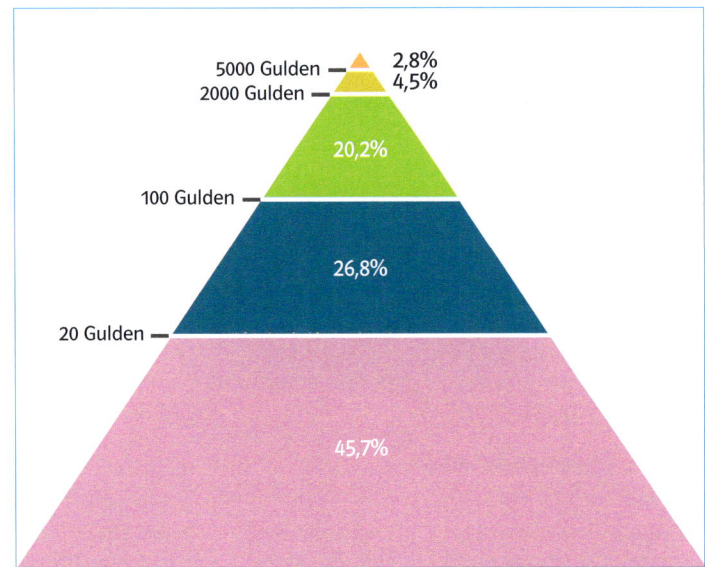

D1 Arm und Reich in der Stadt Nürnberg am Ende des Mittelalters.
Die städtischen Beamten schätzten das Vermögen der Bürger, um es besteuern zu können. Wer ein Vermögen von 100 Gulden besaß, musste etwa acht Gulden Jahressteuer zahlen.

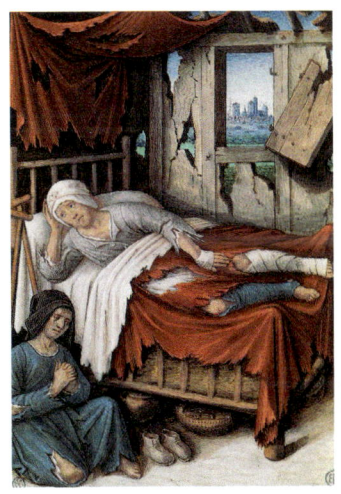

Q1   Menschen in der Stadt. Gemälde von Jean Bourdichon, 1457–1521

Q2   Kleiderordnung des Kieler Stadtrats, 1417:

Keine Frau darf gekrauste Tücher tragen und mehr als zwei Mäntel haben, die mit Pelzwerk gefüttert sind. Sie darf auch keinerlei Schmuck mit teuren Steinen und Perlen an
5 allen ihren Kleidern tragen, wenn ihr Mann an die Stadt nicht mindestens 400 Mark Silber zu versteuern hat. (…)
Wenn der Mann zwar Steuern zahlt, aber nicht für 100 Mark, so darf seine Frau keiner-
10 lei Schmuck tragen. Insbesondere darf keine Bürgersfrau Pelzwerk unten an ihren Kleidern tragen.
Insbesondere wird empfohlen, dass keine Dienstmagd Spangen, Scharlachtuch und ver-
15 goldeten Schmuck trägt, die mehr als 8 Schillinge wert sind.

Q3   Ein Prediger, 1264:

Ebenso werden aus der heiligen Christenheit so manche und besonders all jene verstoßen, die sich ihren Standespflichten entziehen und von Redlichkeit und Aufrichtigkeit abgefallen
5 sind. (…) Dazu gehören die Possenreißer, Geiger und Trommler und wie sie alle heißen mögen, die sich dafür bezahlen lassen, dass sie einen lobpreisen. (…) Denn so einer erzählt jemandem, solange er zuhört, das Schmeichel-
10 hafteste, das ihm nur einfällt; sobald der sich aber umdreht, erzählt er über ihn das Schlimmste, was er nur irgend erzählen kann (…). Ihr ganzes Leben haben diese Leute auf Sünde und Schande ausgerichtet und schämen
15 sich doch keiner Sünde und Schande.

Schon gewusst?

Der Rat der Stadt **Frankfurt/M.** verlieh 1446 „Heincz von Mulhusen zyguner" das **Bürgerrecht** – dem Angehörigen einer Minderheit, die heute „**Sinti und Roma**" genannt wird. Die Obrigkeit schützte sie. Mit dem Übergang zur Frühen Neuzeit wurde sie zunehmend verfolgt.

A
B

2 Erkläre, wer sich in der Stadt „Bürger" nennen durfte (T1–2).

3 Zähle auf: Wer gehörte zur Oberschicht, wer zur Unterschicht, wer zu den „Unehrlichen" (T2–3)?

5 Erkläre den Sinn von Kleiderordnungen (Q2).

1 Ordne die Menschen in Q1 den Begriffen „arm" und „reich" zu.

2 Erkläre, wer in der Stadt sich „Bürger" nennen durfte und beurteile die speziellen Bedingungen für Frauen (T1–2).

3 a) Löse Aufgabe A3.
b) Beurteile die Einordnung von Berufen als „unehrlich" (Q3, T3).

4 Fertige ein Schaubild zu den Bevölkerungsgruppen in der Stadt an.

5 Erkläre den Sinn von Kleiderordnungen (Q2). Diskutiert Vor- und Nachteile einer solchen Kennzeichnung.

6 Suche dir eine Person auf dem Bild dieser Seite aus und erzähle aus ihrem Leben.

A
B

Eine mittelalterliche Stadt erkunden

Schmale Gassen, beeindruckende Fachwerkhäuser, alte Kirchen und sagenhafte Figuren – bei einem Besuch in einer mittelalterlichen Stadt fühlst du dich um 500 Jahre zurückversetzt!

T1   Genau hinsehen

Die meisten deutschen Städte sind im Mittelalter entstanden. Das ist auf den ersten Blick kaum noch zu erkennen. Oft sind nur die Kirchen, vielleicht ein Rathaus oder Mauerreste erhalten. In den vergangenen 500 Jahren haben sich die Städte verändert und erneuert, zum Beispiel durch Brände, den Abriss baufälliger Häuser, Neubauten und moderne Autostraßen.

Trotzdem: Wer genau hinsieht, entdeckt in heutigen Städten deutliche Spuren des Mittelalters. Eine Erkundungstour lohnt sich – zum Beispiel in Limburg an der Lahn.

T2   Limburg – eine Stadt mit Geschichte

Graf Konrad Kurzbold bewohnte im 10. Jahrhundert die alte Burg auf dem Felsen über der Lahn. Neben seiner Burg wollte er eine Kirche errichten, das Stift „Sankt Georg". In der Gründungsurkunde von Sankt Georg aus dem Jahr 910 stand dann zum ersten Mal „Lintpurc" geschrieben. Limburg gewann schnell an Bedeutung und zog viele Händler an. Zum Schutz der kleinen städtischen Siedlung wurde im Jahr 1214 eine Stadtmauer gebaut. Doch danach drohte Limburg zu zerfallen: Die Herrscher gaben ihre Stadt als Pfand heraus und es kam zu Unruhen in der Bevölkerung. Die Limburger litten auch unter der Pest, dem Hochwasser der Lahn und schlimmen Bränden.

Erst im 19. Jahrhundert konnte die Stadt wieder aufsteigen: 1827 wählte erstmals ein Bischof Limburg als seinen Amtssitz, ab 1862 lag hier ein Knotenpunkt wichtiger Eisenbahnstrecken und 1886 wurde Limburg Kreisstadt.

T3   Vergangenheit erleben

Egal, von welcher Seite ihr Limburg bei einem Besuch betreten werdet – der Dom Sankt Georg mit seinen sieben Türmen überragt die ganze Stadt und ist kaum zu übersehen. Das beeindruckende Bauwerk wurde Anfang des 13. Jahrhunderts errichtet und nach dem heiligen Georg benannt. Einer Legende nach tötete Georg einen bösen Drachen, dem die Tochter des Königs geopfert werden sollte. Der König und sein Volk waren dem Drachentöter für die Rettung der Prinzessin so dankbar, dass sie seinem Rat folgten, sich taufen zu lassen. Damit wurden sie zu Christen. Die Geschenke des Königs verteilte Georg unter den Armen.

Am Fuße des Doms befindet sich die Limburger Altstadt. Fachwerkbauten aus dem 13. bis 18. Jahrhundert prägen ihr Bild. Schaut euch die Häuser genau an, dann werdet ihr immer wieder besondere künstlerische und handwerkliche Details an ihnen entdecken. Zum Beispiel enthalten die Holzbalken des Hauses der sieben Laster in der Brückengasse ganz sonderbare Schnitzereien (Q2).

Das ist natürlich nur ein kleiner Ausschnitt von Limburg. Bei einem Stadtrundgang werdet ihr noch mehr mittelalterliche Spuren entdecken.

Q1   Die Burg Limburg und der Dom Sankt Georg auf dem Lahnfelsen

Q2 **Haus der sieben Laster**, erbaut 1567. Die sieben geschnitzten Holzköpfe sollten Dämonen fernhalten. Sie symbolisieren die Laster der Menschen, zum Beispiel Geiz, Neid (unten links), Zorn und Trägheit (unten rechts).

Schon gewusst?

Die Aufgaben auf dieser Seite folgen einem Schema, das ihr auch **auf andere Projekte übertragen** könnt:
1. Projektidee (Thema finden)
2. Projektskizze (Fragen/Vermutungen sammeln)
3. Projektplan mit Zielsetzung (Ziele festlegen, To-do-Liste)
4. Projektdurchführung (Materialien suchen, Gespräche führen, Fotos/ Filme machen, Auswertung)
5. Abschluss: Dokumentation (Lerntagebuch, Protokoll, …), Präsentation und Reflexion (Rückschau: Wurden die Ziele erreicht?)

Q3 **Limburger Altstadt.** Die restaurierten Fachwerkhäuser hatten früher bis zu fünf Meter hohe Erdgeschosshallen, in denen die Familien lebten. Erst später zog man Zwischendecken ein und unterteilte die Räume. Dadurch entstand mehr Wohnraum. Heute befinden sich in den alten Häusern viele Läden und Restaurants.

A
B

1 MK
Sammelt Ideen für die Erkundung einer mittelalterlichen Stadt (digital oder vor Ort). Welche Städte kommen in Frage (z. B. Limburg?)

2
Teilt euch in Gruppen auf und findet ein Thema. Notiert: Was wisst ihr schon über euer Thema zur mittelalterlichen Stadt? Welche Fragen habt ihr?

3
Setzt euch Ziele: Was möchtet ihr konkret herausfinden? Wie wollt ihr am Ende präsentieren? Wer macht was? Erstellt eine To-do-Liste.

4 MK
a) Bearbeitet Aufgabe A4.
b) Dreht vor Ort einen kurzen Film, den ihr für die digitale Stadtführung nutzen könnt.

4 MK
Sammelt Infos zu den Sehenswürdigkeiten (Internet, vor Ort): Wann und wozu wurden sie erbaut? Wurden sie beschädigt? Welche Besonderheiten gibt es?

5
a) Präsentiert eure Ergebnisse.
b) Vergleicht: Haben die Gruppen ihre Ziele erreicht?
c) Was habt ihr über das Mittelalter in der Stadt erfahren? Diskutiert.

6 EXTRA MK

A
B
Wie hat sich die Stadt seit dem Mittelalter verändert? Welche Spuren des Mittelalters finden sich heute noch darin? Dreht einen Film vor Ort oder schreibt einen Artikel.

Städte und Handel im Mittelalter

🌐 **692vr3** Arbeitsblatt und Üben interaktiv

Ich kann passende Fragen für die Entstehung von Städten im Mittelalter formulieren.

Ich kann einen Stadtplan auswerten und erklären, was er über die Geschichte der Stadt erzählt.

Ich kann die Unterschiede zwischen dem „Stadtleben" und dem „Leben auf dem Land" beschreiben.

Ich weiß, welche gesellschaftlichen Schichten es in den mittelalterlichen Städten gab.

Ich kann die Bedeutung von Handwerk und Zünften im Mittelalter darstellen und Vergleiche zur Gegenwart ziehen.

Ich weiß, wie Städte im Mittelalter regiert wurden.

Ich kann anhand einer Geschichtskarte Handelsbeziehungen im Mittelalter erläutern.

Ich kann die Bedeutung von Städten im Mittelalter für die Entwicklung der Mitbestimmung beurteilen.

Eine neue Sicht

um 1450
Erfindung des
Buchdrucks mit
beweglichen
Buchstaben

1452–1519
Lebensdaten von
Leonardo da Vinci,
einem Gelehrten
und Künstler

?

Was ist auf diesem Bild ungewöhnlich?

Formuliere in Sprechblasen: Wie fühlen die Frauen sich? Was denken sie?

Zeichne, wie die Situation zwei Minuten später aussehen könnte.

Du beobachtest die Frauen. Was würdest du tun?

Wer könnten die Frauen sein?

Eine neue Sicht

Zwischen 1450 und 1650 mussten die Menschen in Europa feststellen, dass viele Lebensgewohnheiten und Sichtweisen nicht mehr galten. Ihre Sicht auf sich selbst und die Welt hatte sich verändert. Dazu hatte vieles beigetragen, z. B. Erfindungen wie der Buchdruck, die Entdeckung des amerikanischen Kontinents, neue Erkenntnisse über den Lauf der Planeten und das Nachdenken über die kirchlichen Traditionen. In diesem Kapitel kannst du der Frage nachgehen, warum viele Historiker/Historikerinnen die Zeit um 1500 als Beginn einer neuen Epoche – der Neuzeit – sehen.

Wie veränderte sich um 1500 der Blick des Menschen auf sich selber und auf das Leben? (S. 74–79)

Wie kam es zu den Seefahrten nach Amerika? (S. 80–85)

Wie lebten die Menschen um 1500 in anderen Hochkulturen? (S. 86–89)

2 *Erkenntnisse*

3 *Entdeckungen*

4 *Hochkulturen*

Was weißt du schon über die Epoche der Neuzeit? Zeichne oder male ein Bild.

A
B

1

2 Welches Menschenbild hatten die Humanisten um 1500? Welche Erfindungen führten zu neuen Sichtweisen und welche Folgen hatte das? (S. 74–79)

3 Welche politischen und wirtschaftlichen Entwicklungen gingen den Seefahrten nach Amerika voraus? Warum muss der Begriff „Entdeckung" mit Bedacht benutzt werden? (S. 80–85)

4 Wie entwickelten sich andere Hochkulturen um 1500 und und was wussten sie über die Europäer? (S. 86–89)

Das kannst du außerdem machen:

Material findest du auf den folgenden Seiten, du kannst aber auch in der Bücherei und im Internet suchen. **MK**

Entdeckungen
Im 15./16. Jahrhundert stießen europäische Seefahrer auf Länder und Menschen, die ihnen unbekannt waren. In Europa spricht man deshalb von „Entdeckungen". In Mittelamerika wurden die Begegnungen mit den Europäern nicht als „Entdeckungen" erlebt. In diesem Kapitel lässt sich der Begriff nicht immer vermeiden, es kommen aber beide Sichtweisen zur Sprache.

Inwieweit hat sich deine Sicht auf den Beginn der Neuzeit verändert? Zeichne oder male ein zweites Bild.

Wie kam es zur Begegnung in Mexiko? Bewerte die Folgen für die Azteken und die Spanier. (S. 90–93)

5

Kolonialisierung

Welche Kritik hatten die Reformatoren an der Kirche? Wie verbreitete sich die Reformation? (S. 98–101)

6

Reformation

Wie veränderte die Reformation das politische und religiöse Leben? (S. 104–111)

7

Bauernkriege und 30-jähriger Krieg

8 A B

Wie kam es zur Begegnung in Mexiko? Bewerte die Folgen der Eroberungen in Südamerika für die indigene Bevölkerung und für die Europäer. (S. 90–97)

5

Welche Kritik hatten die Reformatoren an der Kirche? Welche Rolle spielte Martin Luther und welche Bedeutung hat er bis heute? (S. 98–103)

6

Erkläre die politischen und religiösen Folgen der Reformation und bewerte sie. (S. 104–111)

7

... einen Portfoliobogen zu Erfindungen in der Neuzeit erstellen,

... ein Jugendbuch über die Renaissance vorstellen,

... einen Reisebericht aus der Sicht von Vasco da Gama verfassen (er entdeckte 1498 den Seeweg nach Indien),

... ein Plakat zur Geschichte eines südamerikanischen Staates erarbeiten und präsentieren,

... einen Steckbrief über Katharina Luther, geborene von Bora, verfassen.

Der Mensch im Mittelpunkt

Um 1500 hatten gebildete Menschen den Eindruck, den Beginn einer neuen Zeit mitzuerleben. In der Kunst, der Architektur und der Wissenschaft – überall wagten sie es, bisherige Grenzen zu überschreiten und eine neue Sicht auf ihr Leben zu entwickeln.

Humanismus
von lat. humanus = menschlich.
Idee von Gelehrten, die den Menschen in den Mittelpunkt ihrer Forschung stellten

Renaissance
frz. = Wiedergeburt
Der Begriff bezeichnet die Zeit von ca. 1350 bis 1550. Künstler und Wissenschaftler entdeckten das Wissen der Antike wieder. Ideen aus der Antike wurden „wiedergeboren".

Porträt
bildliche Darstellung eines menschlichen Gesichtes (Brustbild). Es stellt die besonderen persönlichen Eigenschaften dar.

T1   Das Denken ändert sich

Im 14. Jahrhundert waren in Italien Städte wie Florenz, Venedig oder Mailand durch Handel reich und mächtig geworden. Die Kaufleute und Fürsten hatten das Sagen – Papst und Kaiser verloren immer mehr an Einfluss. Selbstbewusste Familien wollten sich von der Kirche und der alten Ordnung des Mittelalters nicht mehr beschränken lassen. Kaufleute, Politiker, Gelehrte und Künstler suchten nach neuen Ideen.

T2   Die Antike als Vorbild

Diese Menschen stellten fest, dass es schon in der Antike viele gute Ideen gegeben hatte, die aber verloren gegangen waren. Sie machten die Antike zum Vorbild:

Q1   Selbstbildnis des Malers Albrecht Dürer
aus Nürnberg (1498). Maler der Renaissance bildeten die Menschen möglichst lebensnah ab. Albrecht Dürer reiste nach Italien und brachte die neuen Entwicklungen des Porträts und der Perspektive nach Deutschland.

Die italienischen Bürger nannten sich nun „Patrizier" – wie die mächtigen Familien im alten Rom. Künstler und Architekten suchten nach Resten von Gebäuden und Skulpturen aus der Römerzeit. Gelehrte studierten alte Schriften griechischer und römischer Philosophen. Sie übersetzten das längst vergessene Wissen ins Lateinische, ins Italienische und in andere europäische Sprachen. So konnten die Bücher von mehr Menschen gelesen werden. Eine neue Sicht verbreitete sich, die wir Renaissance nennen.

T3   Der Mensch im Mittelpunkt

Der Mensch wurde als freies Wesen gesehen, das Verstand und persönliche Fähigkeiten besitzt. Jeder sollte seine geistigen und körperlichen Kräfte gebrauchen und sein Leben selbst bestimmen. Diese neue Sicht, die den Menschen in den Mittelpunkt aller Überlegungen stellt, nennt man Humanismus. In der Kunst konnte man das besonders gut beobachten: Maler wie Albrecht Dürer (siehe Q1) stellten Personen ins Zentrum ihrer Bilder. Sie sollten möglichst echt abgebildet werden. Der Betrachter sollte sich durch ein Porträt eine lebensnahe Vorstellung von der abgebildeten Person machen. Oft blickte die Person auf dem Bild den Betrachter direkt an. Ein weiteres Mittel, die Abbildung für den Betrachter lebendig wirken zu lassen, war die Zentralperspektive (siehe „Schon gewusst?").
Den Mächtigen der Kirche gefiel es nicht, dass Künstler, Politiker und Wissenschaftler den Menschen in den Mittelpunkt stellten. Sie wollten die Welt nicht mit der Wissenschaft erklären, sondern mit der Bibel.
Sie befürchteten auch einen Verlust der eigenen Bedeutung, wenn Menschen dem Weltbild der Kirche nicht mehr uneingeschränkt folgten.

Schon gewusst?

In der **Zentralperspektive** treffen sich alle nach hinten laufenden Linien in einem Fluchtpunkt. Das Bild bekommt räumliche Tiefe. Entfernte Personen oder Gegenstände erscheinen kleiner als nahe. Künstler wie Leonardo da Vinci (siehe Q2 und S. 76) nutzten für die Zentralperspektive die geometrischen Kenntnisse der Griechen und Araber. Die Bilder wurden so gestaltet, als ob die Augen des Betrachters die Wirklichkeit sähen.

Q2   Das Abendmahl. Wandgemälde von Leonardo da Vinci, 1494–1497. Die Linien zeigen die Zentralperspektive.

Q3   Dom von Florenz. Der Architekt Filippo Brunelleschi hatte zuvor das Pantheon, ein antikes Gebäudes mit einer besonderen Kuppel, in Rom vermessen und studiert. Die bis 1436 von ihm in Florenz gebaute Kuppel war die größte in Europa und eine Meisterleistung der Renaissance.

A
B

1 Warum verloren die Kirche und der Kaiser in den Handelsstädten in Italien immer mehr an Einfluss? Arbeite heraus (T1).

2 Finde heraus, wo die Menschen in der Renaissance ihre Vorbilder fanden und was sie an ihnen interessierte.

2 Wo fanden die Menschen um 1500 ihre Vorbilder? Finde heraus (T2, Schon gewusst?)

3 Bildet Dreier-Gruppen. Teilt die Arbeit auf: Beschreibt jeweils ein Bild Q1–3.

3 Bildet Dreier-Gruppen. Teilt die Arbeit auf: Erklärt an den Bildern typische Merkmale der Renaissance (Q1–3, T3).

4 Stellt euch die Beschreibungen gegenseitig vor. Klärt gemeinsam, wo neue Ideen deutlich werden.

4 Stellt euch die Ergebnisse aus Aufgabe B3 vor. Erklärt anschließend an den Bildern typische Merkmale des Humanismus (T3).

5 Reiche Familien aus Florenz beauftragen den Architekten, die Kuppel (Q3) zu bauen. Sie schreiben ihm, was sie mit dem Bau erreichen wollen.

6 Beurteilt die Bedeutung der neuen Ansichten für unsere Vorstellungen vom Menschen heute.

A
B

Erfindungen verändern das Leben

Mainz, um 1450: Der Goldschmied Johannes Gutenberg erfindet den Buchdruck mit einzelnen Metallbuchstaben. Die gedruckten Bücher sorgen dafür, dass immer neue Ideen und Erfindungen bekannt werden.

T1   Gedruckte Bücher in ganz Europa

Johannes Gutenberg hatte die Idee, aus Metall einzelne Buchstaben (Lettern) herzustellen. Die Lettern wurden zu Worten und Texten zusammengesetzt. So konnte eine Textseite gestaltet und immer wieder gedruckt werden. Nach dem Druck wurden die Lettern neu zusammengesetzt und die nächste Seite gedruckt. Im Jahr 1455 wurde so das erste Buch gedruckt, eine Bibel. Sie war gedruckt zehnmal preiswerter als eine handgeschriebene Bibel, weil drucken viel schneller ging als abschreiben. Menschen in ganz Europa brauchten immer mehr Bücher: Kaufleute und Politiker benötigten Bibeln, Rechenbücher und Rechtsbücher. Die Gelehrten an den Universitäten studierten die Abschriften von Büchern aus der Antike und schrieben selbst Bücher, um ihre Forschungsergebnisse bekannt zu machen. Um 1500 wurden in Europa fast zehn Millionen Bücher gedruckt. Wissen, Ideen und Neuigkeiten verbreiteten sich nun viel schneller.

Q1   Eine Druckerwerkstatt im 16. Jahrhundert. Mit dem Buchdruck entstanden auch neue Berufe: Metallgießer für die Lettern, Papierhersteller, Drucker, Buchbinder und Buchhändler. Kupferstich nach einem Gemälde von Jan van der Straet (Stradanus), 1588

T2   Schießpulver, Uhren, Brillen

So wurde in Europa auch eine besonders folgenreiche Erfindung schnell bekannt: das Schießpulver. Mit Geschützen konnte man jetzt Öffnungen in Burg- und Stadtmauern schießen. Die mittelalterlichen Kampftechniken waren plötzlich veraltet. Ritter in schweren Rüstungen verloren gegen die Feuerwaffen. Andere Erfindungen nützten im Alltag: Da Sonnenuhren ungenau waren und bei schlechtem Wetter nichts nutzten, entwickelte man um 1300 die Gewichtsräderuhr. Sie verkündete bei jedem Wetter und nachts die Zeit, war aber groß und schwer. Daher dauerte es nicht lange, bis die Taschenuhr gebaut wurde.

T3   Leonardo da Vinci

Manche Erfindungen gingen auf einzelne Persönlichkeiten wie Leonardo da Vinci zurück. Er erhielt eine Ausbildung als Handwerker. Um gut zu zeichnen, begann er, die Natur ganz genau zu beobachten. Alle seine Beobachtungen skizzierte er in Notizbüchern, zum Beispiel den Vogelflug. Aus den Skizzen entstanden neue Erfindungen, etwa Modelle für Flugmaschinen und Kriegsgeräte. Die Kirche wollte seine Forschungen einschränken. Doch er beachtete ihre Verbote nicht. So öffnete er Leichen, um zu sehen, wie der Körper aufgebaut war. Seine Kenntnisse nutzte er zum Beispiel für das Wandgemälde „Das Abendmahl" (siehe S. 75). Die Personen wirken dadurch echt und lebendig. Als Handwerker, Maler, Naturforscher und Erfinder kannte er sich in allen möglichen Gebieten aus – er war ein Universalgelehrter. Leonardo war ein Mensch, wie die Humanisten ihn sich wünschten: umfassend gebildet und für sich selbst verantwortlich.

Q2 Der Abt Johannes Trithemius schrieb 1494 über gedruckte Bücher:

Niemand möge denken (…): Wozu muss ich mich noch mit Abschreiben schinden, wo doch die Druckkunst so viele und so große Bücher ans Licht bringt, dass man um billiges
5 Geld eine große Bibliothek einrichten kann? Fürwahr, wer so daher redet, der schickt sich an, durch sein Nichtstun Finsternis einreißen zu lassen. Wer wüsste nicht, wie groß der Unterschied zwischen Schrift und
10 Druck ist? Geschriebenes, wenn man es auf Pergament bringt, wird an die tausend Jahre Bestand haben; Gedrucktes aber, da es auf Papier steht, wie lange wird es halten? Wenn Gedrucktes in einem Band aus Papier an die
15 zweihundert Jahre Bestand haben wird, wird es hochkommen.

Q3 Über die Vorteile des Buchdrucks schrieb Bonus Accursius um 1475:

(Der Buchdruck) ist eine wahrhaft nutzbringende und gar schöne Kunst, denn Abschriften von Büchern zu verschaffen, ist wegen der hohen Preise für jedermann nicht
5 gerade leicht. Aber wenn dies Gott sei Dank für dich auch kein Hinderungsgrund ist, so musst doch auch du den Buchdruck wegen seiner künstlerischen Schönheit hochschätzen; und dann auch deshalb, weil dieser
10 Buchdruck, sobald er einmal richtig feststeht, immer in derselben Weise durch alle Druckbogen fortschreitet, sodass ein Fehler kaum möglich ist, eine Sache, mit der es beim Abschreiben von Büchern ganz anders aussieht.

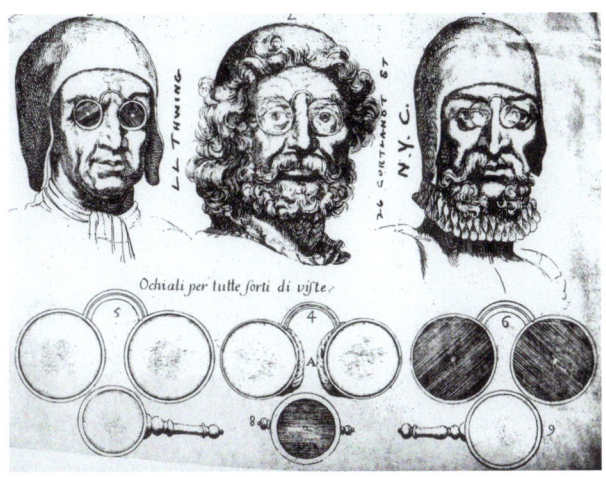

Q4 Brillen verschiedener Art. Kupferstich aus Italien, 1550

Q5 Gutenberg-Museum in Mainz. 130.00 Besucherinnen und Besucher aus aller Welt kommen pro Jahr, u.a. um Gutenbergs rekonstruierte Druckerwerkstatt zu bestaunen. Foto, 2019

2 Erkläre, wie der Buchdruck funktionierte (T1).

3 Welche Erfindungen wurden am Beginn der Neuzeit gemacht? Liste auf (T2–3, Q4–5).

4 Warum war Leonardo ein Universalgelehrter? Erkläre (T3).

5 Beurteilt die Bedeutung Leonardos für die Wissenschaft bis heute.

6 MK

A
B

1 Nenne Gründe, warum die Menschen in Europa immer mehr Bücher brauchten (T1).

2 Betrachte Q1. Stell dir vor, du besuchst die Druckerwerkstatt. Schreibe zu jeder Person eine Sprechblase, in der sie dir erklärt, was sie macht (T1).

3 Warum veränderten Erfindungen wie Buchdruck, Schießpulver und Taschenuhr das Leben grundlegend? Begründe (T2, Q5).

4 MK Stelle mithilfe von Q2–3 Vor- und Nachteile des Buchdrucks gegenüber. Welche Argumente überzeugen dich?

5 MK „Die Erfindung des Buchdrucks war die wichtigste Erfindung der letzten 600 Jahre!" Beurteile diese Aussage.

Welche Erfindung der letzten hundert Jahre war ähnlich bedeutend wie der Buchdruck? Diskutiert und begründet eure Vorschläge.

Ein neues Weltbild

Im 16. Jahrhundert erkannten Astronomen, dass die Erde um die Sonne kreist.
Das war in der damaligen Zeit eine ungeheuerliche Behauptung.

Q1   Der älteste erhaltene Globus, 1492 hergestellt von Martin Behaim.
Behaim fertigte den „Erdapfel" in Nürnberg an, nachdem er von Entdeckungsfahrten in Portugal zurückgekommen war. Der amerikanische Kontinent fehlt noch.

Astronom
Wissenschaftler, der die Sterne und das Weltall erforscht

geozentrisches Weltbild
von griech. „geo" = Erde. Die Erde ist das Zentrum dieses Weltbildes.

heliozentrisches Weltbild
von griech. „helios" = Sonne. Die Sonne bildet den Mittelpunkt dieses Weltbildes. Nikolaus Kopernikus zeichnete es als Erster auf.

Ketzer/Ketzerinnen
Menschen, die von den damals gültigen Lehren der Kirche abwichen

T1   Die Erde – eine Kugel

Schon die Griechen wussten, dass die Erde eine Kugel ist. Folgende Beobachtung hatte sie darauf gebracht: Von einem Schiff, das am Horizont erschien, war zuerst nur die Mastspitze zu sehen. Erst Stück für Stück wurde es vollständig sichtbar. Es sah so aus, als wenn das Schiff einen Hügel hinauffuhr. Daraus schlossen die Griechen: Die Erde ist eine Kugel! Der griechische Gelehrte Aristoteles fand dafür sogar Beweise. Denn bei einer Mondfinsternis konnte er den Schatten der Erdkugel auf dem Mond sehen.

T2   Die Erde – in der Mitte des Weltalls?

Im Mittelalter waren die Gelehrten sich allerdings sicher: Die Erde stand still in der Mitte des Weltalls. Sonne, Mond und Sterne waren leuchtende Punkte an durchsichtigen Kugelschalen, die sich um die Erde drehten. Dieses geozentrische Weltbild hatte im 2. Jahrhundert der griechische Astronom

Ptolemäus entwickelt. Nie hatte es jemand in Frage gestellt. Doch im 16. Jahrhundert kamen Zweifel auf.

Der Astronom und Mathematiker Nikolaus Kopernikus beobachtete viele Jahre lang den Lauf der Planeten. Er bemerkte, dass sie mit ihren Bahnen eigenartige Schleifen bildeten. Seine Erklärung: Die Erde musste ebenfalls ein Planet sein und wie alle anderen Planeten um die Sonne kreisen. Kopernikus' Erklärung wird auch heliozentrisches Weltbild genannt.

T3   Das neue Weltbild – ein Widerspruch zur Bibel?

Kopernikus veröffentlichte seine Studien 1543, kurz vor seinem Tod. Die meisten Gelehrten lehnten sie ab. Sie konnten sich nicht vorstellen, dass die Erde um die Sonne kreiste. Auch die Kirche lehnte Kopernikus' Lehre ab, weil sie der Bibel widerspräche. Für die Kirche stand der Mensch im Mittelpunkt von Gottes Schöpfung. Also musste Gott doch auch die Erde in den Mittelpunkt des Weltalls gestellt haben. Die Erde – nur ein Planet unter vielen? Die Sonne – der Mittelpunkt des Weltalls? Das war für die Kirche damals undenkbar, ja sogar Ketzerei! 90 Jahre später versuchte der italienische Gelehrte Galileo Galilei, die Beobachtungen von Kopernikus zu beweisen. Daraufhin machte die Kirche ihm den Prozess. Um nicht auf dem Scheiterhaufen verbrannt zu werden, gab Galilei zum Schein zu, dass er sich geirrt habe. Seine Schriften wurden verbrannt. Im 18. Jahrhundert erkannten Gelehrte langsam an, dass Kopernikus und Galilei doch recht gehabt hatten.

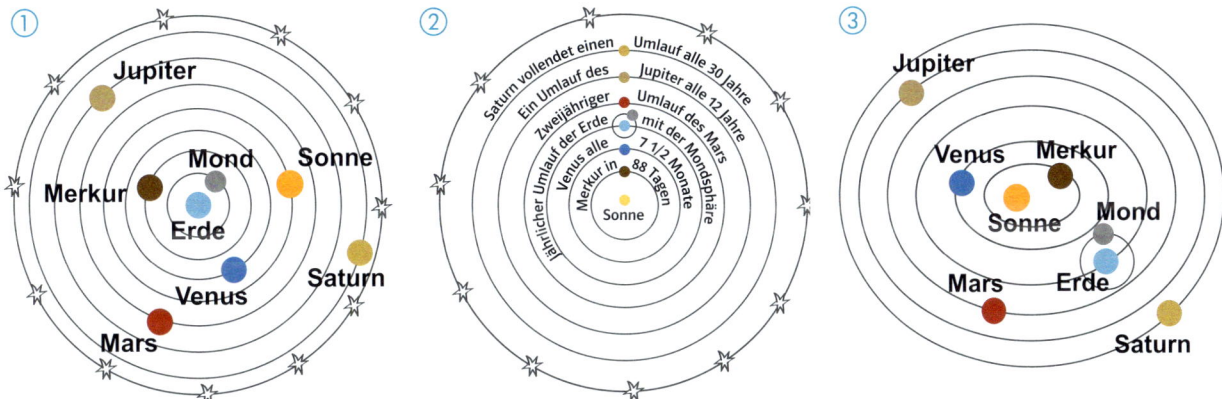

D1 **Weltbilder im Vergleich.** ① Geozentrisches Weltbild. ② Heliozentrisches Weltbild: Kopernikus ist noch von einer kreisförmigen Bewegung der Planeten sowie von einer Art Schale um die Welt ausgegangen. ③ Knapp ein Jahrhundert nach Kopernikus: Ergänzung des heliozentrischen Modells durch Forscher wie Johannes Kepler oder Galilei (ellipsenförmige Planetenumlaufbahnen, Unendlichkeit des Weltraumes).

Q2 **Galileo Galilei schrieb im Jahr 1632:**

Die Beobachtung, welche am deutlichsten zeigt, dass (… nicht die Erde im Mittelpunkt) steht, ist die Tatsache, dass sich alle Planeten bald näher, bald weiter entfernt von der
5 Erde befinden. Wenn es nun wahr ist, dass die Bahnen der Planeten um die Sonne als Zentrum gehen, so stimmt es erst Recht, dass die Sonne ruht und nicht die Erde. Die Erde hat eine Bewegung von einjähriger Dauer.
10 Wenn die Sonne ruht, folgt mit Notwendigkeit, dass sich die Erde auch täglich dreht. Denn steht die Sonne fest und die Erde dreht sich nicht um sich selber, sondern nur einmal im Jahr um die Sonne, so würde unser Jahr
15 nur aus einem Tag und einer Nacht bestehen.

Q3 **Kardinal Roberto Bellarmino, der Berater des Gerichts gegen Galilei, schrieb 1615:**

Wenn man aber behaupten will, die Sonne stehe wirklich im Mittelpunkt der Welt und bewege sich nur um sich selbst, so läuft man damit große Gefahr, nicht nur
5 alle Philosophen und Theologen zu reizen, sondern auch unseren heiligen Glauben zu beleidigen, indem man die heilige Schrift eines Fehlers überführt. Wenn ihr (…) die modernen Kommentare über die Bibel lesen
10 wollt, werdet ihr finden, dass die Kommentare alle die Stellen aus der Bibel wörtlich nehmen und so erklären, dass die Sonne am Himmel ist und sich um die Erde bewegt und dass die Erde unbeweglich im Mittelpunkt der Welt
15 steht.

A
B
1 Wie bewiesen die Griechen, dass die Erde eine Kugel ist? Beschreibe (T1).

2 Beschreibe das Weltbild des Kopernikus (T2, D1: Nr. 2).

2 Skizziere das heliozentrische Weltbild des Kopernikus und fasse die Argumente Galileis dafür zusammen. (T2, D2, Q2).

3 Stelle geozentrisches und heliozentrisches Weltbild gegenüber (T2, Lexikon).

3 Skizziere das geozentrische Weltbild und arbeite Bellarminos Argumente heraus (T2, Q3).

4 Partnerarbeit: Zwei Gelehrte diskutieren über das neue Weltbild. Einer ist von der neuen Lehre überzeugt, der andere zögert. Schreibt das Gespräch auf.

5 Nimm Stellung zur Reaktion der Kirche auf die Aussagen von Kopernikus und Galilei (T3, Q3).

6 Erkläre, warum die katholische Kirche die Erkenntnisse von Kopernikus und Galilei inzwischen anerkannt hat.
A
B

Die Ausbreitung des Osmanischen Reiches und die Seefahrten

Um 1500 war das Osmanische Reich die stärkste Macht der islamischen Welt. 1453 eroberten die Truppen der Sultane Konstantinopel – und sorgten indirekt für die „Entdeckung" Amerikas.

D1 Die Ausbreitung des Osmanischen Reiches 1326–1683

Sultan
weltliche Herrscher in der islamischen Welt. Die mächtigsten waren seit dem 15. Jahrhundert die türkischen Osmanen-Sultane.

meutern
Die Mannschaft eines Schiffes gehorcht ihrem Kapitän nicht mehr.

Q1   Gewürze.
Zimt, Vanille, Muskatnuss, Pfeffer, Safran u. a. Im 15. Jahrhundert waren Gewürze in Europa Luxuswaren und sehr begehrt.

T1   Gesucht: der Seeweg nach Indien

Die Osmanen kontrollierten in ihrem riesigen Reich die Handelswege zwischen Europa und Asien (siehe die Karte S. 82 f.). Für Luxuswaren aus China oder Indien wie Gewürze (z. B. Zimt, Vanille, Pfeffer) oder Seide für feine Stoffe nahmen sie hohen Zoll. So wurden die Waren in Europa teurer. Um den Zoll zu sparen, suchten die Fernhändler mit Schiffen den Seeweg nach Indien. Die Portugiesen hatten Erfolg. Sie sammelten europäisches und arabisches Wissen und segelten immer weiter an der Küste Afrikas entlang. 1487 erreichte Bartolomeo Diaz die Südspitze Afrikas. Weil seine Mannschaft meuterte, musste er umkehren. Aber Vasco da Gama mit seiner Mannschaft gab nicht auf: Er umsegelte Afrika und landete 1498 im indischen Hafen Kalikut. So fand er als Erster den Seeweg von Europa nach Indien.

T2   Andere Seefahrten folgen

Ein anderer Kapitän war überzeugt, dass man auch in umgekehrter Richtung auf dem Seeweg nach Indien kommen konnte. Sein Name: Christoph Kolumbus (siehe S. 84). Der Portugiese Fernando Magellan suchte 1519 im Auftrag des spanischen Königshauses einen Seeweg zu den Gewürzinseln im Stillen Ozean. Er entdeckte einen Weg um die Südspitze Amerikas herum („Magellanstraße"). Er wurde unterwegs erschlagen. Seine Mannschaft kehrte mit Gewürzen zurück, die für einen hohen Preis verkauft werden konnten. Der Preis war viel höher als die Kosten der ganzen Weltumsegelung. Das Unternehmen hatte sich gelohnt.

Schon gewusst?

Die osmanischen Sultane **eroberten** vom 15. bis zum 17. Jahrhundert große Teile Nordafrikas, Arabiens und Südosteuropas (Balkan). Auf dem Höhepunkt ihrer Macht belagerten sie 1529 Wien. 150 Jahre lang führten katholische Kaiser und ihre Verbündeten Krieg gegen die Osmanen. Mit der Niederlage nach der zweiten Belagerung Wiens 1683 wurde die osmanische Macht auf dem Balkan schwächer.

Die osmanische Herrschaft sorgte auf dem Balkan für einen **Austausch** der Kulturen. So fanden Juden, die 1492 von den Spaniern vertrieben wurden, Zuflucht auf dem Balkan und in Konstantinopel (später Istanbul). Besiegte Christen konnten in der osmanischen Armee als Beamte Erfolg haben, wenn sie Türkisch lernten und zum Islam übertraten.

Bis heute lassen sich auf dem Balkan allerdings auch Probleme im Zusammenleben unterschiedlicher Völker (Ethnien), Kulturen und Religionen beobachten.

Q2   Kaffeehaus in Wien. Das erste Kaffeehaus entstand dort 1683. So gelangte ein Stück osmanischer Kultur nach Europa. Den Kaffee hatten die Osmanen ihrerseits von den Arabern übernommen. Druck, 1838

Q3   König Manuel von Portugal teilte dem deutschen Kaiser Maximilian 1499 mit:

Im Übrigen haben sie (Vasco da Gama und seine Schiffe) eine Fülle von orientalischen Waren, die über die ganze Welt verbreitet sind, nämlich Zimt, Nelken, Pfeffer, Ingwer,
5 Muskatnuss, Moschus, Benzoeharz, Weihrauch und alle Arten von Spezereien (Gewürzen) ebenso wie von Edelsteinen und Perlen von den indischen Handelsplätzen
10 mitgebracht. Daher müssen über den derart glücklichen Ausgang sowohl Eure Majestät als auch alle christlichen Fürsten aufs Höchste frohlocken, dass diesen bedeutenden Warenhandel hinfort Christen und Mauren innehaben werden.

A
B

1 Liste Waren auf, die die Europäer um 1500 aus Indien erhielten (Q1, Q3).

2 Beschreibe die schrittweise Ausdehnung des Osmanischen Reiches (D1).

2 Erkläre den Zusammenhang zwischen D1 und der Suche nach dem Seeweg nach Indien (D1, T1–2, S. 83: D2).

3 Finde heraus, wer den Seeweg nach Indien fand und ob er sich lohnte (T2).

3 Erläutere, warum sich damals die Entdeckungen aller Seewege lohnten (Q3).

4 Begründe, warum die Seefahrten typisch für die Epoche der Neuzeit waren.

5 Warum ist das Kaffeetrinken ein Beispiel für kulturellen Austausch? Erkläre (Q2, Schon gewusst).

5 EXTRA Warum kam es auf dem Balkan zu einem Austausch zwischen den Kulturen? Erkläre (D1, Schon gewusst).

6 EXTRA MK Finde heraus, welche Spuren des Osmanischen Reiches heute noch in Europa zu finden sind.

A
B

Seefahrten im Überblick

T1   Gesucht: der Seeweg nach Indien

Kolumbus orientierte sich bei seiner ersten Fahrt auf der Suche nach Indien an Toscanellis Karte (siehe D1). Weil die Europäer den amerikanischen Kontinent nicht kannten, dachte er, er habe den Seeweg nach Indien entdeckt. Die Orientierungskarte D2 zeigt noch weitere Seefahrten.

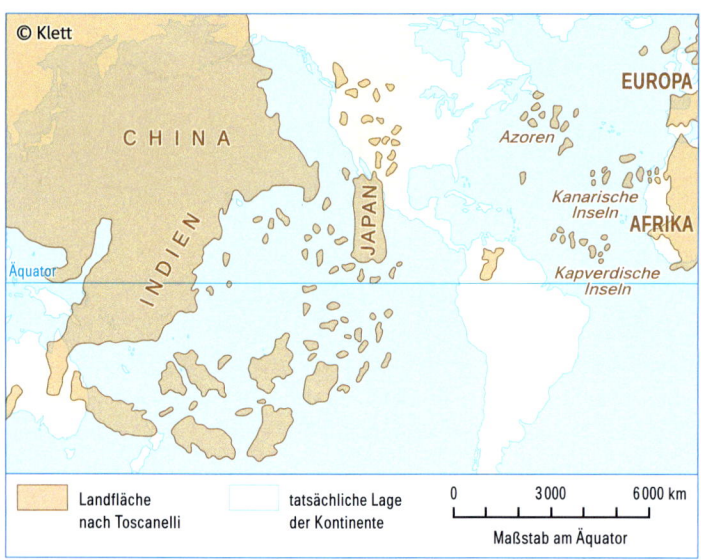

D1   Europa und die Lage der Ostländer: Die braunen Flächen der Karte zeigen, wie sich der italienische Kartograf Toscanelli 1474 die Welt vorstellte. In gelber Farbe eingefügt ist die tatsächliche Lage der Kontinente.

D2   Europäische Entdeckungsreisen

Schon gewusst?

Der Kartograf **Paolo dal Pozzo Toscanelli** (1397–1482) bestärkte Kolumbus in seinem Vorhaben, in westlicher Richtung den Seeweg nach Indien zu suchen. Toscanelli war einer der führenden italienischen Gelehrten: Er stellte Berechnungen zur Größe des Atlantiks und zur Entfernung des Seeweges nach Asien an. Er stand mit vielen Asienreisenden im Kontakt, möglicherweise sogar mit dem chinesischen Seefahrer Zheng He (S. 86/87). Toscanelli war aber nicht nur Kartograf, Mathematiker und Arzt, sondern auch ein berühmter Astronom. 1976 wurde ein Einschlagkrater auf dem Mond nach ihm benannt.

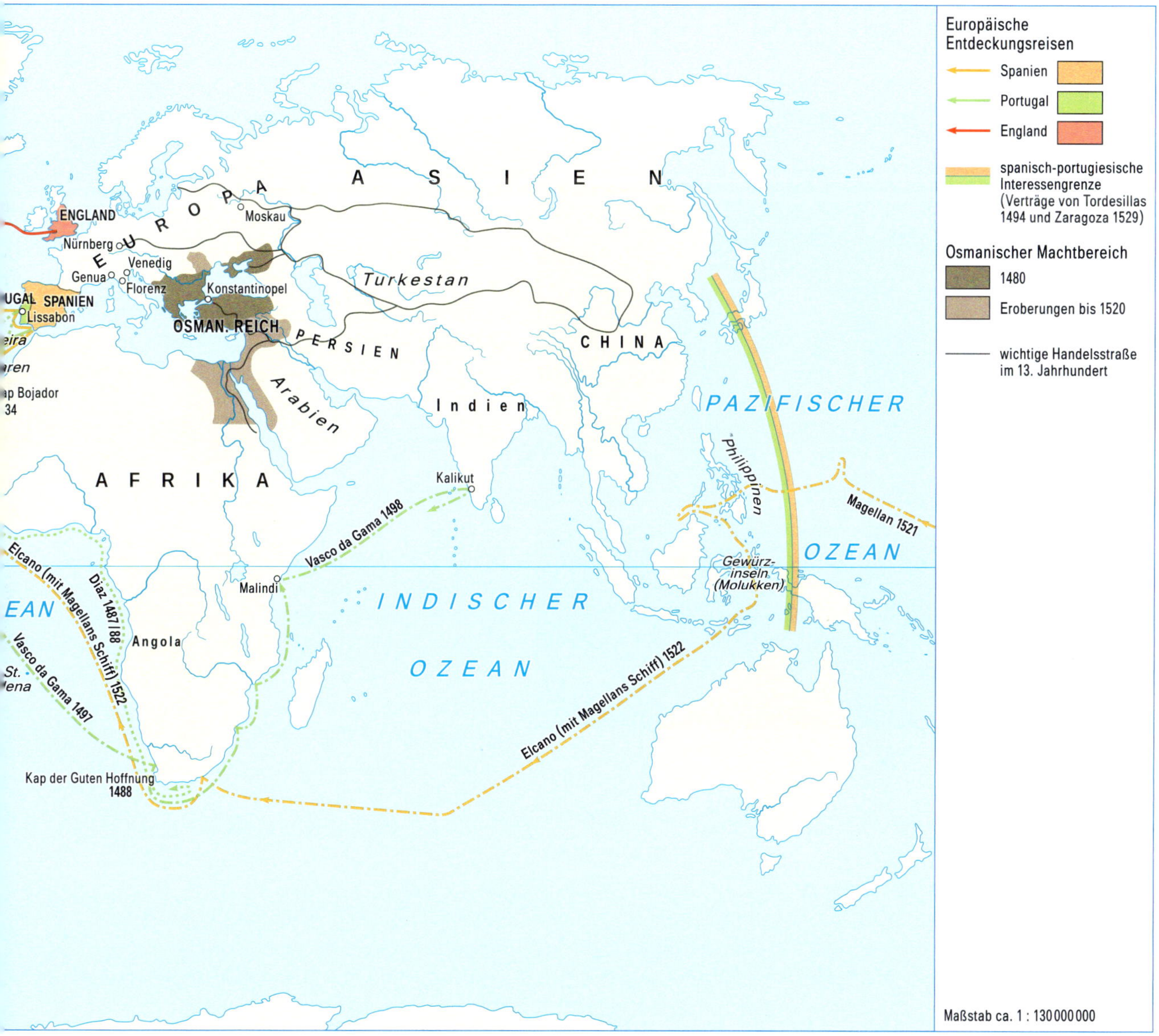

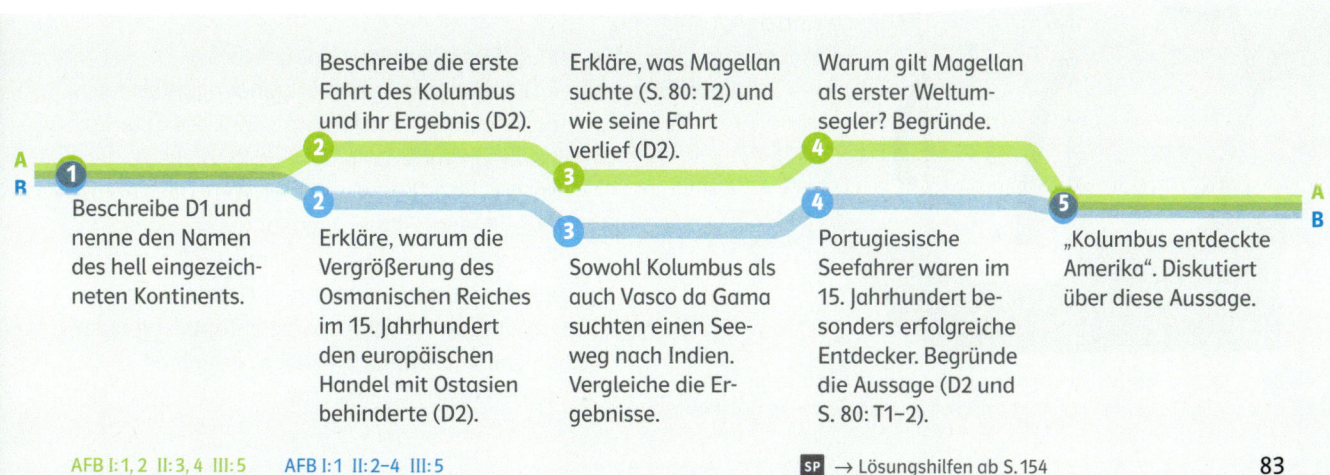

Karte: Europäische Entdeckungsreisen

Europäische Entdeckungsreisen
- → Spanien
- → Portugal
- → England
- spanisch-portugiesische Interessengrenze (Verträge von Tordesillas 1494 und Zaragoza 1529)

Osmanischer Machtbereich
- 1480
- Eroberungen bis 1520

- wichtige Handelsstraße im 13. Jahrhundert

ENGLAND
Nürnberg
Venedig
Genua   Moskau
Florenz   Konstantinopel
UGAL SPANIEN
Lissabon
eira
aren
Kap Bojador
34
OSMAN. REICH
PERSIEN
Arabien
Turkestan
CHINA
Indien
AFRIKA
Kalikut
PAZIFISCHER
Philippinen
Magellan 1521
OZEAN
Vasco da Gama 1498
Gewürz-
inseln.
(Molukken)
Elcano (mit Magellans Schiff) 1522
Diaz 1487/88
Malindi
INDISCHER
EAN
Vasco da Gama 1497
Angola
OZEAN
St.
ena
Elcano (mit Magellans Schiff) 1522
Kap der Guten Hoffnung
1488

Maßstab ca. 1 : 130 000 000

EUROPA   ASIEN

A R 1 Beschreibe D1 und nenne den Namen des hell eingezeichneten Kontinents.

2 Beschreibe die erste Fahrt des Kolumbus und ihr Ergebnis (D2).

2 Erkläre, warum die Vergrößerung des Osmanischen Reiches im 15. Jahrhundert den europäischen Handel mit Ostasien behinderte (D2).

3 Erkläre, was Magellan suchte (S. 80: T2) und wie seine Fahrt verlief (D2).

3 Sowohl Kolumbus als auch Vasco da Gama suchten einen Seeweg nach Indien. Vergleiche die Ergebnisse.

4 Warum gilt Magellan als erster Weltumsegler? Begründe.

4 Portugiesische Seefahrer waren im 15. Jahrhundert besonders erfolgreiche Entdecker. Begründe die Aussage (D2 und S. 80: T1–2).

A B 5 „Kolumbus entdeckte Amerika". Diskutiert über diese Aussage.

Kolumbus landet – in Indien?

Der Seefahrer Christoph Kolumbus hatte einen Plan. Er wollte in westlicher Richtung einen Seeweg nach Indien finden. 1492 brach er mit drei Schiffen auf. Aber Indien erreichte er nie.

Kolonien
Gebiete (meist auf anderen Kontinenten), die Europäer in Amerika und Ostasien ab Ende des 15. Jahrhunderts unter ihre Herrschaft stellten und besiedelten

indigene Völker
von lat. indigena = eingeboren. Bevölkerungsgruppen (inkl. Nachfahren), die vor der Eroberung durch Andere in dem Gebiet lebten

Q1 **Christoph Kolumbus.** Porträt, 1506

T1 Westwärts nach Osten?

Die meisten Indienfahrer hatten vor, Afrika in Richtung Osten zu umrunden. Der erfahrene Kapitän Christoph Kolumbus war davon überzeugt: Ich kann Indien auch erreichen, wenn ich westwärts um die Erdkugel herum segele. Jahrelang bemühte er sich, in Portugal und Spanien reiche Unterstützer für seinen Plan zu finden. Im Jahr 1492 stimmte das spanische Königspaar zu.

D1 **Santa Maria.** Flaggschiff von Kolumbus. Nicht jedes Detail ist gesichert. Du kannst die Animation unter dem Zeitreise-Code aufrufen.

Königin Isabella und König Ferdinand gaben ihm Geld, um drei Schiffe für die weite Reise auszurüsten. Ferner ernannten sie ihn zum Admiral. Kolumbus versprach, neue Länder für das spanische Reich zu entdecken, die dort lebenden Menschen zu Christen zu machen und große Reichtümer zu erwerben.

T2 Auf dem Weg in eine neue Welt

3. August 1492: Kolumbus verlässt an Bord der „Santa Maria" Spanien. Er rechnet mit einer Fahrt von drei Wochen. Doch schließlich bricht der dritte Monat an. Essen und Trinkwasser werden knapp. Die Matrosen verlieren das Vertrauen. Mit Mühe verhindert Kolumbus eine Meuterei.
12. Oktober 1492: Kolumbus landet mit drei Schiffen auf Guanahani, einer kleinen Insel der Bahamas. Er nennt sie San Salvador (Heiliger Erlöser) und erklärt sie zum Besitz der spanischen Königin. Von San Salvador aus segeln Kolumbus und seine Männer weiter und entdecken die Inseln Kuba und Hispaniola.
Weihnachten 1492: Kolumbus gründet auf Hispaniola die erste spanische Kolonie. Dann segelt er zurück und nimmt Früchte, Pflanzen und Tiere mit an Bord, die den Europäern unbekannt sind. Auch einige Männer und Frauen aus Hispaniola verschleppt er, um sie in Spanien zu zeigen.

T3 Der Irrtum des Kolumbus

Kolumbus fuhr in den folgenden Jahren noch dreimal über den Atlantik. 1498 betrat er im heutigen Venezuela das Festland. Bis zu seinem Tod 1506 glaubte er aber, dass er in Asien gelandet war. Erst später wurde den Forschern klar, dass Kolumbus einen riesigen Kontinent entdeckt hatte. 1499 bis 1501 erkundete Amerigo Vespucci die südliche Küste dieses Kontinents. Nach ihm erhielt er seinen Namen: „Amerika".

⊕ **2uc5ix** Animation: Santa Maria

D2 Aktuelle Kolumbus-Porträts.
Links: Porträt einer deutschen Schülerin, 2010. Rechts: Porträt eines chilenischen Schülers, 2017. Beschriftet ist es mit „Colonización" (= Kolonisation) und „Guerra" (= Krieg). Die linke Flagge und die Krone stehen für die Spanier, die rechte Flagge steht für die Mapuches (indigene Bevölkerungsgruppe in Chile).

Q2 Aus dem Tagebuch des Kolumbus (Rekonstruktion, das Original ging verloren):
12. Oktober 1492: Zwei Stunden nach Mitternacht tauchte das Land vor ihnen auf. (…) Schon bald sahen sie nackte Leute am Strand. Der Admiral (Kolumbus) ging mit
5 dem bewaffneten Boot an Land, (…) rief die beiden Kapitäne und die anderen, die an Land gegangen waren, zu sich; ebenso Rodrigo Descovedo, den Notar der Flotte, der rechtlich bezeugen sollte, dass er vor aller Augen
10 von der Insel Besitz ergriff, wie er es dann auch im Namen des Königs und der Königin, seiner Herren, tat. Das Folgende sind wörtliche Äußerungen des Admirals in seinem Buch (…): „Da ich (…) ihre Freundschaft gewinnen
15 wollte und bemerkte, dass es Leute waren, die sich eher durch Liebe für unseren heiligen Glauben gewinnen und zu ihm bekehren ließen, gab ich einigen von ihnen ein paar bunte Mützen und einige Ketten aus Glas-
20 perlen, die sie sich um den Hals hängten. (…) Sie sind sicher hervorragende Arbeitskräfte; sie haben einen aufgeweckten Verstand, (…)."

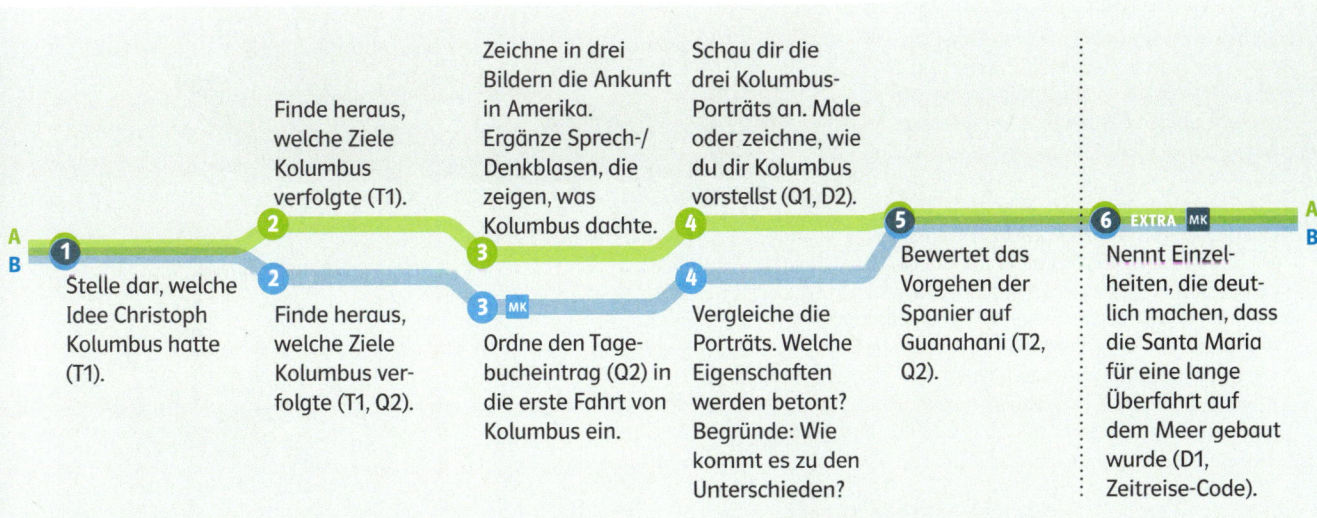

A
B
1 Stelle dar, welche Idee Christoph Kolumbus hatte (T1).

2 Finde heraus, welche Ziele Kolumbus verfolgte (T1).

2 Finde heraus, welche Ziele Kolumbus verfolgte (T1, Q2).

3 MK Ordne den Tagebucheintrag (Q2) in die erste Fahrt von Kolumbus ein.

Zeichne in drei Bildern die Ankunft in Amerika. Ergänze Sprech-/Denkblasen, die zeigen, was Kolumbus dachte.

3

4 Vergleiche die Porträts. Welche Eigenschaften werden betont? Begründe: Wie kommt es zu den Unterschieden?

Schau dir die drei Kolumbus-Porträts an. Male oder zeichne, wie du dir Kolumbus vorstellst (Q1, D2).

4

5 Bewertet das Vorgehen der Spanier auf Guanahani (T2, Q2).

6 **EXTRA** MK Nennt Einzelheiten, die deutlich machen, dass die Santa Maria für eine lange Überfahrt auf dem Meer gebaut wurde (D1, Zeitreise-Code).

A
B

Der größte Seefahrer aller Zeiten?

Nicht nur die Europäer entdeckten fremde Länder. Im Jahre 1382 geriet ein elfjähriger Junge in der südchinesischen Provinz Yunnan in Gefangenschaft der Truppen des Kaisers von China. Er wurde der mächtigste Seefahrer aller Zeiten.

D1 Schatzschiff, Rekonstruktion im Vergleich zu einem europäischen Entdeckerschiff.
Die chinesische Flotte bestand aus „Schatzschiffen", die mit Luxuskabinen und großen Lagerräumen ausgestattet waren. Sie transportierten Chinas Schätze – Seidenstoffe und feines Porzellan – in die Ferne. Zurück nach China brachten sie Gewürze, tropische Hölzer, Perlen, Edelsteine und Schwefel. Letzteres brauchten die Chinesen zur Herstellung des in China bereits bekannten Schießpulvers. Die Schatzschiffe wurden von zahlreichen kleineren Schiffen begleitet: von Kriegs-, Bewachungs-, Pferde- und Versorgungsschiffen sowie Wassertankern.
Mit der Flotte wollte China

• chinesische Waren gegen Rohstoffe aus fernen Ländern tauschen,
• Piraten an den chinesischen Küsten bekämpfen,
• Abgaben von unterworfenen Völkern eintreiben,
• neue Handelsbeziehungen knüpfen,
• Abgesandte aus fernen Ländern nach China holen und sie wieder zurückbringen,
• fremde Strände erkunden und neue Pflanzen und Tiere entdecken.

Nanjing

Jangtsekiang

C H I N A

Yunnan

Ganges

Mekong

I N D I E N

V I E T N A M

3

2

Kalikut

1

Ceylon

Malakka

Indus

N D I S C H E R

O Z E A N

P A Z I F I S C H E R

O Z E A N

*Gewürzinseln
(Molukken)*

Java

←------	wahrscheinliche Routen von Zheng Hes historisch belegten Reisen
1 bis **7**	Ziele der sieben Reisen Zheng Hes zwischen 1405 und 1433
S	Startpunkt aller Reisen war Nanjing. Nach jeder Reise kehrte Zheng He dorthin zurück.

D2   Zheng He, Statue des chinesischen Admirals in Nanjing, errichtet 1973.
Der Sohn einer gebildeten, muslimischen Familie wurde mit dem Namen Ma Sanbao 1371 in Yunnan geboren. Er wurde als Kind gefangen genommen und für den Dienst am Hofe des chinesischen Kaisers ausgewählt. Er bekam wegen seiner Verdienste den chinesischen Namen Zheng He und wurde enger Berater des Kaisers. Der Kaiser beauftragte ihn, eine riesige Flotte zu bauen. 1405 brach Zheng He zu seiner ersten Seereise auf. Seine Flotte bestand aus 62 Schiffen mit fast 30000 Personen. Zheng He starb 1433.

Q1   Zeichnung einer Giraffe. Zheng He stieß in sieben Reisen immer weiter nach Westen vor. Er erreichte Vietnam, Java, Sri Lanka, den indischen Hafen Kalikut, Persien, Arabien, das Rote Meer und Mombasa an der afrikanischen Ostküste. Er brachte dem Kaiser lebendige Tiere mit (siehe rechts). Die Flotte wurde nach Zheng Hes Tod 1433 nie wieder so groß und mächtig. Die Europäer umrundeten in den nächsten 60 Jahren Afrika in östlicher Richtung und gelangten 1498 ins indische Kalikut. Europäische Staaten errichteten fortan Handelsstützpunkte in Asien. Zeichnung des Hofmalers Shen Du, 1414

Das Aztekenreich

In Mittelamerika trafen die Spanier auf die Azteken. Die Azteken lebten in einer Hochkultur und herrschten von ihrer Hauptstadt aus. Die Europäer waren fasziniert von ihren Schätzen.

T1 Hauptstadt eines großen Reiches

Im 15. Jahrhundert gewannen die Azteken aus Tenochtitlan die Oberhand über benachbarte Städte und indigene Gruppen. Tenochtitlan wurde zur Hauptstadt eines großen Reiches zwischen den Küsten des Atlantiks und des Pazifiks ausgebaut. Die Stadt selber lag inmitten eines Sees im mexikanischen Hochland – genau dort befindet sich heute die Hauptstadt von Mexiko: Ciudad de México (Mexiko-Stadt).

T2 Vom Leben der Azteken

Die meisten Azteken lebten als Bauern auf dem Land. In den Städten wohnten vor allem Adlige, Priester, Kaufleute, Handwerker und Künstler. Die Azteken kannten einen eigenen Kalender und ein Zahlensystem. Sie nutzten eine Bilderschrift und schrieben u.a. auf Leder. In diesen gemalten Büchern (siehe Q1) zeichneten sie ihre Erkenntnisse und religiösen Geschichten auf. Die Handwerker schufen feine Schmuckstücke aus Gold und Edelsteinen. Händler verkauften auf Märkten Luxuswaren wie Felle, Edelsteine, prächtigen Schmuck aus Papageienfedern oder Gold. Seit 1502 herrschte über dieses Reich Moctezuma II. Sein Palast stand in Tenochtitlan auf einem großen, gepflasterten Platz neben den Tempeln und Palästen der Priester. In Moctezumas Palast lagerten die Abgaben der unterworfenen indigenen Gruppen: Nahrungsmittel, Baumwolle, Waffen, Juwelen und Gold.

T3 Menschenopfer für die Götter

Die Azteken waren eine kriegerische Gesellschaft. Die aztekischen Herrscher unterwarfen immer mehr indigene Gruppen und forderten Abgaben. Gleichzeitig hatten die Kriege den Zweck, Gefangene zu nehmen und sie den Göttern zu opfern. Die Azteken glaubten nämlich, dass ein Weltuntergang die Erde bereits viermal verschlungen hätte. Um einen fünften Untergang zu verhindern, müssten sie dem höchsten Gott ständig Menschenopfer bringen. Bei einem einzigen Opferfest wurden auf den Götterpyramiden vor den Tempeln Tausende von Menschen getötet. Der höchste Gott trug den Beinamen Mexitli. Danach nannten sich die Azteken auch Mexica. Die Spanier bezeichneten später dieses Land und die Hauptstadt als „Mexiko".

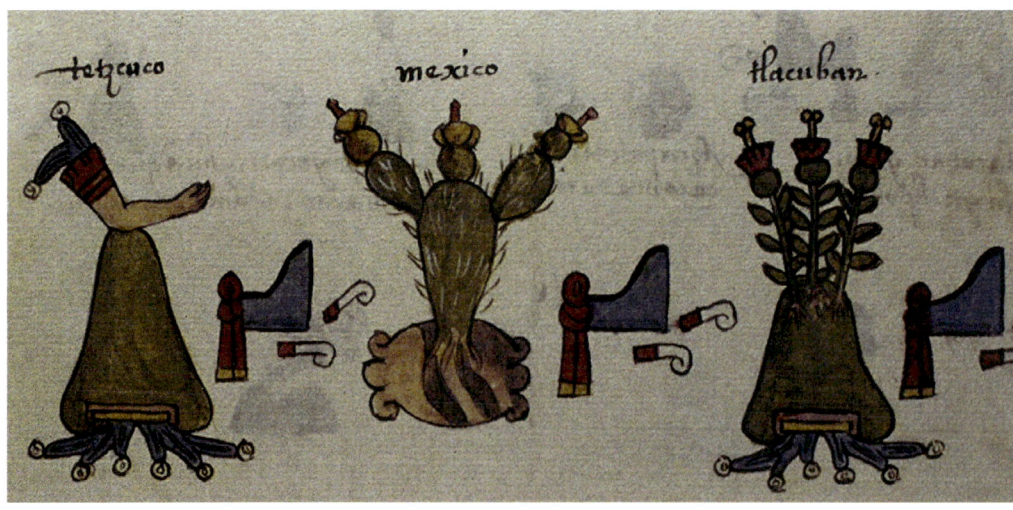

Q1 Aztekischer Dreibund in einem gemalten Buch (Codex). Der Codex zeigt den Bund der Städte Texcoco, Tenochtitlan und Tlacopan (von links). Die Städte werden jeweils mit einem Bildzeichen sowie mit dem Zeichen für „König" dargestellt. Die Schriftsprache wurde später ergänzt. Codex Osuna, 1565

Q2 Der spanische Hauptmann Bernal Díaz schilderte um 1555 seinen ersten Eindruck von Tenochtitlan:

Wir sahen die große Wasserleitung, die von Chapultepec kommt und die ganze Stadt mit süßem Wasser versorgt, und die langen hölzernen Brücken, von denen die Damm-
5 straßen unterbrochen waren, um die Verbindung zwischen den vielen Teilen des Sees zu ermöglichen. Auf dem See wimmelte es von Fahrzeugen, die Waren und Lebensmittel aller Art geladen hatten. Wir stellten ein-
10 wandfrei fest, dass man Mexiko (so nannten die Spanier Tenochtitlan später) nur über die Zugbrücken oder in Kähnen erreichen konnte. Aus allen Orten ragten die weißen Opfertempel wie Burgen über die Häuser mit ihren
15 Söllern (Plattformen), über kleinere kapellenartige Bauten und über die Befestigungstürme hinaus. Es war ein einmaliger Blick. (…) Dann besahen wir uns von hier oben aus noch einmal den Marktplatz mit seinem Gewimmel
20 von Menschen, die einen Lärm machten, den man über eine Stunde weit hören konnte. Leute, die Konstantinopel und Rom gesehen hatten, erzählten, dass sie noch nirgendwo einen so großen und volkreichen Marktplatz
25 gefunden hätten.

D1 Markt in Tlatelolco. Es handelte sich um den wichtigsten Markt in der Stadt Tenochtitlan (heute Mexiko-Stadt). Um 1500 lebten etwa 200 000 Einwohner in Tenochtitlan. Sie war damals eine der größten Städte der Welt. Gemälde (Ausschnitt) des modernen mexikanischen Malers Diego Rivera, 1945

Schon gewusst?

Die Sprache der Azteken heißt Nahuatl. Die Spanier übernahmen außer dem Wort „Mexiko" auch andere **Begriffe aus der Sprache** wie „Xocoatl" (aztekisch xócoc = bitter, atl = Wasser) oder „Tomatl".

Q3 Azteken bei der Herstellung des „Xocoatl". Kakaobohnen wurden geröstet, gemahlen und dann mit Wasser und Gewürzen schaumig gerührt. Bild aus dem 17. Jahrhundert

Beschreibe die Rekonstruktion der Stadt (D1).

Erkläre die Besonderheiten des Lebens der Azteken (T2–3).

A
B

① Beschreibe die Lage der Stadt Tenochtitlan. Welche Bedeutung hatte sie (T1)?

② Beschreibe die Rekonstruktion der Stadt (D1).

② Warum waren die Spanier von Tenochtitlan so begeistert? Erkläre aus Q2.

③ Erkläre die Besonderheiten des Lebens der Azteken (T2–3).

③ Erkläre die Besonderheiten der Geschichte, des Lebens und der Religion der Azteken (Q1, T1–3).

④ Begründet, warum es sich bei den Azteken um eine Hochkultur handelte.

⑤ Diskutiert in der Klasse, wie ihr das Leben der Azteken bewertet.

⑥ EXTRA Übersetze die Begriffe aus dem Nahuatl ins Deutsche. Suche nach Gründen für die Übernahme (Schon gewusst?).

A
B

Die Begegnung von Kulturen

Im Frühjahr 1519 erreichte den aztekischen König Moctezuma II. eine seltsame Nachricht: Ein Mann hatte auf dem Meer mehrere Berge gesichtet, die sich bewegten. Moctezuma schickte Kundschafter aus, um die Erscheinung näher zu beobachten.

D1 Mittel- und Südamerika zur Zeit der europäischen Eroberungen

T1 Die Azteken empfangen die Spanier

Bei den Bergen handelte es sich um die Schiffe des spanischen Gesandten Hernán Cortés. Er landete mit über 500 Männern, 14 Geschützen und 16 Pferden an der Küste des heutigen Mexiko. Cortés hatte sein gesamtes Vermögen eingesetzt, um das Land mit den unermesslichen Reichtümern zu finden. Als der aztekische König Moctezuma von den Eindringlingen hörte, schickte er Abgesandte an die Küste. Sie brachten den Spaniern wertvolle Geschenke mit, forderten sie aber gleichzeitig auf, umzukehren. Doch die Spanier blieben. Die Geschenke lockten sie erst recht, weiter ins Landesinnere vorzudringen. Cortés sammelte mithilfe von Dolmetschern Informationen über die Situation vor Ort. Er verbündete sich mit den indigenen Gruppen, die von den Azteken unterworfen worden waren. Moctezuma beobachtete das mit Sorge. Er verhielt sich also erst einmal vorsichtig und abwartend, als Cortés im Herbst 1519 Tenochtitlan erreichte.

T2 Die Zerstörung Tenochtitlans

Doch die Spanier waren gekommen, um sich zu bereichern und das Land in Besitz zu nehmen. Sie empörten sich über die religiösen Bräuche und Menschenopfer der Azteken. Cortés ließ Götterbilder zerstören und stattdessen Kreuze aufstellen.

Bald kam es zum Widerstand in Tenochtitlan. Cortés nahm Moctezuma als Geisel und zwang ihn, das Volk zu beruhigen. Während seiner Ansprache wurde Moctezuma mit Steinen beworfen und starb – so berichten es jedenfalls einige Quellen. Cortés und seine Männer retteten sich unter Verlusten. Doch mithilfe von rund 200 000 indigenen Verbündeten, die sich von den Azteken befreien wollten, wurden diese schließlich besiegt. Zwischen 1519 und 1521 starben 300 000 Menschen der indigenen Bevölkerung – viele im Kampf oder durch Hinrichtung. Die meisten aber starben durch Krankheiten, die die Europäer einschleppten (siehe S. 59).

Die Spanier errichteten auf dem Tempelplatz von Tenochtitlan eine Kirche. Sie nannten die Stadt jetzt Mexiko. Sie wurde die Hauptstadt der spanischen Kolonie Neuspanien.

T3 Zerstörung des Inka-Reiches

Auch der Spanier Francisco Pizarro nutzte die Wirren von Bürgerkrieg und Epidemien, um 1532 die zweite große Kultur in Südamerika zu erobern: das Reich der Inka. Die Spanier errichteten eine Kolonie, nahmen gewaltsam die Gold- und Silberminen in Besitz und verpflichteten die Bevölkerung zur Zwangsarbeit.

Q1 Die Ankunft der Spanier mit Kanonen aus aztekischer Sicht. Boten berichten Moctezuma 1519:

Ein Ding wie ein Ball aus Stein fliegt aus ihrem Bauch heraus, sprüht Funken und regnet Feuer (…) Wenn sie (die Kugel) den Baum trifft, verweht er in Splittern, als ob ein
5 Zauberer in seinem Inneren ihn fortgeblasen hätte (…) Ihre Kriegstracht und ihre Waffen sind ganz aus Eisen gemacht. Sie kleiden sich ganz in Eisen. Sie werden von Hirschen auf dem Rücken getragen, wohin sie wollen.
10 Herr, auf diesen Hirschen sind sie so hoch wie Dächer. Ihr Körper ist ganz verborgen, nur ihre Gesichter sind nicht bedeckt. Ihre Haut ist weiß, wie aus Kalk gemacht.

Schon gewusst?

Vieles, was wir über die Azteken wissen, **sehen wir durch die Brille der Spanier.** Die meisten heute bekannten Quellen stammen aus der Zeit nach der Eroberung und/oder wurden unter spanischem Einfluss aufgezeichnet (so z. B. auch Q2).
Die europäische Geschichtsschreibung hat lange Zeit den Einfluss der Europäer überschätzt. Lateinamerikanische Historiker/Historikerinnen betonen, dass Seuchen und Konflikte unter den indigenen Völkern die entscheidende Rolle für die Niederlage der Azteken und Inka spielten – und nicht Cortés und Pizarro mit wenigen Männern. Diese Historiker/Historikerinnen betonen auch, dass Kulturen durch die Europäer nicht vollständig zerstört wurden. Sie sprechen von einer „Verschmelzung" der Kulturen.

Q2 Moctezumas Begegnung mit Cortés im November 1519. Moctezuma (links sitzend) wird von drei hochgestellten Azteken begleitet. Als Geschenke hat er Mais, Geflügel und Wild mitgebracht. Hinter Cortés (rechts sitzend) steht die aztekische Dolmetscherin Malinche, hinten oben seine Leibwache. Zeichnung eines aztekischen Künstlers von 1560 im Auftrag der Spanier, später koloriert

A
B

1 Wie handeln die Spanier, wie die Azteken? Arbeite heraus (T1).

2 Wie kam es zur Begegnung von Europäern und der indigenen Bevölkerung? Fasse zusammen (D1, T2–3).

2 a) Bearbeite A2.
b) Über welche Dinge berichten die Boten in Q1? Erläutere.

3 Ordne die Personen auf Q2 Spaniern und Azteken zu. Versetze dich in eine Person und notiere die Gedanken, die ihr durch den Kopf gehen.

3 Stellt die Situation in Q2 nach und spielt die Szene.

4 Diskutiert nach dem Spiel die Möglichkeiten, die Azteken und Spanier im November 1519 hatten.

4 Welche Handlungsmöglichkeiten hatten die Spanier und Azteken 1519? Diskutiert zu zweit.

5 Warum gelang es den Spaniern, das Aztekenreich zu erobern? Diskutiert darüber in der Klasse.

6 EXTRA
Erkläre die Aussage: „Vieles, was wir über die Azteken wissen, sehen wir durch die Brille der Spanier." (Kasten „Schon gewusst?").

A
B

Die Vernetzung der Welt

In Amerika suchten die Europäer Glück und Gold. Dazu beuteten sie die indigene Bevölkerung aus und transportierten Reichtümer nach Europa.

Kolonien
siehe S. 84

Kolonialisierung
Eroberung, Unterwerfung, Besiedlung und Ausbeutung von Gebieten (meist auf anderen Kontinenten) durch die Europäer ab Ende des 15. Jahrhunderts. Die Folgen sind in Entwicklungsländern bis heute spürbar.

T1 Kolonien entstehen

Mit den Europäern kamen auch christliche Priester nach Mittel- und Südamerika. Sie wollten dort das Christentum verbreiten. Das geschah mit Worten, aber auch mit Zwang oder Gewalt. Oft wurden Missionare zum Teil der Gewaltherrschaft in den Kolonien, auch wenn einzelne eine bessere Behandlung der Bevölkerung forderten. Der Papst teilte die Welt durch eine Linie, damit Spanier und Portugiesen um ihre Kolonien nicht in Streit gerieten (siehe Karte S. 82/83). Spanien erhielt die eine Hälfte, Portugal die andere. Die Portugiesen eroberten daraufhin ab 1500 das heutige Brasilien. Andere europäische Staaten wie England, Holland und Frankreich folgten ihnen. Sie gründeten überall in der Welt Kolonien und Handelsstützpunkte.

T2 Die Europäer errichteten Plantagen

Eine bedeutende Geldquelle für die Europäer wurden Plantagen. Siedler holzten die Wälder ab. Sie legten riesige Felder an, auf denen Kakao, Tee, Tabak, Baumwolle oder Zuckerrohr angebaut wurden. Die indigene Bevölkerung musste auf den Plantagen als Sklavinnen und Sklaven arbeiten. Viele starben durch die harte Arbeit oder an eingeschleppten Krankheiten aus Europa, gegen die sie keine Abwehrkräfte besaßen.

T3 Vernetzung der Welt

Zwischen Europa, Amerika, Asien und Afrika begann ein reger Handel mit Rohstoffen sowie mit Gold, Silber, Gewürzen, Tee, Zucker und Textilien. Waren wurden weltweit ausgetauscht: Mais, Kartoffeln, Tomaten und Tabak kamen nach Europa. Umgekehrt brachten die Europäer Pferde, Schweine, Rinder und Hühner nach Amerika. Aber auch Menschen wurden gehandelt. Um die Erträge der Plantagen zu steigern, kauften die Europäer etwa elf Millionen Männer und Frauen auf dem afrikanischen Sklavenmarkt. Sie verschifften diese als billige Arbeitskräfte nach Amerika. In Europa verließen dagegen tausende Menschen freiwillig ihre Heimat, weil sie sich in der „Neuen Welt" ein besseres Leben erhofften.

T4 Folgen bis heute

Der Austausch von Rohstoffen, Waren und Menschen war verbunden mit Konflikten. Gewaltsam versuchten die Kolonialmächte, ihre Einflusszonen und damit ihren Reichtum zu vergrößern. Diese Auseinandersetzungen dauerten bis ins 20. Jahrhundert an. In Mittel- und Südamerika hat der Kolonialismus bis heute Spuren hinterlassen – und auch in Europa. Aber es kam auch zu einer „Verschmelzung" von Kulturen: In den Staaten Südamerikas leben heute Nachfahren der indigenen Völker, der europäischen Einwanderer und der afrikanischen Sklaven. Viele Menschen haben auch Vorfahren aus unterschiedlichen Kulturen. Die Plantagen gehören immer noch wenigen Großgrundbesitzern und Konzernen. Allerdings regt sich auch Widerstand (siehe Q1).

Q1 **Rigoberta Menchú** mit dem Friedensnobelpreis. Die Führerin der indigenen Bevölkerung in Guatemala organisierte Streiks für bessere Arbeitsbedingungen und rief die Bauern zum Widerstand gegen die damalige Militärdiktatur auf. Foto, 1992

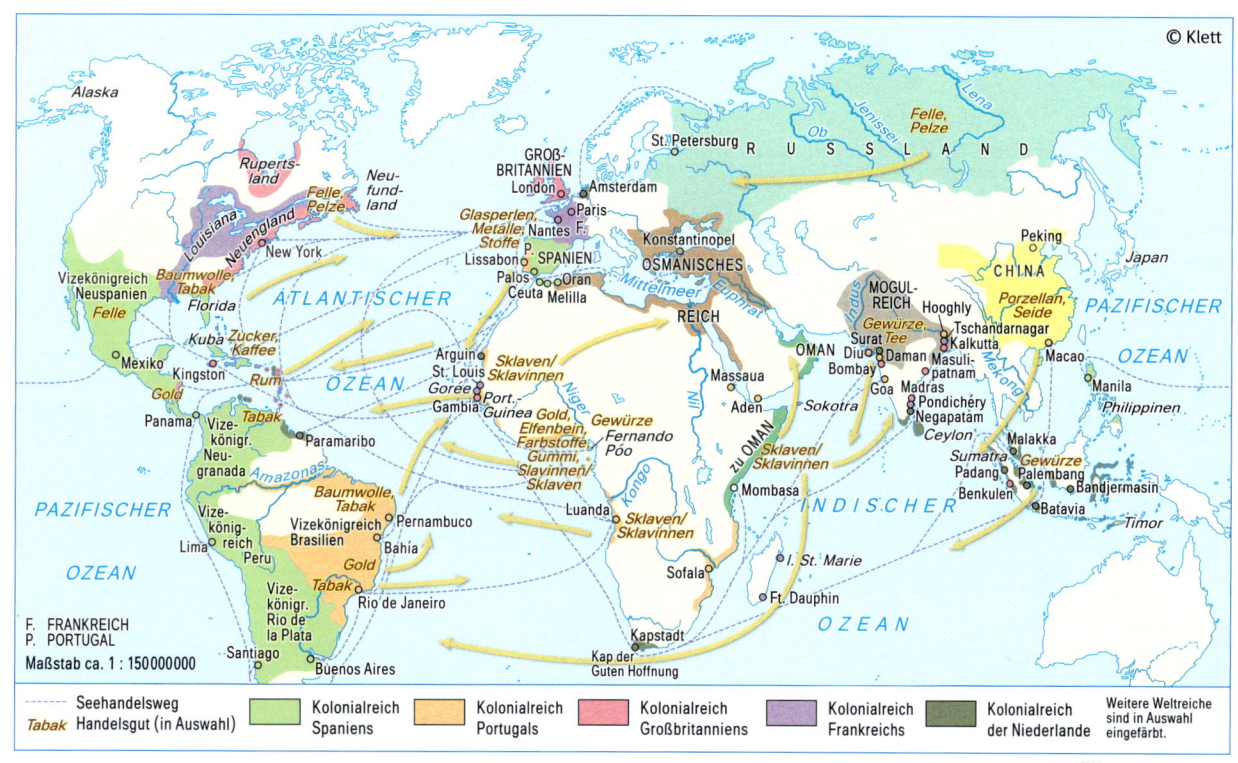

© Klett

D1   Atlantikhandel Mitte des 18. Jahrhunderts

Schon gewusst?

Auch das **hessische Bergland** war in den transatlantischen Handel eingebunden. Hier wurde der Stoff Leinen hergestellt. Leinen war eine gefragte Tauschware, um Sklavinnen und Sklaven zu erwerben. Und die Sklavinnen und Sklaven trugen während ihrer Arbeit Kleidung aus Leinen. Die direkte oder indirekte Beteiligung am Sklavenhandel war also breiter und betraf mehr Regionen Deutschlands, als man das vielleicht auf den ersten Blick erwarten würde.

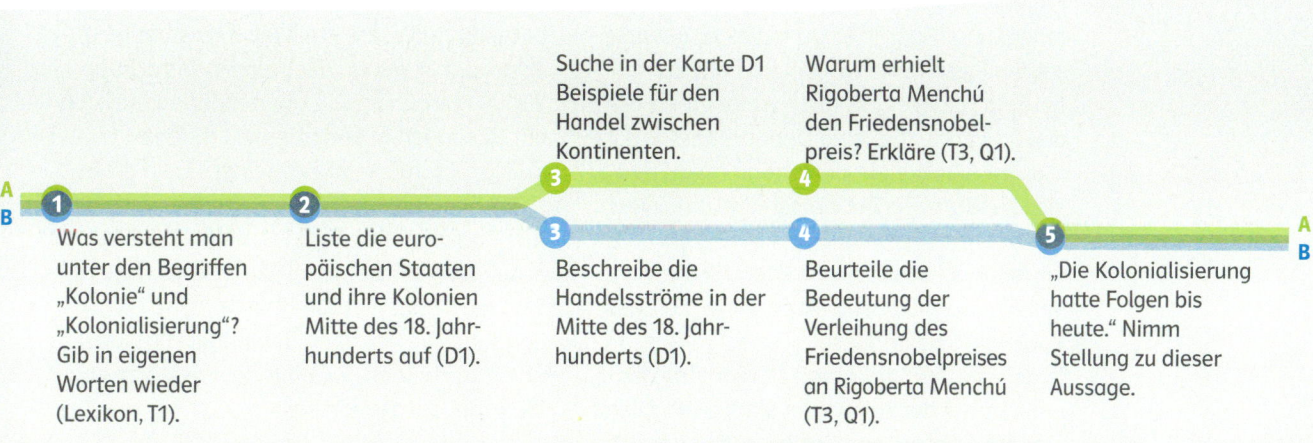

3 Suche in der Karte D1 Beispiele für den Handel zwischen Kontinenten.

4 Warum erhielt Rigoberta Menchú den Friedensnobelpreis? Erkläre (T3, Q1).

A
B

1 Was versteht man unter den Begriffen „Kolonie" und „Kolonialisierung"? Gib in eigenen Worten wieder (Lexikon, T1).

2 Liste die europäischen Staaten und ihre Kolonien Mitte des 18. Jahrhunderts auf (D1).

3 Beschreibe die Handelsströme in der Mitte des 18. Jahrhunderts (D1).

4 Beurteile die Bedeutung der Verleihung des Friedensnobelpreises an Rigoberta Menchú (T3, Q1).

5 „Die Kolonialisierung hatte Folgen bis heute." Nimm Stellung zu dieser Aussage.

A
B

Der Sturz eines Sklavenhändlers

125 Jahre lang stand der britische Unternehmer Edward Colston auf einem Sockel in der Stadt Bristol. Im Jahr 2020 wurde er gestürzt und im Fluss versenkt. Was war passiert?

Q1   Sturz eines Denkmals. Bei Anti-Rassismus-Protesten in Bristol reißen Aktivisten die Statue des britischen Sklavenhändlers Edward Colston vom Sockel und versenken sie im Hafenbecken. Foto, 7. Juni 2020

T1   Umgang mit einem Denkmal

Im Juni 2020 wurde in den USA der Afro-amerikaner George Floyd bei einer gewaltsamen Festnahme von einem Polizisten getötet. Das Ereignis löste weltweit Proteste aus und entfachte eine Debatte über Rassismus im Alltag. Viele Betroffene meldeten sich zu Wort, u. a. in Deutschland. Im Zuge der Debatte wurde auch an die Verantwortung europäischer Staaten für die Versklavung von Schwarzen in der Zeit des Kolonialismus erinnert.

In der Stadt Bristol rissen Demonstranten eine Statue des britischen Sklavenhändlers Edward Colston vom Sockel und versenkten sie im Wasser. Colston war im 17. Jahrhundert an der Versklavung von über 80 000 Menschen beteiligt gewesen – teilweise im staatlichen Auftrag. Auf seinen Schiffen starben knapp 20 000 Menschen. Die Überlebenden mussten auf Plantagen in Südamerika arbeiten.

In Bristol förderte er mit seinem Geld großzügig Schulen, Kirchen und Krankenhäuser. Aus Dankbarkeit bauten ihm Kaufleute der Stadt 1895 ein Denkmal. Seine Rolle als Sklavenhändler wurde damals nicht erwähnt. Die heutigen Bewohner müssen nun entscheiden, was mit dem gestürzten Denkmal geschehen soll.

DIE STATUE IST WEG, ABER DIE BASIS BLEIBT...

RASSISMUS

D1 **Rassismus.** Karikatur von Kostas Koufogiorgos, 2020

Q2 **Protestplakate am Sockel des gestürzten Denkmals.**
Im linken Bildhintergrund liegen Reste des beschädigten Denkmals auf der Straße. Foto, 8. Juni 2020

Schon gewusst?

Der Sturz des Denkmals in Bristol ist kein Einzelfall. In **Boston (USA)** schlugen Unbekannte 2020 einer Statue des Christoph Kolumbus den Kopf ab. In **Belgien** wurden Statuen von König Leopold II. (1835-1909) mit Farbe übergossen. Er hatte die brutale belgische Kolonialherrschaft im Kongo zu verantworten. In den **Niederlanden** stritten die Menschen 2020 um Denkmäler niederländischer Seefahrer und Freibeuter. In **Frankreich** wurden Statuen von der Polizei bewacht. In **Deutschland** rückten Aktivisten 2020 einem Denkmal Otto von Bismarcks mit blutroter Farbe zu Leibe. Er war zu der Zeit Reichskanzler, als Deutschland Kolonien besaß. Seit Jahren gibt es Diskussionen um die Benennung von Straßen. In **Portugal** wurde das Denkmal eines Missionars mit dem Schriftzug „Entkolonisierung" versehen. Allerdings gibt es dort – wie auch in **Spanien** – wenig Kritik an der Kolonialherrschaft.

A
B

1 Was geschieht in Q1? Beschreibe mithilfe von T1.

2 Warum wurde das Denkmal gestürzt? Arbeite heraus (Q1–2, T1).

2 Warum wurde das Denkmal gestürzt (Q1–2, T1)? Schreibe eine Schlagzeile, die den Grund deutlich macht.

3 Ergänze zwei Sprechblasen in Q1 (Kopie) und trage ein, was die Menschen zu dem Ereignis sagen.

3
a) Bearbeite A3.
b) Ergänze weitere Sprechblasen. Es sollten sowohl zustimmende als auch ablehnende Meinungen dabei sein (Q2, T1).

4 Was bedeutet „Black lives matter" (Q2)? Wie hängt das Motto mit dem Ereignis zusammen? Recherchiere.

4 Erkläre die Aussage der Karikatur D1.

5 „Nicht die Denkmäler sind das Problem, sondern das Denken und Handeln der Menschen!"
a) Nimm Stellung zu der Aussage.
b) Ist die Beseitigung von Denkmälern sinnvoll? Diskutiert.

6 **EXTRA**
Erstelle ein Plakat mit weiteren Personen, deren Denkmäler beschädigt wurden (Schon gewusst?). Sammle Informationen zu den Gründen.

A
B

Eine strukturierte Kontroverse führen

T1 Feiern oder nicht feiern?

In vielen Ländern Nord- und Südamerikas wird der 12. Oktober als „Kolumbus-Tag" gefeiert. In den Vereinigten Staaten werden dazu jedes Jahr am zweiten Montag im Oktober große Paraden abgehalten. Die Spanier feiern die Entdeckung Amerikas jährlich als „Tag der Hispanität" (Tag der Zusammengehörigkeit aller spanisch sprechenden Völker; spanischer National-feiertag). In Argentinien, Ecuador, Kolumbien und Mexiko wird dagegen an diesem Tag daran erinnert, dass die Einwohner der amerikanischen Staaten aus verschiedenen Kulturen stammen. In Chile heißt der Tag seit dem Jahr 2000 „Tag der Entdeckung zweier Welten" (Día del Descubrimiento de Dos Mundos). Doch diese Erinnerungstage sind umstritten, denn die Entdeckung Amerikas hatte für die indigenen Völker dramatische Folgen: Abertausende von Menschen und ganze Kulturen wurden vernichtet.

T2 Eine strukturierte Kontroverse führen

Ist die Entdeckung Amerikas nun ein Grund zum Feiern oder nicht? Wenn zwei gegen-sätzliche Meinungen aufeinandertreffen, ist es oft nicht einfach, der einen oder der anderen Seite zuzustimmen. Eine struktu-rierte Kontroverse kann da weiterhelfen.

Eine strukturierte Kontroverse führen

Wahrnehmen

1 Bildet Viewergruppen. Ihr arbeitet zuerst unabhängig von eurer persönlichen Meinung. Teilt euch in zwei Paare auf: A1 und A2 sowie B1 und B2.

2 Notiert in Einzelarbeit möglichst viele Argumente:
A1 und A2 sammeln möglichst viele Pro-Argumente.
B1 und B2 sammeln möglichst viele Kontra-Argumente.

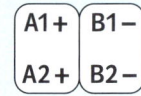

Untersuchen

3 Tauscht eure Argumente in Partnerarbeit aus.
Erarbeitet eine gemeinsame Position.

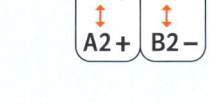

4 Stellt euch in Gruppenarbeit gegenseitig die Positionen vor. Partner/in A1 beginnt, A2 ergänzt. Anschließend können Nachfragen gestellt und beantwortet werden. Dann stellt B1 vor, B2 ergänzt. Danach ist wiederum Zeit für Nachfragen.

5 Diskutiert das Problem. Ihr dürft aber nur eure Position vertreten.

6 Tauscht jetzt eure Positionen. Arbeitet wieder mit Schritt 2 und 3.

7 Wechselt jetzt die Tischgruppe. Alle Pro-Paare in der Klasse bleiben sitzen. Die Kontra-Paare gehen weiter.

8 Arbeitet mit Schritt 4.

9 Setzt euch zurück an euren Tisch und diskutiert in eurer Gruppe A1, A2, B1, B2 frei. Stellt euch abschließend der Reihe nach eure Positionen vor. Unterbrecht euch dabei nicht.

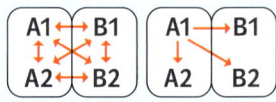

Reflektieren

10 Reflektiert eure Erfahrungen mit der strukturierten Kontroverse in der Klasse.

Q1 **Parade zum Kolumbus-Tag in New York.**
Foto, 2014

Q2 **Proteste in den USA gegen den Kolumbus-Tag.** Indigene Aktivisten fordern auf Plakaten u. a. die Ausweisung europäischer Unterdrücker und bezeichnen Kolumbus als „Terroristen" und „Kriminellen". Foto, 2011

A
B

1 Beschreibe Q1. Warum haben die Personen sich verkleidet (T1)?

2 Beschreibe Q2. Welche Stimmung wird durch die Gestaltung der Plakate erzeugt?

3 Vergleiche Q1 und Q2 und formuliere mit deinen Worten die Kontroverse (T2).

4 Führt die strukturierte Kontroverse nach den Arbeitsschritten durch.

5 Du bist am nächsten Kolumbus-Tag (12. Oktober) zufällig in New York. Wie verhältst du dich?

A
B

AFB I: 1, 2 II: 3 III: 4, 5   AFB I: 1, 2 II: 3 III: 4, 5

SP → Lösungshilfen ab S. 154

Kritik an der Kirche

Erfindungen und Entdeckungen veränderten die Sichtweise der Menschen in Europa. Auch kirchliche Traditionen gerieten ins Wanken. Der Anlass für Veränderungen hing allerdings zunächst einmal mit konkreten Missständen zusammen.

Q1 **Flugblatt gegen Geldbetrüger.** Zu sehen sind Geistliche, Geldverleiher und Münzer. Vorne verkündet ein Mann einen Ablass, dahinter hängt ein Ablassbrief an einem Kreuz. Links ist ein Geldverleiher zu sehen. In der Mitte prägt ein Münzer minderwertige Geldstücke. Holzschnitt von Jörg Breu d. Ä. (dem Älteren), 1530. Flugblätter wurden zur Zeit der Reformation häufig dazu genutzt, um politische oder religiöse Botschaften zu verbreiten. Die Bilder wurden auch von Menschen verstanden, die nicht lesen konnten.

Ablass
Ab dem 12. Jahrhundert bot die Kirche Schriftstücke an, in denen stand, welche Sündenstrafen man durch eine bestimmte gute Tat erlassen bekommen konnte. Diese Schriftstücke wurden Ablassbriefe genannt.

Sünden
Handlungen eines Menschen, mit denen er gegen göttliche Gebote verstößt

T1 Die Kirche in der Krise

Die Kirche hatte am Ende des Mittelalters großen Einfluss auf die Menschen. Die Gläubigen hatten Angst vor dem Teufel und der Hölle. Sie fürchteten sich auch davor, nach dem Tod von Gott für ihre Fehler bestraft zu werden. Damit die Menschen ein gutes Leben führten, verhängten die Priester harte Strafen für begangene Sünden. Dabei verhielten sich viele Geistliche selbst nicht sehr vorbildlich: Die Päpste in Rom führten Kriege und lebten verschwenderisch. So gab Papst Leo X. riesige Geldsummen für Musiker und Dichter, für Jagden und Karneval und für seine Elefantenwärter aus. Einige Bischöfe, Priester und Mönche lebten nicht gerade christlich: Sie tranken übermäßig viel Alkohol und vernachlässigten ihre Aufgaben. Die Priester waren zum Teil so ungebildet, dass sie im Gottesdienst nicht einmal aus der Bibel vorlesen konnten. Hohe kirchliche Ämter wie das Bischofsamt wurden einfach an denjenigen verkauft, der am meisten bot – unabhängig davon, ob er geeignet war oder nicht. Die Menschen wurden deshalb immer unzufriedener mit ihrer Kirche.

T2 Geld befreit von allen Sünden

Für gute Taten, etwa für Wallfahrten, stellte die Kirche den Gläubigen „Ablassbriefe" aus. Damit sollten den Menschen ihre Sündenstrafen erlassen sein. Nach und nach ging die Kirche dazu über, Ablassbriefe auch ohne Nachweise für ein gutes Werk einfach zu verkaufen. Schließlich brauchten die Päpste für ihr luxuriöses Leben viel Geld. Auch Prachtbauten wie der Petersdom in Rom wurden mit dem Geld aus dem Ablasshandel finanziert. Prediger zogen durch das Land, um Ablassbriefe zu verkaufen. Ihr Werbespruch lautete: „Sobald das Geld im Kasten klingt, die Seele in den Himmel springt."

T3 Ein Mönch namens Luther

Der Mönch Martin Luther wollte auf diese Missstände aufmerksam machen. Am 31. Oktober 1517 schrieb er einen Brief an seinen Vorgesetzten, den Erzbischof Albrecht. Er fügte 95 Thesen (Behauptungen) gegen den Ablasshandel bei. Albrecht antwortete Luther nicht, sondern leitete die Thesen an den Papst weiter. Luther schickte die Thesen auch ein paar befreundeten Gelehrten – die waren begeistert und ließen die Thesen nachdrucken. Schnell wurden sie im ganzen Land bekannt. Viele Menschen stimmten Luther zu: Endlich wagte es jemand, die Missstände öffentlich anzuprangern.

🌐 2uc5ix Üben interaktiv:
Schaubild zur Kirchenkrise

D1 Die Kirche in der Krise:
Das Schaubild zeigt, wie die mittelalterliche Kirche in die Krise geraten ist und welche Folgen das für die Gläubigen hatte.

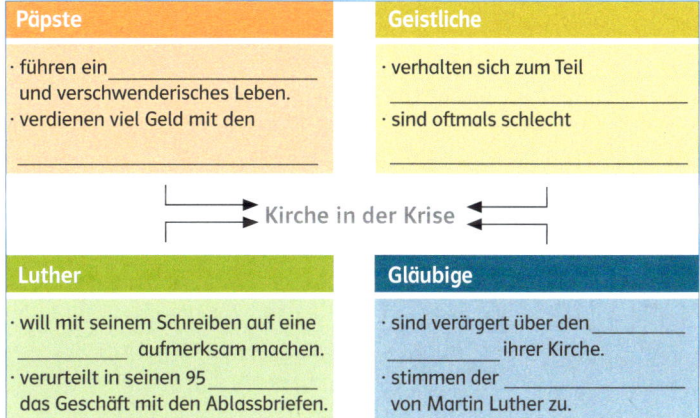

Päpste	Geistliche
· führen ein _____ und verschwenderisches Leben. · verdienen viel Geld mit den _____	· verhalten sich zum Teil _____ · sind oftmals schlecht _____

→ Kirche in der Krise ←

Luther	Gläubige
· will mit seinem Schreiben auf eine _____ aufmerksam machen. · verurteilt in seinen 95 _____ das Geschäft mit den Ablassbriefen.	· sind verärgert über den _____ _____ ihrer Kirche. · stimmen der _____ von Martin Luther zu.

Q2 Der Ablassprediger Johann Tetzel sprach 1517 vor vielen Menschen bei Magdeburg:

Du Adliger, du Kaufmann, du Frau, du Jungfrau, du Braut, du Jüngling, du Greis! (…) Wisse, dass ein jeder, der gebeichtet, bereut und Geld in den Schrein getan hat, so viel
5 ihm der Beichtvater geraten hat, eine volle Vergebung aller seiner Sünden haben wird. Habt ihr nicht die Stimmen eurer Verstorbenen gehört, die rufen: Erbarmt euch, denn wir leiden unter harten Strafen und Foltern, von
10 denen ihr uns durch eine geringe Gabe loskaufen könnt.

Q3 Aus Luthers 95 Thesen vom Oktober 1517:

32. Wer glaubt, durch Ablassbriefe das ewige Heil erlangen zu können, wird auf ewig verdammt werden samt seinen Lehrmeistern.

36. Jeder Christ, der wahrhaft Reue empfindet,
5 hat einen Anspruch auf vollkommenen Erlass der Schuld auch ohne Ablassbrief.

43. Man soll die Christen lehren, dass, wer den Armen gibt und dem Bedürftigen leiht, besser tut, als wer Ablassbriefe kauft.

Schon gewusst?

Um Luthers Leben ranken sich viele **Legenden**. Hat Luther seine Thesen mit einem Hammer an die Kirchentür in Wittenberg geschlagen? Diese Legende hält sich bis heute. Sicher ist aber nur, dass Luther die Thesen am 31. Oktober 1517 einem Brief beilegte (siehe T3). Deshalb feiern evangelische Christen jedes Jahr am 31. Oktober den Reformationstag.

D2 Legende vom Thesenanschlag. Comiczeichnung, 2017

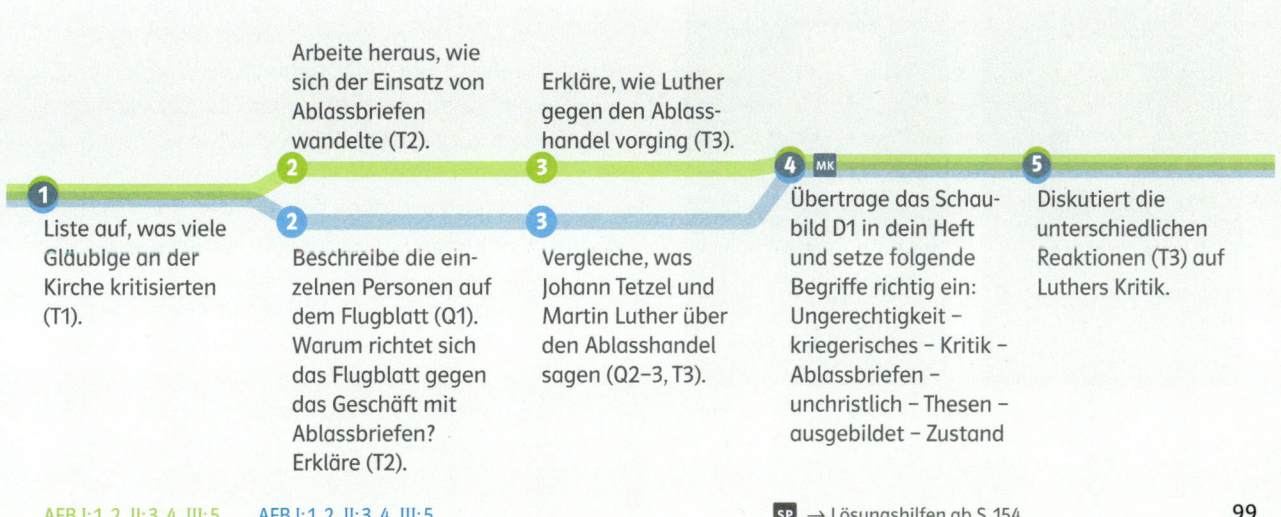

Arbeite heraus, wie sich der Einsatz von Ablassbriefen wandelte (T2).

Erkläre, wie Luther gegen den Ablasshandel vorging (T3).

A — 1 — 2 — 3 — 4 MK — 5 — **A**
B — — 2 — 3 — — — — **B**

1 Liste auf, was viele Gläubige an der Kirche kritisierten (T1).

2 Beschreibe die einzelnen Personen auf dem Flugblatt (Q1). Warum richtet sich das Flugblatt gegen das Geschäft mit Ablassbriefen? Erkläre (T2).

3 Vergleiche, was Johann Tetzel und Martin Luther über den Ablasshandel sagen (Q2–3, T3).

4 Übertrage das Schaubild D1 in dein Heft und setze folgende Begriffe richtig ein: Ungerechtigkeit – kriegerisches – Kritik – Ablassbriefen – unchristlich – Thesen – ausgebildet – Zustand

5 Diskutiert die unterschiedlichen Reaktionen (T3) auf Luthers Kritik.

Die Reformation breitet sich aus

Luthers Kritik an der Kirche breitete sich aus, denn viele Gläubige wollten eine echte Reform der Kirche. Doch der Papst und der Kaiser waren dagegen.

Reformation
Bewegung zur Erneuerung der Kirche. Sie wurde von Martin Luther ausgelöst und führte zur Spaltung der Kirche.

evangelisch
Von Luther vorgeschlagene Bezeichnung für seine Lehre, die sich auf die Evangelien in der Bibel stützte. Später bezeichnete man alle Kirchen, die aus der Reformation hervorgegangen sind, als evangelisch.

T1 Eine eigene Vorstellung von Gott

Der Mönch Martin Luther ging seinem Glauben an Gott auf den Grund. Als Professor für Bibelkunde an der Universität Wittenberg in Sachsen konnte er die Bibel auf Griechisch, Hebräisch und Lateinisch studieren. Er fragte sich, wie die Menschen leben sollten, um nach dem Tod zu Gott in das Himmelreich zu kommen. Er stellte fest:

– Niemand kann vor Gott bestehen, denn alle Menschen sind Sünder.
– Wer an Gott glaubt, dem werden seine Sünden vergeben.
– Gott entscheidet allein, wer nach dem Tod zu ihm in sein Himmelreich kommt und das ewige Leben erhält. Dazu braucht man keine Ablassbriefe zu kaufen.

Deshalb kritisierte Luther den Ablasshandel in seinen 95 Thesen scharf.

T2 Papst und Kaiser verurteilen Luther

Die Kritik von Luther und anderen Reformatoren wurde immer bekannter. Das beunruhigte den Papst. Er verlangte von Luther, seine Thesen zurückzunehmen. Der weigerte sich. Deshalb schloss der Papst ihn aus der Kirche aus. Der Kaiser lud Luther 1521 zum Reichstag nach Worms, um ihn zu verhören. Luther sollte seine Lehre zurücknehmen. Der weigerte sich wieder. Deshalb ächtete der Kaiser ihn: Luther hatte im gesamten Heiligen Römischen Reich keine Rechte mehr, jeder konnte ihn töten. Es wurde verboten, Luthers Bücher zu drucken oder zu lesen.

T3 Schutz in Sachsen

Auf der Heimreise von Worms nach Sachsen wurde Luther entführt. Hinter der Entführung steckte jedoch Luthers Freund, der sächsische Kurfürst Friedrich „der Weise". Er ließ ihn heimlich auf die Wartburg bringen, um ihn zu schützen. Auf der Burg lebte Luther unerkannt und übersetzte einen wichtigen Teil der Bibel, das Neue Testament, ins Deutsche. So konnte jeder „Gottes Wort" selbst lesen.

T4 Die Reformation verbreitet sich

Luthers Lehre breitete sich trotz des Verbotes aus. Sie wurde zu einer großen Bewegung, der Reformation. Viele Fürsten und die meisten der deutschen Städte bekannten sich zur Reformation. Sie lösten sich vom Papst und entschieden selbstständig in kirchlichen Fragen. Sie nannten ihre Kirchen evangelisch, schafften die katholische Messe ab und hielten den Gottesdienst auf Deutsch (statt auf Latein). Die Reformation verlief nicht reibungslos, viele Menschen waren weiterhin auf der Suche nach dem richtigen Glauben. Es kam zu Kämpfen zwischen katholischen und evangelischen Bürgern.

Schon gewusst?

Im Jahr 1525 **heirateten** Martin Luther und die Nonne Katharina von Bora, die kurz zuvor aus einem Kloster geflohen war. Die Heirat war damals ein ungeheuerlicher Schritt. Luther hatte sich nämlich als Priester zur Ehelosigkeit (Zölibat) verpflichtet. Doch weil sich das für Luther nicht aus der Bibel ableiten ließ, setzte er sich darüber hinweg. Viele Anhänger der Reformation folgten dem Beispiel. So erklärt sich, dass evangelische Pfarrer/innen heiraten dürfen, während katholische Priester bis heute ehelos leben.

Q1 Martin Luther (links) und Katharina von Bora (rechts). Gemälde von Lucas Cranach d. Älteren, 1526

Q2 **Über Martin Luther schwebt die Taube des Heiligen Geistes.** Holzschnitt, 1521

Q3 **Luther und der Teufel reichen sich die Hand.** Holzschnitt, 1535

katholisch
Die Bezeichnung entstand zur Zeit der Reformation für die bisherige Kirche, um sie von der evangelischen zu unterscheiden.

D1 **„Luther-Hype" im Jubiläumsjahr 2017.** Im Jahr des Reformationsjubiläums wurden Luther-Plüschbären, Luther-Badelatschen und Luther-Spielzeugfiguren verkauft. Die abgebildete Playmobil-Figur brach alle Verkaufsrekorde.

A
B

1 Arbeite heraus, was Luther über den Weg zum ewigen Leben lehrte (T1).

2 Wie reagierten der Papst und der Kaiser auf Luthers Thesen? Arbeite heraus (T2).

2 Wie wurde Luther von seinen Gegnern gesehen? Nenne sie und erkläre (T2, Q3).

3 Wie entwickelten sich die evangelischen Kirchen? Fasse zusammen (Lexikon, T4).

3 Wie wurde Luther von seinen Anhängern unterstützt? Wie entstanden die evangelischen Kirchen? Erkläre (T3–4, Q1).

4 Welche Veränderungen entstanden durch Luthers Lehre? Nenne Beispiele (Schon gewusst?, T4).

4 Inwiefern sind Luthers Lehre und sein Verhalten typisch für die Frühe Neuzeit? Beurteile.

5 Hat Luther die Kirche gespalten und zerstört? Oder hat er sie verbessert und entwickelt? Nehmt Stellung oder führt eine strukturierte Kontroverse.

6 EXTRA
Wie ist der Hype um Luther im Jubiläumsjahr 2017 zu erklären (D1)?

A
B

Luthers Leben als Kinohit

Der Kinofilm „Luther" schildert das Leben des Reformators. Ein Mönch als Leinwandheld, die schwierige Geschichte der Glaubensspaltung als spannendes Kinoereignis – geht das überhaupt?

D1 Martin Luther befestigt den Zettel mit seinen 95 Thesen am Tor der Wittenberger Schlosskirche. Filmszene

T1 „Luther" lässt die Kinokassen klingeln
Im Jahre 2003 lockte der deutsche Spielfilm „Luther" fast drei Millionen Menschen in die Kinos. Er zeigt wichtige Stationen aus dem Leben des Reformators. „Luther" gehört zu den sogenannten historischen Filmen, in denen Personen und Ereignisse aus vergangenen Zeiten im Mittelpunkt stehen. Durch aufwendige Kostüme und herrliche Kulissen lassen solche Filme die Vergangenheit für die Zuschauer noch einmal lebendig werden.

T2 Geschichte auf der Leinwand
Die Filmemacher von „Luther" wollten eine Geschichte erzählen, die „möglichst interessant, einzigartig und voller Überraschungen" ist. Gleichzeitig sollte der Film aber auch über Luther und seine Zeit informieren und so die Kenntnisse der Zuschauer über die Reformation vergrößern. Daraus ergibt sich ein Problem, das typisch für historische Filme ist: Wer geschichtliche Ereignisse darstellen möchte, sollte möglichst genau und nah an der Wirklichkeit sein. Wer einen erfolgreichen Film machen möchte, muss jedoch vor allem dafür sorgen, dass Handlung und Figuren möglichst spannend und außergewöhnlich sind. Das passt nicht immer zusammen.

T3 Film ≠ historische Wirklichkeit
Um die nötige Spannung zu erzeugen, werden die historischen Geschehnisse auf der Leinwand deshalb manchmal abgewandelt. So verändern die Filmemacher zum Teil die Reihenfolge der Ereignisse. Daneben werden einige Begebenheiten in selbst ausgedachten Szenen besonders ausführlich dargestellt, andere müssen aus Zeitgründen ganz wegfallen.

T4 Frei erfundene Dialoge und Figuren
In Filmen wie „Luther" sind auch die Dialoge (Gespräche) meistens frei erfunden. Das gibt den Filmemachern die Möglichkeit, bestimmte Personen besonders sympathisch oder unsympathisch erscheinen zu lassen. Denselben Zweck können erfundene Personen im Film erfüllen: So treten in „Luther" mehrfach eine arme Mutter namens Hanna und deren Tochter mit Behinderung auf. Martin Luther kümmert sich rührend um die beiden. Dadurch soll er großherzig und heldenhaft auf das Kinopublikum wirken.

D2 Friedrich der Weise war als Kurfürst von Sachsen der Landesherr von Martin Luther. Er beschützte seinen berühmten Untertanen gegen die Anfeindungen durch Papst und Kaiser. Der Historiker Bernd Moeller beschrieb 1988 das Verhältnis zwischen Friedrich dem Weisen und Luther:

Der mit dem Wittenberger Professor (Martin Luther) etwa gleichaltrige Georg Spalatin, seit Herbst 1516 Mitglied der kursächsischen Kanzlei (Verwaltung) und bald enger Ver-
5 trauter des Kurfürsten, knüpfte und pflegte die Beziehung des Landesherrn zu Luther (…); nicht weniger als 427 Briefe hat Luther im Lauf der Jahre an Spalatin geschrieben, die meisten vor 1525. Zwar haben Friedrich
10 der Weise und Luther sich nach Aussage des Letzteren nie gesprochen, und der Kurfürst hat den Reformator nur in Worms gesehen. Doch war der Schutz, den er dem Professor seiner Landesuniversität in der Folge zuteil werden
15 ließ, eine Bedingung für dessen Überleben.

D3 Luther übergibt Friedrich dem Weisen seine Übersetzung des Neuen Testamentes. Filmszene

D4 Luther begegnet Frau Hanna und ihrer behinderten Tochter. Filmszene

1 Arbeite heraus, was das Ziel eines historischen Films ist (T2).

2 „Film ≠ historische Wirklichkeit". Erkläre, was mit dieser Überschrift gemeint ist (T1–3).

2 Stelle dar, welches Problem es für Filmemacher/innen bei einem historischen Film gibt (T1–3).

3 Überprüfe, ob die Aussagen des Historikers über Luther und Friedrich den Weisen mit der Filmszene übereinstimmen (D2–3).

3 Was könnten die Personen auf D4 sagen? Beschrifte Sprechblasen.

4 Warum wird der Thesenanschlag gezeigt, obwohl es ihn vielleicht nicht gab? Stelle Vermutungen an (D1 und S. 99).

4 Welches Bild von Luther soll hier (D4) erzeugt werden? Beachte auch T4.

5 „Das ist doch Geschichtsfälschung!" – „Für einen trockenen Dokumentarfilm interessiert sich niemand!" Diskutiert die beiden Positionen.

6 Die evangelische Kirche hat den Film mit Geldmitteln unterstützt. Was könnte das für Auswirkungen auf den Inhalt des Films gehabt haben? Beurteile.

Die Bauern wollen frei sein

Luther lehrte, alle Christen seien frei. Davon hörten auch die Bauern. War das eine Aufforderung, sich endlich aus der Unterdrückung durch die Grundherren zu befreien?

D1 **Aufständischer Bauer.** Comiczeichnung

Zehnt
Die Bauern mussten zehn Prozent ihrer Getreideernte an die Kirche als Steuer bezahlen.

Zwölf Artikel
Flugblatt mit zwölf Forderungen (Artikeln) der Bauern in Memmingen

T1 **Schwaben im März 1525:** 📖

Mit lauten Unmutsäußerungen bewegt sich eine Schar von Bauern im frühen Morgengrauen auf einen Herrenhof in der Nähe von Memmingen zu.

Ein Bauer tritt aus der Menge hervor: „Herr, wir sind gekommen, weil wir in Not sind. Eine Not, für die Ihr und Euresgleichen verantwortlich seid. Schritt für Schritt habt Ihr uns unsere alten Rechte entzogen. Wir fordern deshalb, dass Ihr die Zwölf Artikel der Schwäbischen Bauern anerkennt. Sebastian Lotzer, ein Handwerksgeselle aus Memmingen, hat sie in unserem Namen verfasst."

Grundherr: „Der Mann und die Schrift sind mir unbekannt. Was fordert der Bursche? Was fordert ihr?"

Bauernführer (zieht eine Flugschrift hervor): „Zum Ersten bitten wir darum, dass die ganze Gemeinde ihren Pfarrer selbst wählen darf. Da der Kornzehnt schon in der Bibel festgelegt wurde, wollen wir ihn gern zahlen, damit der Pfarrer seinen Unterhalt davon bezahlen kann. Aber wir sind nicht bereit, auch den neuen Viehzehnt zu bezahlen, denn den haben sich die Menschen ausgedacht."

Grundherr: „Was geht mich der Viehzehnt an? Klagt euer Leid dem Bischof!"

Bauernführer: „Ich bin noch lange nicht fertig! Martin Luther lehrt, dass Christus alle Menschen durch seinen Tod am Kreuz erlöst hat. Daraus ergibt sich, dass wir frei sind. Wenn ihr also ein wahrer Christ seid, Herr, dann entlasst uns aus der Leibeigenschaft."

Eine junge Stimme aus dem Hintergrund: „Ich will endlich selbst bestimmen, wo ich wohne und wen ich heirate!"

Grundherr: „Ihr wollt völlig frei sein und keine Obrigkeit haben? Das ist gegen das göttliche Recht!"

Bauernführer: „Wir wollen unserem Herrn gehorsam dienen, wie es die Bibel lehrt, aber die Fürsten und Herren müssen sich ebenso an das Wort Gottes halten. Es ist nicht gerecht, dass kein Untertan mehr jagen oder Fische fangen darf. Auch sollen alle Wälder an unsere Gemeinden zurückgegeben werden, die sich die Herren genommen haben ohne zu zahlen. Jeder soll sich so viel Brenn- und Bauholz daraus holen dürfen, wie er braucht. Überhaupt wollen wir uns keine weiteren Lasten und Abgaben mehr auferlegen lassen."

Grundherr: „Ihr tretet vor mich und beruft euch auf Luther und die Heilige Schrift. So geht nach Hause und kehrt unbewaffnet zurück. Erst dann will ich über die Rechtmäßigkeit eurer Forderungen entscheiden."

Gemurmel. Die Bauern blicken verunsichert umher, bis ihr Anführer noch einmal das Wort ergreift: „So soll es sein. Aber noch bevor der Abend anbricht, stehen wir wieder vor eurem Tor. Und dann wollen wir endlich Gerechtigkeit!" 📖

Schon gewusst?

Die Aufstände wurden als „**Bauernkrieg**" bekannt. Doch die Bezeichnung ist irreführend: Neben den Bauern waren nämlich auch Bergleute und städtische Bürger an den Aufständen beteiligt. Deshalb sprechen manche Historiker/Historikerinnen heute nicht mehr vom Bauernkrieg, sondern von der „Revolution von 1525".

Q1 Noch im April 1525 hatte Luther die Bauern unterstützt. Doch nachdem es immer mehr Aufstände gab, schrieb er im Mai 1525:

Drei Arten schwerer Sünden gegen Gott und die Menschen laden diese Bauern auf sich, an denen sie sich vielfach den Tod verdient haben an Leib und Seele. Zum ersten, indem sie ihrer
5 Obrigkeit geschworen haben, untertänig und gehorsam zu sein, wie es Gott gebietet (…), weil sie aber diesen Gehorsam mutwillig und mit Vermessenheit brechen (…). Zum zweiten laden sie Sünden auf sich, indem sie Aufruhr
10 anzetteln, berauben und plündern mit Mutwillen Klöster und Schlösser, die ihnen nicht gehören. (…) Zum dritten versündigen sie sich, indem sie diese schreckliche, entsetzliche Sünde mit dem Evangelium bemänteln. (…)
15 Damit verdienen sie gewiss zehnmal den Tod an Leib und Seele. (…) Darum, liebe Herren, (…) steche, schlage, würge hier, wer da kann.

D2 Verlauf und Folgen der Aufstände

1524: Bauernaufstände in Süddeutschland
1525: Aufstände auch in Thüringen, Sachsen
Februar/März 1525: Die Zwölf Artikel der Bauern (siehe T1) entstehen. Die Grundherren
5 gehen darauf nicht ein.

Frühjahr 1525: Die Grundherren schlagen die Aufstände nieder. Am 15. Mai verlieren die Bauern die letzte große Schlacht.

Folgen: Einige Herren verbesserten Lebens-
10 bedingungen der Bauern. Aber: Die meisten Untertanen mussten noch 300 Jahre auf so weitgehende Freiheiten warten.

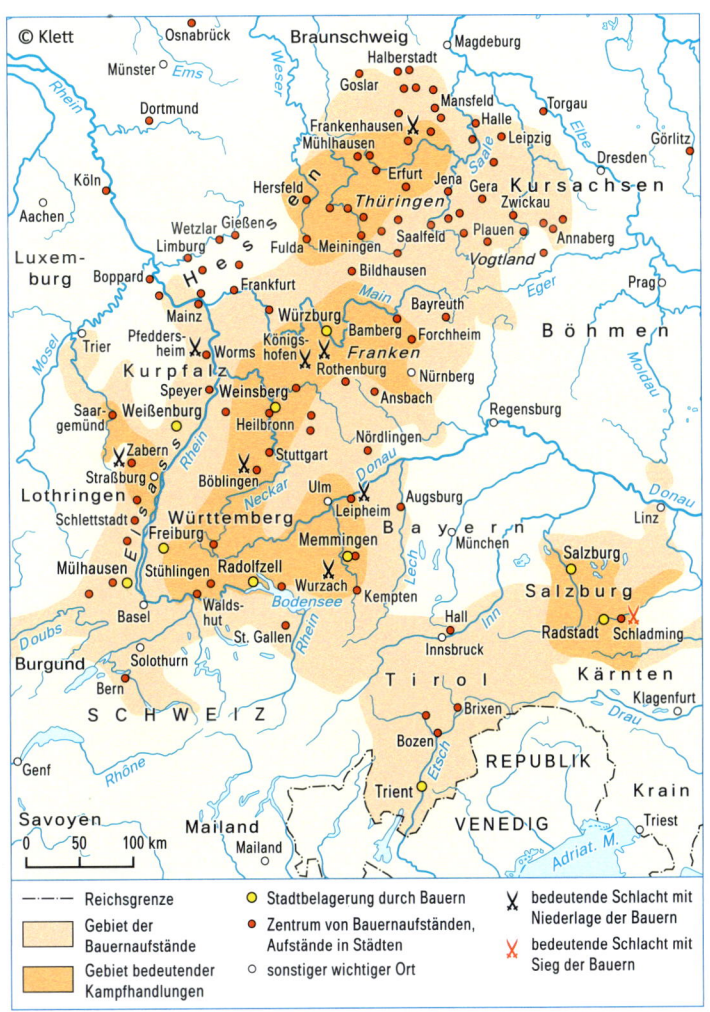

D3 Die Ausbreitung der Aufstände von 1524–1526

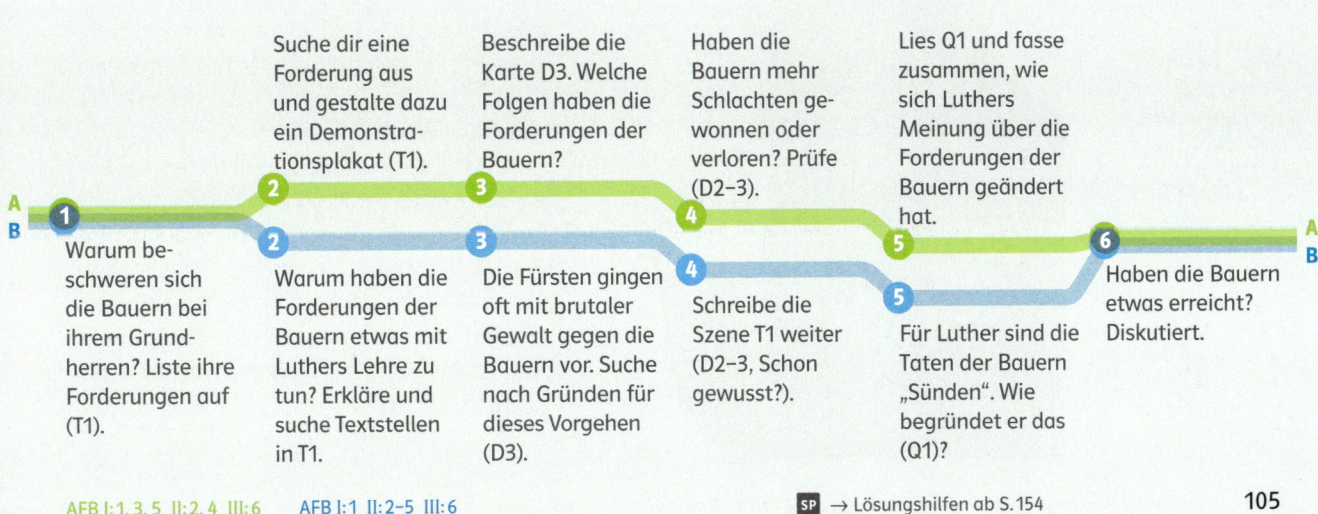

2 Suche dir eine Forderung aus und gestalte dazu ein Demonstrationsplakat (T1).

3 Beschreibe die Karte D3. Welche Folgen haben die Forderungen der Bauern?

4 Haben die Bauern mehr Schlachten gewonnen oder verloren? Prüfe (D2–3).

5 Lies Q1 und fasse zusammen, wie sich Luthers Meinung über die Forderungen der Bauern geändert hat.

1 Warum beschweren sich die Bauern bei ihrem Grundherren? Liste ihre Forderungen auf (T1).

2 Warum haben die Forderungen der Bauern etwas mit Luthers Lehre zu tun? Erkläre und suche Textstellen in T1.

3 Die Fürsten gingen oft mit brutaler Gewalt gegen die Bauern vor. Suche nach Gründen für dieses Vorgehen (D3).

4 Schreibe die Szene T1 weiter (D2–3, Schon gewusst?).

5 Für Luther sind die Taten der Bauern „Sünden". Wie begründet er das (Q1)?

6 Haben die Bauern etwas erreicht? Diskutiert.

Ein Christentum – drei Konfessionen

Katholische und evangelische Christen feierten getrennt voneinander Gottesdienst und gehörten zu verschiedenen Gemeinden. Wie sollte das Zusammenleben im Alltag weiter gestaltet werden? Und was bedeutete das politisch?

Protestanten

Auf dem Reichstag in Speyer 1529 protestierte die evangelische Minderheit gegen den Beschluss, Luthers Lehre zu verbieten. Seitdem werden die Anhänger der Reformation auch Protestanten genannt.

Konfession

bedeutet Bekenntnis. Unter den Christen gibt es unterschiedliche Bekenntnisse (z. B. römisch-katholisch, evangelisch-lutherisch oder evangelisch reformiert).

T1   Religion und Macht

Die Auseinandersetzungen um den richtigen Glauben waren auch ein Kampf um die Macht. Kaiser Karl V. wollte die Einheit der Kirche und seine damit verbundene Macht behalten. Deshalb bekämpfte er die Lehre Luthers und die evangelischen Fürsten. Den Fürsten gelang es 1526 auf dem Reichstag in Speyer, Glaubensfreiheit für ihre Gebiete durchzusetzen.

Drei Jahre später wollten die katholischen Fürsten diesen Beschluss rückgängig machen. Dagegen protestierten die evangelischen Fürsten erneut: Jeder sollte in Gewissensfragen selbst entscheiden können.

T2   Der Augsburger Religionsfriede

Für Kaiser Karl V. waren die Protestanten Irrgläubige und Rebellen, die ihre Treue gegenüber dem Kaiser gebrochen hatten. Deshalb ging er 1546/47 militärisch gegen die protestantischen Fürsten vor und besiegte sie.

Aber er konnte die Einheit der Kirche und damit auch des Reiches nicht erhalten. Die Protestanten verbündeten sich 1552 mit dem katholischen französischen König. Der verfolgte zwar die Protestanten in Frankreich, unterstützte sie aber in Deutschland, weil er den Kaiser schwächen wollte. Der nächste Kaiser, Ferdinand, musste 1555 auf dem Augsburger Reichstag einem Kompromiss zustimmen: Die Konfessionen der Protestanten und der Katholiken waren jetzt gleichberechtigt.

T3   Die Calvinisten

Ähnlich wie Luther kämpfte der Schweizer Johannes Calvin für eine Erneuerung der Kirche. 1537 setzte ihn der Rat von Genf ein, um das religiöse Leben in der Stadt zu reformieren. Calvin führte strenge religiöse Regeln ein: Alle Vergnügungen wie Kartenspiel, Tanz und Theater wurden verboten. Die Genfer Bürger mussten mehrmals in der Woche in die Kirche gehen und die Predigt hören. Jeder Schmuck wie Altäre, Kreuze oder Kerzen wurde aus den Kirchen entfernt. Nichts sollte von der Predigt und dem Abendmahl ablenken, die im Mittelpunkt des Gottesdienstes standen. Mit dieser einfachen Form des Gottesdienstes unterschieden sich die Calvinisten (Reformierten) von den evangelisch-lutherischen Christen.

T4   Calvins Lehre

Calvin wollte die Gläubigen aktiv am Leben der Gemeinde beteiligen. So bestimmte jede Gemeinde ihre Prediger, Lehrer und Kirchenältesten selbst. Die Gemeinde wählte sogar ein geistliches Gericht, das über den regelmäßigen Besuch des Gottesdienstes und den Lebenswandel der Bürger wachte und Strafen verhängte.

Q1   Johannes Calvin (1509–1564) begründete die evangelisch-reformierte Konfession. Von Genf breitete sich die reformierte Kirche in die Pfalz und die Niederlande, nach Frankreich und Schottland aus. Ausschnitt aus einem Gemälde, 1560

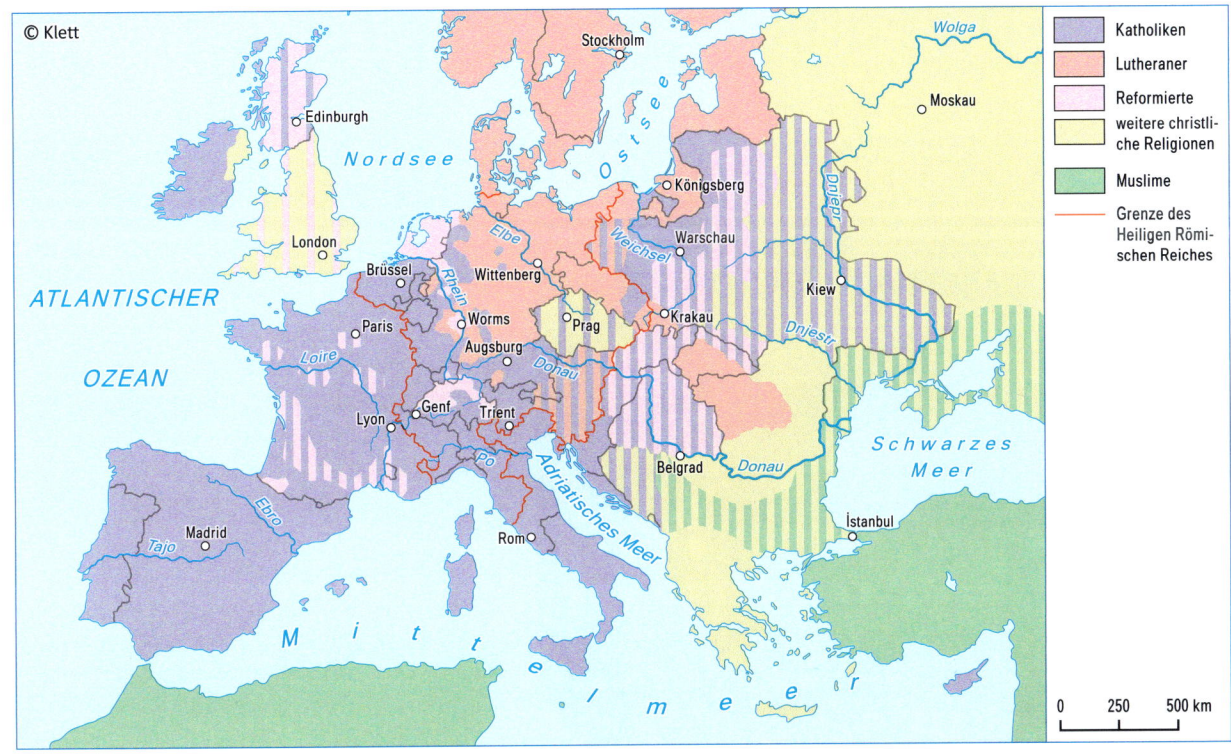

© Klett

Katholiken
Lutheraner
Reformierte
weitere christliche Religionen
Muslime
Grenze des Heiligen Römischen Reiches

D1 Europa nach der Reformation um 1560

Q2 **Die wichtigsten Bestimmungen des Augsburger Religionsfriedens von 1555:**

1. Die Landesherren können wählen, ob sie den katholischen oder evangelischen Glauben annehmen wollen. (…) Calvinisten und Täufer (Anhänger einer weiteren Reformbewegung)
5 bleiben ausgeschlossen.

2. Die Untertanen müssen den Glauben ihres Landesherren annehmen (wer herrscht, darf die Religion bestimmen). Wer widerstrebt, darf auswandern.

10 3. Die evangelischen Landesherren dürfen die Kirchengüter behalten, die sie vor 1552 eingezogen haben.

4. In den Reichsstädten, die konfessionell gemischt sind, dürfen Angehörige beider
15 Konfessionen weiterhin nebeneinander leben.

5. „Geistlicher Vorbehalt": Tritt ein geistlicher Fürst zum evangelischen Glauben über, muss er auf sein Amt verzichten.

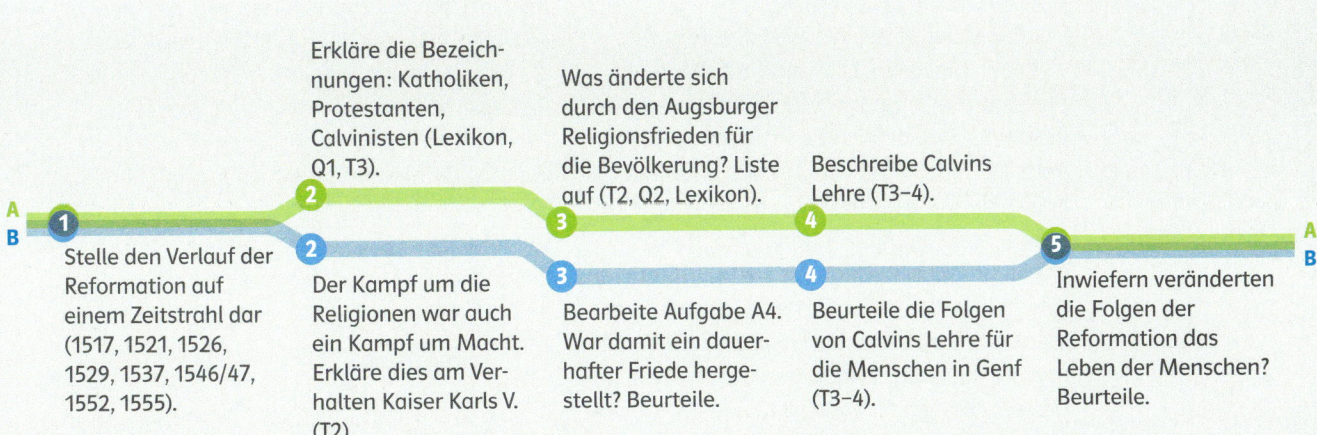

Erkläre die Bezeichnungen: Katholiken, Protestanten, Calvinisten (Lexikon, Q1, T3).

Was änderte sich durch den Augsburger Religionsfrieden für die Bevölkerung? Liste auf (T2, Q2, Lexikon).

Beschreibe Calvins Lehre (T3–4).

A
B

1

2

3

4

5

A
B

2

3

4

Stelle den Verlauf der Reformation auf einem Zeitstrahl dar (1517, 1521, 1526, 1529, 1537, 1546/47, 1552, 1555).

Der Kampf um die Religionen war auch ein Kampf um Macht. Erkläre dies am Verhalten Kaiser Karls V. (T2).

Bearbeite Aufgabe A4. War damit ein dauerhafter Friede hergestellt? Beurteile.

Beurteile die Folgen von Calvins Lehre für die Menschen in Genf (T3–4).

Inwiefern veränderten die Folgen der Reformation das Leben der Menschen? Beurteile.

Die katholische Kirche reagiert

Immer mehr Herrscher schlossen sich mit ihren Untertanen den protestantischen Kirchen an – darauf reagierte die katholische Kirche in Europa.

Q1   Konzil von Trient. Gemälde, 1769 (nach einem zeitgenössischen Original)

Landeskirche konnte ihre eigenen Entscheidungen treffen. Das Konzil bestätigte aber die katholische Vorstellung vom Papst als Stellvertreter Gottes auf Erden und den Geistlichen als Vermittlern zwischen Gott und den Gläubigen. Das Eheverbot für Priester wurde erneuert und die Messen sollten weiterhin in Latein abgehalten werden.

T2   Rückgewinnung von Gläubigen

Der Papst beschloss, aktiv gegen die Ideen der Reformation vorzugehen. Manche Historiker bezeichnen dies als „Gegenreformation". Dabei wurde der Papst von dem Jesuitenorden, der „Gesellschaft Jesu", unterstützt. Die Mönche wollten Christen für den katholischen Glauben zurückgewinnen. Dabei gingen sie strategisch vor: Sie gründeten Schulen und Universitäten und kümmerten sich besonders um die Ausbildung von Adelssöhnen. Dadurch wollten sie die Führungsschicht gewinnen, denn nach dem Augsburger Religionsfrieden bestimmten ja die Herrschenden die Konfession der Untertanen.

T3   Die Inquisition

Die katholische Kirche setzte neben Erneuerung und Bildung auf Druck und Zwang. Als Reaktion auf die Verbreitung von neuen Ideen in Wissenschaft und Kirche erneuerte sie eine Institution, die Abweichlern den Prozess machte: die Inquisition. Wer seine von der Lehre der katholischen Kirche abweichende Meinung nicht widerrief (siehe S. 78), wurde verhört und bestraft – unter Umständen gefoltert und getötet. Die Rückgewinnung und Kontrolle aller Gläubigen gelang der katholischen Kirche aber nur zum Teil.

Konzil

Versammlung von Bischöfen und hohen Geistlichen unter Leitung des Papstes. Auf einem Konzil werden Glaubensfragen beraten und entschieden.

T1   Kirchliche Erneuerung

Der Papst berief auf Wunsch des Kaisers 1545 ein Konzil ein. Er wollte auf die Protestanten zugehen, indem er Missstände beseitigte. Tatsächlich beschloss das Konzil Reformen: Der Kauf von Ämtern wurde verboten, der Ablasshandel mit Geld untersagt. Aber eine Einigung mit den Protestanten wurde unmöglich. Denn für sie war die Bibel die alleinige Grundlage ihres Glaubens, die Pfarrer sollten in der Volkssprache predigen und die einfachen Gläubigen auf Deutsch im Gottesdienst erreicht werden. Jede

Q2   **Das ehemalige Jesuitenkloster in Hadamar** (Foto: Klosterkirche). Der Herrscher bzw. Graf von Nassau-Hadamar war 1629 zum katholischen Glauben übergetreten und deshalb bemühte er sich nun um die Ansiedlung von katholischen Ordensgemeinschaften in Hadamar. Kurze Zeit später ließen sich Jesuiten in der Stadt nieder. Der Graf gab ihnen das nötige Kleingeld und Grundbesitz. So konnten die Jesuiten ein Kloster errichten und eine Lateinschule wiederbeleben, die nun als Gymnasium von Jesuiten geführt wurde. Erstaunlich ist auch, dass der Bau des Klosters in einer Zeit begonnen wurde, in der in den meisten Gebieten Westeuropas der Dreißigjährige Krieg tobte, in dem um Macht und Glauben gekämpft wurde (siehe S. 110).

Schon gewusst?

Viele Menschen verbinden mit der **Inquisition** Folter und Hinrichtungen. Doch wer sich für die Geschichte des Rechts interessiert, kann die Einführung der Inquisitionsprozesse im 16. Jahrhundert auch als Fortschritt sehen. Schließlich war vorher z.B. an einem heißen Eisen ermittelt worden, ob jemand schuldig war: Verheilte die Wunde, kam sie oder er frei. An die Stelle solcher Methoden trat nun mit der Inquisition immerhin ein geregeltes Prozessverfahren. Natürlich handelte es sich nicht um faire Prozesse, wie wir sie heute kennen. Deswegen bleibt die Inquisition aus heutiger Sicht Unrecht.

D1   **Inquisitor.** Er leitete das kirchliche Inquisitionsverfahren. Heutige Zeichnung

---

2 Liste die Beschlüsse des Konzils auf (T1).

3 Nenne Beispiele für Maßnahmen, wie die katholische Kirche der Reformation begegnete (T2–3).

4 Warum ist das Jesuitenkloster in Hadamar ein typisches Beispiel für die Gegenreformation? Erläutere (T2, Q2).

1 Warum kam es 1545 zur Einberufung eines Konzils und was war das Ziel? Arbeite heraus (Vorspann, Q1, Lexikon, ggf. Karte auf S. 107).

2 Du reist als päpstlicher Gesandter durch das Land und sollst die Ergebnisse des Konzils verkünden. Bereite deine Rede vor (T1).

3 a) Wie wollte die katholische Kirche protestantische Gläubige wiedergewinnen? Arbeite heraus (T2–3).
b) Erkläre das Vorgehen der Inquisition (T3, Schon gewusst?).

4 Nimm Stellung zur Entwicklung der Inquisition im 16. Jahrhundert (T3, Schon gewusst?).

5 Bewertet die verschiedenen Instrumente der Gegenreformation.

Kampf um eine neue Ordnung in Europa

Die religiösen und politischen Neuerungen in Europa und die Versuche, Veränderungen mit Macht durchzusetzen, führten schließlich zu einem erbitterten Krieg.

Q1 Der Prager Fenstersturz im Jahr 1618. Böhmische Adlige stürzten die kaiserlichen Beamten aus dem Fenster der Prager Burg. Die Beamten überlebten den 15 Meter tiefen Sturz – der Legende nach landeten sie auf einem Misthaufen. Der „Prager Fenstersturz" löste den Dreißigjährigen Krieg aus. Farbiger Kupferstich (Ausschnitt), 1635

T1 Vom Glaubenskrieg zum Machtkampf

Die Reformation hatte die Christen Mitteleuropas in zwei große Lager gespalten: Katholiken und Protestanten. Im Laufe der Jahre spitzten sich die Konflikte immer mehr zu. So widersetzten sich im Jahr 1618 protestantische Adlige in Böhmen dem Kaiser (Q1). Dieser hatte versucht, in seinen Landen Rechte, die den Protestanten zugestanden worden waren, wieder zurückzunehmen. Ein Krieg brach aus, der 30 Jahre dauerte und Millionen Opfer forderte. Zuerst bekämpften die katholischen Fürsten gemeinsam mit dem Kaiser die protestantischen Fürsten. Dann traten Dänemark (1625) und Schweden (1630) auf der Seite ihrer protestantischen Glaubensgenossen in den Krieg ein. 1635 schlug sich sogar das katholische Frankreich auf die Seite der Protestanten. Aus dem Glaubenskrieg war ein Kampf um die Vormacht in Europa geworden.

T2 Der Westfälische Frieden

Als die Gegner erkannten, dass es in diesem Krieg keinen Sieger geben konnte, begannen sie in Münster und Osnabrück zu verhandeln. Im Westfälischen Frieden von 1648 wurde der Augsburger Religionsfrieden bestätigt. Die Untertanen mussten jetzt aber nicht mehr die Konfession ihrer Fürsten annehmen. Dies war ein wichtiger Schritt in Richtung Glaubensfreiheit. In Mitteleuropa zerfiel das „Heilige Römische Reich" endgültig in 370 Territorialstaaten: Die deutschen Fürsten erweiterten ihre Eigenständigkeit (eigene Gesetzgebung, Rechtsprechung, Steuerhoheit). Sie durften mit fremden Staaten Verträge schließen, solange diese nicht gegen Kaiser und Reich gerichtet waren. Ihre Stärke schwächte die Stellung des Kaisers.

⊕ 2uc5ix Erklärfilm: Schaubild erstellen

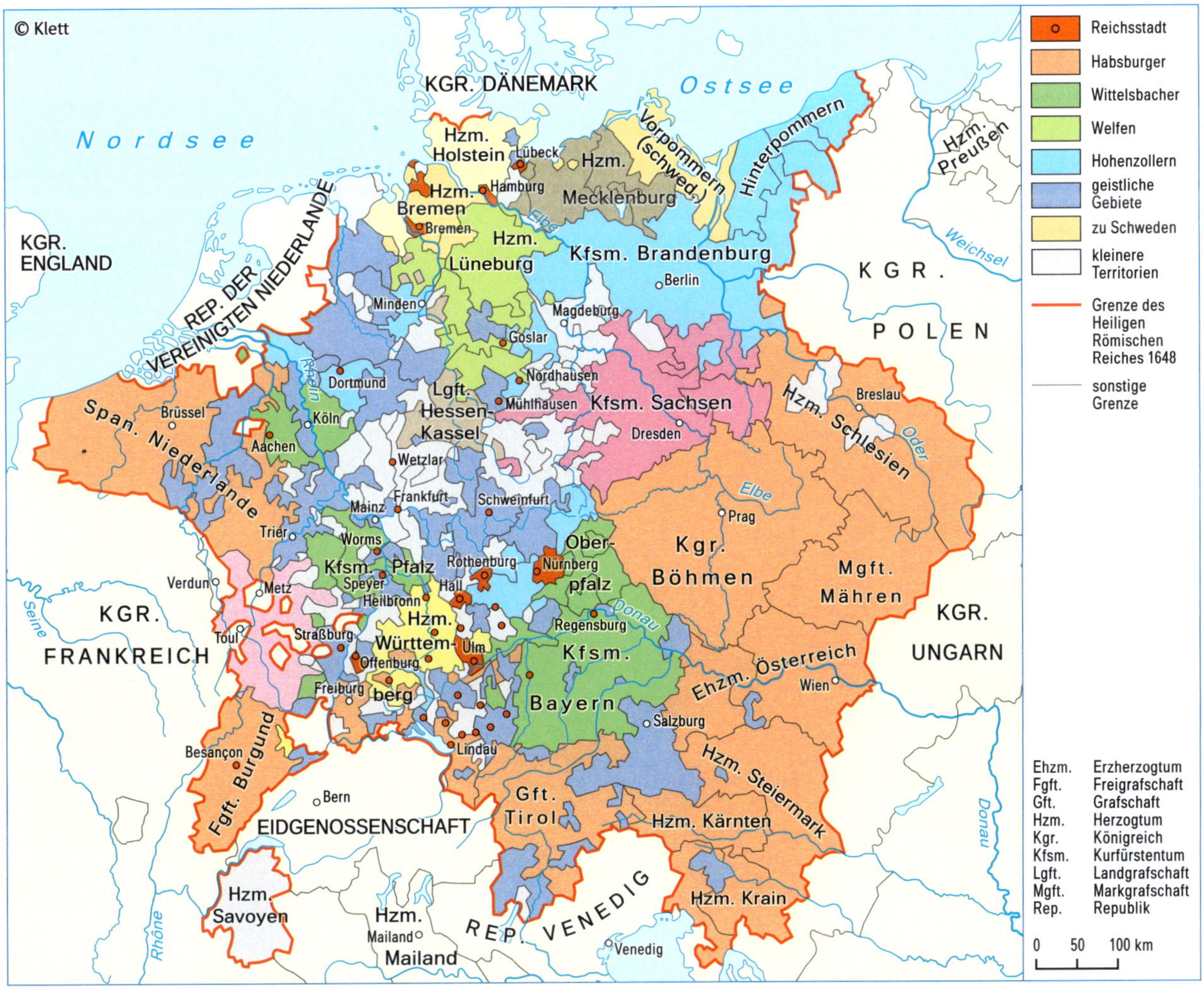

© Klett

KGR. DÄNEMARK   *O s t s e e*

N o r d s e e

Hzm. Holstein — Lübeck
Hamburg
Hzm. Bremen — Bremen
Vorpommern (schwed.)
Hzm. Mecklenburg
Hinterpommern
Hzm. Preußen

KGR. ENGLAND

REP. DER VEREINIGTEN NIEDERLANDE

Hzm. Lüneburg
Kfsm. Brandenburg
Berlin
Minden
Magdeburg
Goslar

K G R. P O L E N

Weichsel

Span. Niederlande
Brüssel
Dortmund
Köln
Aachen
Lgft. Hessen-Kassel
Nordhausen
Mühlhausen
Kfsm. Sachsen
Dresden
Hzm. Schlesien
Breslau
Oder

Wetzlar
Mainz
Frankfurt
Schweinfurt
Prag

Trier
Worms
Kfsm. Pfalz
Röthenburg
Oberpfalz
Nürnberg
Kgr. Böhmen
Mgft. Mähren

Verdun
Metz
Speyer
Heilbronn
Hall
Hzm. Württemberg
Regensburg
Kfsm. Bayern
Ehzm. Österreich
Wien

KGR. FRANKREICH

Toul
Straßburg
Offenburg
Freiburg
Ulm
Lindau
Salzburg

Besançon
Bern
Fgft. Burgund
EIDGENOSSENSCHAFT
Gft. Tirol
Hzm. Steiermark
Hzm. Kärnten

K G R. U N G A R N

Elbe
Donau

Hzm. Savoyen
Mailand
Mailand
REP. VENEDIG
Hzm. Krain
Venedig

Rhône
Seine
Rhein
Donau

Legende:
- ○ Reichsstadt
- Habsburger
- Wittelsbacher
- Welfen
- Hohenzollern
- geistliche Gebiete
- zu Schweden
- kleinere Territorien
- Grenze des Heiligen Römischen Reiches 1648
- sonstige Grenze

Ehzm. Erzherzogtum
Fgft.   Freigrafschaft
Gft.   Grafschaft
Hzm.   Herzogtum
Kgr.   Königreich
Kfsm. Kurfürstentum
Lgft.   Landgrafschaft
Mgft. Markgrafschaft
Rep.   Republik

0   50   100 km

D1   Das „Heilige Römische Reich Deutscher Nation" nach 1648

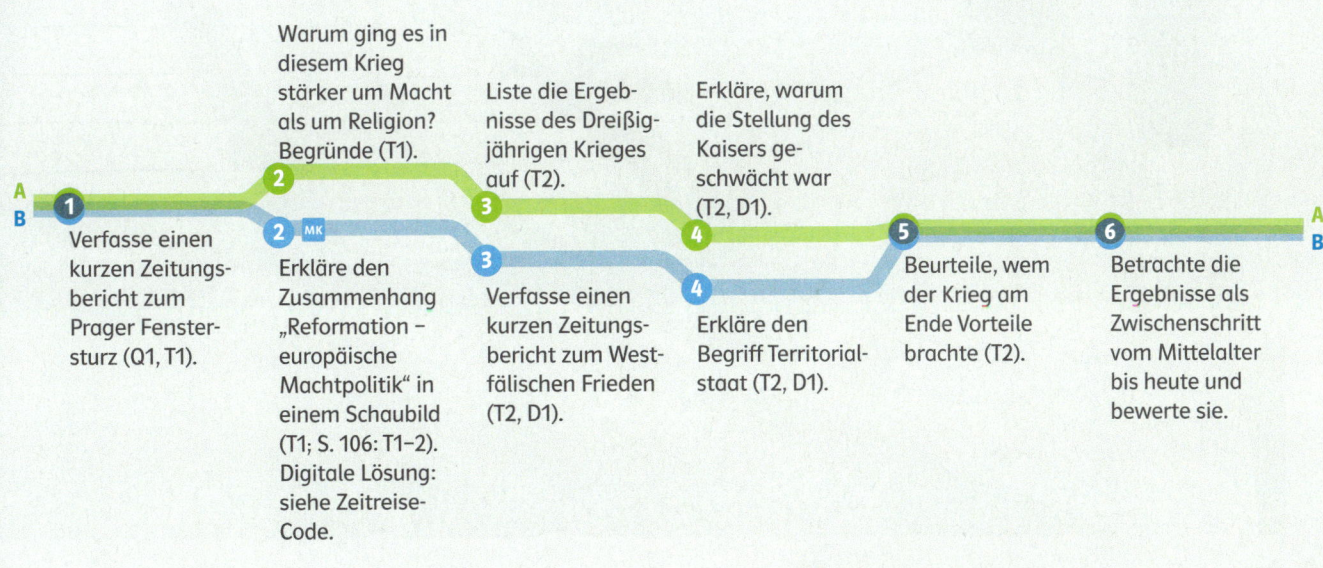

A / B

1 Verfasse einen kurzen Zeitungsbericht zum Prager Fenstersturz (Q1, T1).

2 Warum ging es in diesem Krieg stärker um Macht als um Religion? Begründe (T1).

2 MK Erkläre den Zusammenhang „Reformation – europäische Machtpolitik" in einem Schaubild (T1; S. 106: T1–2). Digitale Lösung: siehe Zeitreise-Code.

3 Liste die Ergebnisse des Dreißigjährigen Krieges auf (T2).

3 Verfasse einen kurzen Zeitungsbericht zum Westfälischen Frieden (T2, D1).

4 Erkläre, warum die Stellung des Kaisers geschwächt war (T2, D1).

4 Erkläre den Begriff Territorialstaat (T2, D1).

5 Beurteile, wem der Krieg am Ende Vorteile brachte (T2).

6 Betrachte die Ergebnisse als Zwischenschritt vom Mittelalter bis heute und bewerte sie.

A / B

Eine neue Sicht

Erkenntnisse | Entdeckungen | Hochkul[

🌐 **2uc5ix** Arbeitsblatt und Üben interaktiv

Kolonialisierung · Reformation · Bauernkriege & 30-jähriger Krieg

🧩 Ich weiß, wie sich die Kenntnisse und Sichtweisen der Europäer bis 1500 veränderten.

🧩 Ich kenne Beispiele für die kulturellen Leistungen der indigenen Völker.

🧭 Ich kann in einer strukturierten Kontroverse gegensätzliche Ansichten zur Kolonialisierung und deren historischer Entwicklung bis heute diskutieren.

⚖️ Ich kann die Entdeckungen außereuropäischer Kontinente aus der Sicht der Eroberer und der indigenen Bevölkerung bewerten.

🧩 Ich kann die Ursachen, den Verlauf und die Folgen der Reformation erläutern.

⚖️ Ich kann die Folgen der Reformation bewerten.

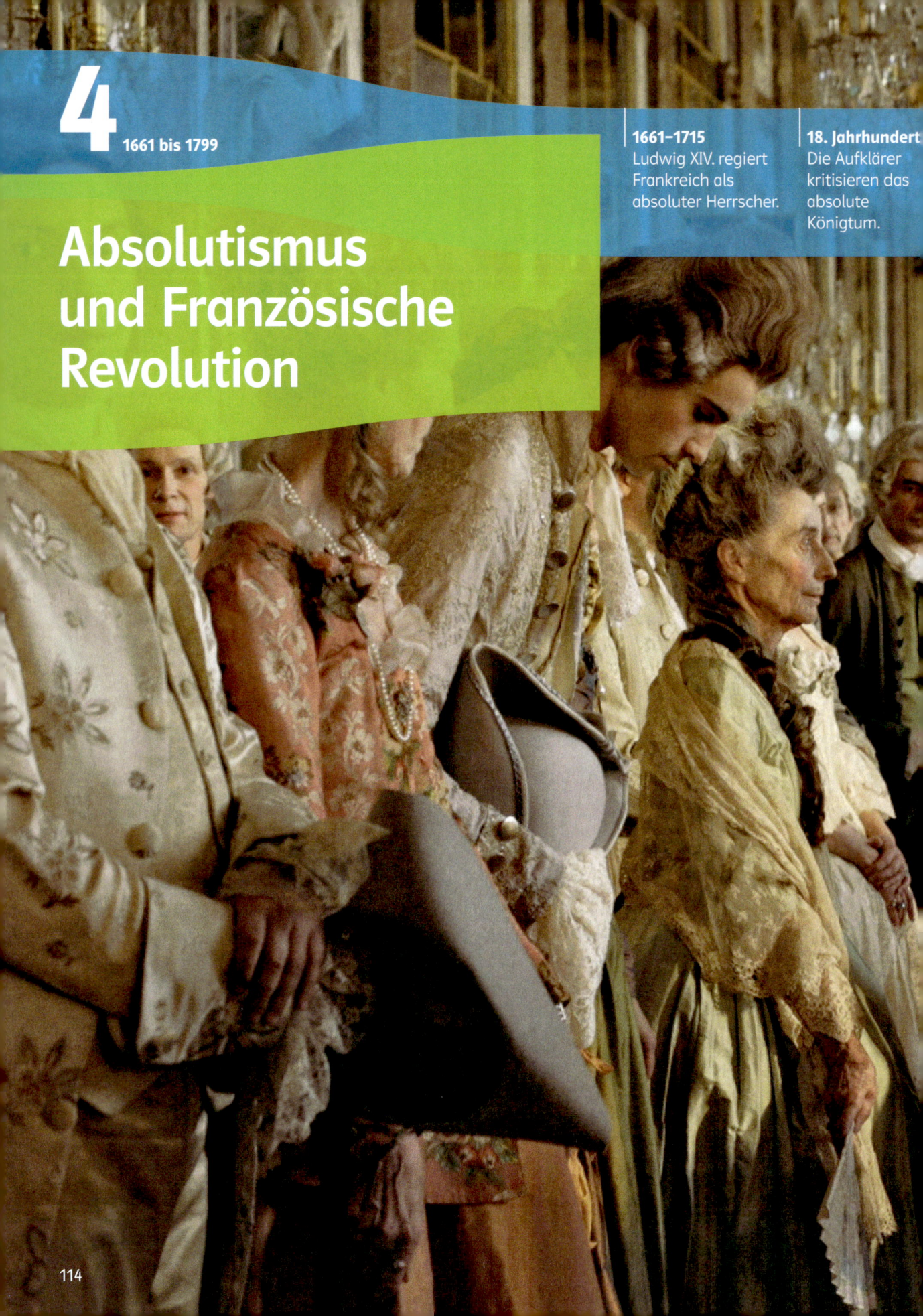

Absolutismus und Französische Revolution

1661–1715
Ludwig XIV. regiert Frankreich als absoluter Herrscher.

18. Jahrhundert
Die Aufklärer kritisieren das absolute Königtum.

14. Juli 1789
In Paris stürmen Bürger eine Festung des Königs.

26. August 1789
In Frankreich werden die Menschen- und Bürgerrechte verkündet.

1792
Frankreich wird Republik.

1793
Der König wird öffentlich hingerichtet.

1799
Napoleon Bonaparte erklärt die Revolution für beendet.

?

Stelle Vermutungen darüber an, wer die Personen links und rechts sein könnten.

Warum bekommt die Frau im grünen Kleid so großen Respekt?

Wen könnte sie anschauen, auf wen könnte sie zugehen?

Überlege dir eine Frage, die du ihr gerne stellen würdest.

Die Filmszene spielt in einem berühmten Schloss. Finde es im Buch.

Absolutismus und Französische Revolution

Im Schloss von Versailles (sprich: Werssai) lernst du das prächtige Leben am Hofe des Königs kennen. Du erfährst aber auch, mit welchen Mitteln der Sonnenkönig über sein Land herrschte und warum viele Menschen diese Form der Herrschaft ablehnten. 100 Jahre später stürzte eine Revolution Adel und König und machte Frankreich zur Republik. Doch auch diese verschwand und machte einer neuen Monarchie Platz.

Schau dir die Bilder dieser Seite an. Formuliere zu jedem eine Forschungsfrage. Entscheide dich dann für Weg A oder B.

A
B

1

2 Mit welchen Mitteln herrschte ein absoluter König über sein Land? (S. 118–127)

3 Was war die Aufklärung? (S. 128/129)

4 Was versteht man unter der Gewaltenteilung einer Verfassung? (S. 128/129)

absolute Herrschaft

Aufklärung

Verfassung

2 „Der Staat, das bin ich!", behauptete ein absoluter König. Erkläre, wie diese Aussage zu verstehen ist. (S. 118–127)

3 Wodurch wollten die Aufklärer im 18. Jahrhundert das Denken der Menschen verändern? (S. 128/129)

4 Was versteht man unter der Gewaltenteilung einer Verfassung? Wogegen bietet die Gewaltenteilung Schutz? (S. 128/129)

Das kannst du außerdem machen:

Material findest du auf den folgenden Seiten, du kannst aber auch in der Bücherei und im Internet suchen. **MK**

Was machte die Bürgerinnen und Bürger Frankreichs 1789 so zornig? Wieso kam es zum Sturm auf die Bastille und zur Erklärung der Menschenrechte? (S. 134, S. 140/141)

Was geschah in Frankreich während der Terrorherrschaft? (S. 146/147)

Wie sah die Karriere Napoleons aus? (S. 148/149)

5   **6**   **7**

Revolution

Terror

Kaiserreich Frankreich

Erstelle ein Portfolio. Trage deine Ergebnisse in einer Arbeitsmappe zusammen. Ist noch eine deiner Forschungsfragen offen? Dann beantworte sie.

8   A   B

5   **6**   **7**

Der Sturm auf die Bastille am 14. Juli 1789 wird in Frankreich mit einem Nationalfeiertag gefeiert. Warum ist das Ereignis bis heute so wichtig? (S. 134–145, 150/151)

Was führte zur Terrorherrschaft und wie veränderte sie die Revolution? (S. 146/147)

Wie begünstigte die Revolution die Karriere Napoleons und welche Folgen hatte sein Machtstreben für die Revolution? (S. 148/149)

> ... *die Mode aus der Zeit Ludwigs XIV. oder Ludwigs XVI. auf einem Plakat zeigen (und passende Musik dazu abspielen),*
>
> ... *das Schloss von Versailles zeichnen,*
>
> ... *über das Leben Ludwigs XVI. und seiner Frau Marie Antoinette berichten,*
>
> ... *im Internet Karikaturen zur Französischen Revolution suchen und der Klasse vorstellen,*
>
> ... *Napoleons Karriere in Bildern darstellen.*

Der König regiert allein

Man nennt ihn den Sonnenkönig, und von sich selbst soll er gesagt haben: „Der Staat – das bin ich!" Sein Hof in Versailles zog Adlige aus ganz Europa an. Sie bewunderten den Glanz des Hofes und wollten so herrschen wie Ludwig.

Q1 Diese Schaumünze ließ Ludwig XIV. nach seiner Regierungsübernahme prägen. Die freie Übersetzung der Umschrift lautet: „Alles andere überragend". Überall in Versailles ließ er das Symbol der Sonne als Zeichen seiner Herrschaft anbringen.

absoluter König herrscht im Staat mit uneingeschränkter Macht

Gottesgnadentum Wie Ludwig XIV. glaubten viele Könige von sich, sie seien Herrscher „von Gottes Gnaden". Auch die Kirche lehrte, alle Gewalt auf Erden komme nur von Gott.

T1 Ein absoluter Herrscher

Im Jahr 1661 änderte sich in Frankreich einiges: Der junge König Ludwig XIV. wollte von nun an alleine regieren. Er misstraute den hohen Adligen und sogar seinen eigenen Ministern, daher empfing er sie meistens einzeln. Sie durften ihm berichten und Ratschläge erteilen, dann ordnete der König an, was sie zu tun hatten. Ludwig nahm sich auch das Recht, Steuern zu erhöhen, Gesetze zu erlassen, die Entscheidungen der Gerichte zu beeinflussen sowie über Krieg und Frieden zu entscheiden. Er sah sich als Herrscher von Gottes Gnaden, der seine Entscheidungen nur vor Gott – und sonst vor niemandem – rechtfertigen müsse. Die übrigen 20 Millionen Franzosen hatten als Untertanen zu gehorchen.

T2 Die Hofgesellschaft

Seit 1662 ließ Ludwig XIV. westlich von Paris das Schloss Versailles bauen. Es war größer und prächtiger als alle anderen Schlösser. Mit aufwendigen Festen, Theater, Musik, Jagden, Feuerwerken und anderen Vergnügungen lockte der König die Adligen Frankreichs an seinen Hof. Wer in der Hofgesellschaft etwas gelten wollte, trug feine Kleider und fuhr in der eigenen Kutsche vor. Das Leben in Versailles kostete oft mehr, als ein kleiner Adliger aus seinen Landgütern erwirtschaftete. Dann machte er Schulden. Oft bezahlte Ludwig XIV. die Schulden seiner Adligen aus der königlichen Kasse. Dann mussten sie ihm ein Leben lang dankbar sein.

T3 Lauter kleine Sonnenkönige

Die Herrscher in den deutschen Kleinstaaten wetteiferten nun darum, ihre Schlösser nach französischem Vorbild auszubauen. Man kleidete sich nach der neuesten französischen Mode und übernahm viele französische Wörter in die deutsche Sprache. Auch die deutschen Fürsten herrschten in ihren Staaten absolut.

Q2 Reise Ludwigs XIV. mit seiner Frau Maria Theresa und dem Hofstaat durch Frankreich im Jahre 1667. Gemälde (Ausschnitt) von Adam Frans van der Meulen, 1685

Q3 Über das tägliche Aufstehen des Königs berichtet der Herzog von Saint-Simon in seinen „Erinnerungen", die er zwischen 1740 und 1745 aufschrieb:

Um acht Uhr früh (…) weckte der erste Kammerdiener den König (…). Der König nahm Weihwasser und sprach ein Gebet. Inzwischen waren die Prinzen und danach
5 einige Vertreter des höchsten Adels eingetreten. (…) Es kamen die vier Minister, die Vorleser, Apotheker, Ärzte, die Silberbewahrer, einige Offiziere und Kammerdiener. Nachdem der König eine kleine Perücke aufgesetzt hatte
10 (…), erschienen die Kammerherren, die ihrem Herrn die Namen der bedeutenderen Persönlichkeiten ins Ohr flüsterten, und sofort traten die anwesenden Kirchenfürsten und Kardinäle, Gesandten, Marschälle und andere
15 Großwürdenträger ein, denen (…) der breite Schwarm der Höflinge folgte. Der König zog sein Nachthemd aus, übergab die Reliquien, die er während der Nacht auf bloßem Leibe trug, dem ersten Kammerdiener und ver
20 langte sein Taghemd. Das war der Höhepunkt der ganzen Zeremonie: Das Recht, dem König das Hemd zu reichen, stand dem Bruder des Königs zu, wenn dieser abwesend war, den Söhnen und Enkeln des Königs. (…) Wenn der
25 König angezogen war, betrat er das anliegende Gemach. Dort hielt er mit den Ministern Rat. Dabei verkündete er das Programm des Tages, das auf die Minute eingehalten wurde.

Q4 **Maskenball im Hoftheater zu Bonn unter Kurfürst Clemens August von Köln im Jahre 1754.** Gemälde von Franz Rousseau, 1754, Brühl, Schloss Augustusburg

Schon gewusst?

Clemens August (1700–1761) war von 1723 bis 1761 Erzbischof und Kurfürst von Köln. Als reichster Kirchenfürst des Reiches **besaß er viele Schlösser**:

- das Kurfürstliche Schloss in Bonn als Residenz der Kölner Kurfürsten (heute: Universität mit Bonner Hofgarten),

- das Poppelsdorfer Schloss in Bonn,

- das Sommerschloss Augustusburg bei Brühl,

- das Jagdschloss Falkenlust bei Brühl.

---

2 Nenne die Rechte, die Ludwig XIV. für sich beansprucht (T1).

3 Arbeitet in Gruppen. Beschreibt das Leben am Hof Ludwigs XIV. in Versailles (T2, Q3).

5 EXTRA
Vergleiche zusammen mit deinem Tischnachbarn das Hofleben des Kölner Erzbischofs und Kurfürsten Clemens August mit dem von Ludwig XIV. (T3, Q4, Schon gewusst?).

1 Beschreibe mit deinem Nachbarn das Gemälde Q2.
a) Wo ist der König zu sehen, wo die Königin?
b) Unterscheidet verschiedene Gruppen nach der Kleidung.

2 „Der Staat – das bin ich!" Erkläre diesen Satz (Vorspann, T1, Lexikon).

3 Arbeitet in Gruppen. Erklärt aus T2, Q1 und Q3, warum man Ludwig XIV. auch als Sonnenkönig bezeichnet.

4 Diskutiert darüber, ob ihr euch einen Herrscher wie Ludwig XIV. heute als Staatsoberhaupt vorstellen könntet. Schreibt eure Argumente vorher auf.

Die Welt von Versailles

Q1 Park und Schloss von Versailles heute (Luftaufnahme). Das Schloss besaß mehr als 2 000 Räume. Die Prachträume waren mit Marmor, Seidentapeten, Wandteppichen, vergoldeten Möbeln und Gemälden ausgestattet. Auf der Rückseite des Schlosses hatte der Gartenbaumeister einen riesigen Park mit Alleen, Labyrinthen und Blumenbeeten anlegen lassen. In mehr als 1000 Springbrunnen plätscherte Wasser. Bäume und Büsche waren zu Pyramiden, Kugeln und Säulen geformt oder wie Menschen oder Tiere beschnitten. ① Vorstadt (für Perückenmacher, Friseure, Schneider, …), ② Pferdeställe, Kutschen, ③ Flügel der Minister, ④ königlicher Hof, ⑤ Marmorhof/Ehrenhof, ⑥ Schlafzimmer des Königs, ⑦ Kabinett des Königs, ⑧ Spiegelgalerie, ⑨ Nordflügel, ⑩ Südflügel, ⑪ Wasserbassin

Q2 Schloss Biebrich (Luftaufnahme) liegt am Rheinufer von Wiesbaden. Fürst Georg August ließ das Schloss ab 1701 zu seinem Lustschloss „Versailles am Rhein" ausbauen. Den Hof von Versailles hatte er während seines Studiums in Paris kennengelernt. Die Parkanlage hinter dem Schloss wurde zunächst als französischer Garten mit regelmäßigem Wegemuster angelegt. Im 19. Jahrhundert wurde der Garten zu einem englischen Landschaftspark umgestaltet. Foto, 2005

1 Beschreibe Q1. a) Zeigt das Foto Vorder- oder Rückseite des Schlosses? b) Durch welche beiden Höfe betrat ein Besucher das Schloss? c) Lege einen Bleistift durch die Mitte von Schloss und Park. Was fällt dir auf?

2 Zeichne einen Grundriss der Schlossanlage und trage die Begriffe aus Q1 ein.

2 Zeichne einen Grundriss der Schlossanlage Q1, markiere das Schlafzimmer des Königs farbig und begründe, weshalb der König gerade diese Stelle ausgewählt haben könnte.

3 „Erst wenn man Versailles besucht hat, weiß man, wie sich ein absoluter König gefühlt hat." Diskutiert die Aussage.

4 Erläutere die Anlage des Schlosses Biebrich (Q2).

4 Vergleiche das Schloss Biebrich (Q2) mit dem Schloss von Versailles (Q1).

5 MK Recherchiere zum Schloss Biebrich (Q2). Fertige ein Plakat an und stelle es in der Klasse vor.

MK

Ein Bild deuten

T1   Ein König will Eindruck machen

Als Ludwig XIV. 63 Jahre alt war, ließ er seinen Hofmaler Rigaud zu sich kommen. Ludwig beauftragte ihn mit einem Porträt-bild, das ihn selbst in voller Größe zeigen sollte. Der König wollte mit dem Gemälde Eindruck machen, denn es war als Geschenk für den spanischen Königshof bestimmt. Dort lebte seit einiger Zeit Ludwigs 17-jähriger Enkel Philipp, der zum König von Spanien gekrönt werden sollte. Als Rigaud das fertige Bild ablieferte, gefiel es Ludwig so gut, dass er es für sich behielt und im Schloss von Versailles aufhängen ließ. Für den spanischen Hof in Madrid ließ er eine Kopie des Porträts anfertigen.

Q1   Porträt König Ludwigs XIV.
aus der Werkstatt des Hofmalers Hyacinthe Rigaud, 1701. Das Bild ist 2,77 Meter hoch und 1,94 Meter breit. Der größte Teil des Bildes wurde von den Assistenten des Hofmalers ausgemalt. Rigaud hat aber den Kopf des Königs selbst gemalt. Er wurde nachträglich auf der Leinwand befestigt.

D1 **Was der Maler Rigaud wusste:**

– Frankreichs Könige trugen bei ihrer Krönung als Herrschaftszeichen einen Mantel: innen aus Hermelinpelz, außen aus Brokatstoff.
– Weiß und Blau waren die Farben der Bourbonen (Herrschergeschlecht Ludwigs XIV.).
– Die Lilie war das Symbol der Bourbonen.
– Der „Orden des Heiligen Geistes" war der höchste Orden Frankreichs.

Rigaud, sorge Er dafür, dass alles würdig aussieht. Verwende Er vornehme Farben. Stelle Er mich so dar, dass jeder in Ehrfurcht vor meinem Gemälde erstarrt. Und denke Er daran, dass keines meiner Herrschaftszeichen fehlt!

Majestät werden zufrieden sein, ich werde viel Blau, Purpurrot und Gold verwenden. Ich werde Euer Majestät so groß und würdig erscheinen lassen, dass sich vor Euer Majestät Bild jeder klein vorkommt.

Ich muss unbedingt an den Thron denken, an das Zepter ... Die Schuhe und die Perücke sind sehr wirkungsvoll ... Doch wie schaffe ich es, dass der König würdevoll, aber nicht steif erscheint?

D2 **Der König und sein Maler** haben sich genau überlegt, was alles auf dem Bild zu sehen sein sollte.

Ein Bild deuten

Beschreiben

1 Beschreibe deinen ersten Eindruck in ein oder zwei Sätzen.

2 Welche Einzelheiten fallen dir besonders auf?

3 Wer oder was steht im Mittelpunkt?

Untersuchen

4 Finde heraus, welche Aussagen die Bildlegende zu Thema, Personen, Zeit und Maler macht.

5 Beschreibe den Aufbau des Bildes:
   – Was oder wer steht im Vordergrund?
   – Wie sind Personen oder Dinge angeordnet?
   – Fallen Personen durch eine besondere Blickrichtung oder Haltung auf?

6 Wie werden Farben, Licht und Schatten eingesetzt?

Deuten

7 Zu welchem Zweck wurde das Bild gemalt? Wer war der Auftraggeber?

8 Ordne das Bild in die Zeit ein und beurteile, wie es wohl auf den Betrachter damals gewirkt hat.

A
B

1 Bearbeite mit deinem Nachbarn Q1.
a) Was fällt dir besonders auf? Was gefällt dir, was nicht?
b) Tauscht eure Notizen aus und diskutiert sie.

2 Bearbeitet in Gruppen das Bild Q1 nach den Arbeitsschritten 3–7.

2 Bearbeitet in Gruppen das Bild Q1 nach den Arbeitsschritten 3–8. Nennt einen Gegenstand, den ihr für wichtig haltet. Begründet eure Wahl.

3 Bevor der Maler mit der Arbeit beginnt, schreibt er einen Merkzettel. Liste auf, was ihm wichtig erscheint (Q1, D1–2).

3 Bearbeite Aufgabe A3. Lege dann dazu eine Mindmap an (Q1, D1–2).

4 Diskutiert in der Klasse: „Der Maler hat den Auftrag seines Königs gut/ nicht gut ausgeführt."

5 Die Bundeskanzlerin oder der Bundeskanzler lassen sich porträtieren. Welche Haltung nehmen sie ein? Welche Dinge sollen mit aufs Bild kommen? Begründe.

A
B

Der bürokratische Staat entsteht

Ludwig XIV. ließ seine Minister fast täglich kommen, las die Berichte der Verwalter aus den Provinzen, änderte Gerichtsurteile ab und verhandelte persönlich mit ausländischen Gesandten. Der König kontrollierte fast alles!

Etat

Das Wort bedeutet im Französischen Staat, aber auch Staatshaushalt. Im Haushaltsbuch des Staates werden die Einnahmen (z.B. Steuern und Zölle) den Ausgaben gegenübergestellt. Zu den Ausgaben gehören auch die Zinsen und Tilgungen für die Schulden des Staates.

T1   Der König und seine Minister

Ludwig XIV. führte ein luxuriöses Leben. Aber er kümmerte sich auch gewissenhaft um die Regierung des Landes. An allen Werktagen beriet er sich mit seinen engsten Mitarbeitern. Das waren seine Minister. Jeder Minister trug die Verantwortung für einen wichtigen Bereich des Staates. Der eine war für die Außenpolitik zuständig, ein anderer für die Justiz, wieder ein anderer für den Krieg. Der Finanzminister war am wichtigsten. Er musste dafür sorgen, dass nicht mehr Geld ausgegeben als eingenommen wurde. Dazu stellte er einen Haushaltsplan auf, einen „Etat".

Der König bevorzugte Minister aus dem Bürgertum, denn er hielt Bürgerliche für fleißiger und fähiger als die meisten Adligen. Außerdem waren sie gehorsamer.

Q1   Soldaten eines französischen Wachregiments während der Regierungszeit Ludwigs XIV.

T2   Intendanten verwalten die Provinzen

Ludwig XIV. wollte, dass seine Anordnungen und Gesetze überall in Frankreich genau befolgt würden. Er setzte dazu in den Provinzen hohe königliche Beamte ein. Diese hießen Intendanten und sollten für Ordnung sorgen, die Rechtsprechung und die Verwaltung kontrollieren und für die Armee Soldaten beschaffen. Vor allem aber mussten sie dem König über alles berichten.

T3   Eine Bürokratie entsteht

Die Intendanten beschäftigten ein Heer von einfachen Beamten: Diese trieben Steuern ein, erhoben Zölle oder überwachten als Polizisten das Land bis ins kleinste Dorf hinein. Der König gab ihnen eine lebenslange Anstellung, ein festes Gehalt und entschied über Beförderungen. Dafür erwartete er Leistung und Treue. Seit dieser Zeit werden Beamte auch „Staatsdiener" genannt. Auch das Wort „Bürokratie" für die staatliche Verwaltung hat sich bis heute erhalten. Alle Staaten haben heute eine Bürokratie. So gesehen war das Frankreich Ludwigs XIV. der erste moderne Staat.

T4   Das „stehende Heer"

Den Krieg hielt Ludwig für ein normales Mittel der Politik. Daher brauchte er ein gut ausgebildetes Heer, das er jederzeit einsetzen konnte. Das war etwas Neues, denn bisher warb man Soldaten erst dann an, wenn man sie für einen Krieg brauchte. Der Kriegsminister ließ Kasernen bauen, sorgte für Vorräte an Waffen und Munition und gab den Soldaten einheitliche Uniformen. Die Söhne der Adligen konnten Offiziere werden, sie mussten aber erst eine Militärschule besuchen und Prüfungen ablegen.

Q2 In der Ernennungsurkunde eines Intendanten von 1687 heißt es:

Ihr habt an den Versammlungen der Städte und Gemeinden teilzunehmen, an allen Sitzungen der königlichen Gerichte der Provinz teilzunehmen und (…) zu untersuchen, ob
5 unsere Beamten ihre Pflicht in der Ausübung und Verrichtung ihres Amtes erfüllen; die Klagen unserer Untertanen anzuhören (…) über alle Unruhen und geheimen Umtriebe zu berichten (…). Ihr sollt Sorge tragen (…)
10 bezüglich der Festsetzung, Erhebung und Eintreibung aller öffentlichen Steuern.

	Soldaten
1664	45 000
1672	120 000
1688	290 000
1703	400 000
	Kriegsschiffe
1661	ca. 30
1672	ca. 200

D1 **Die Stärke des französischen Heeres und der Kriegsflotte** während der Regierungszeit Ludwigs XIV.

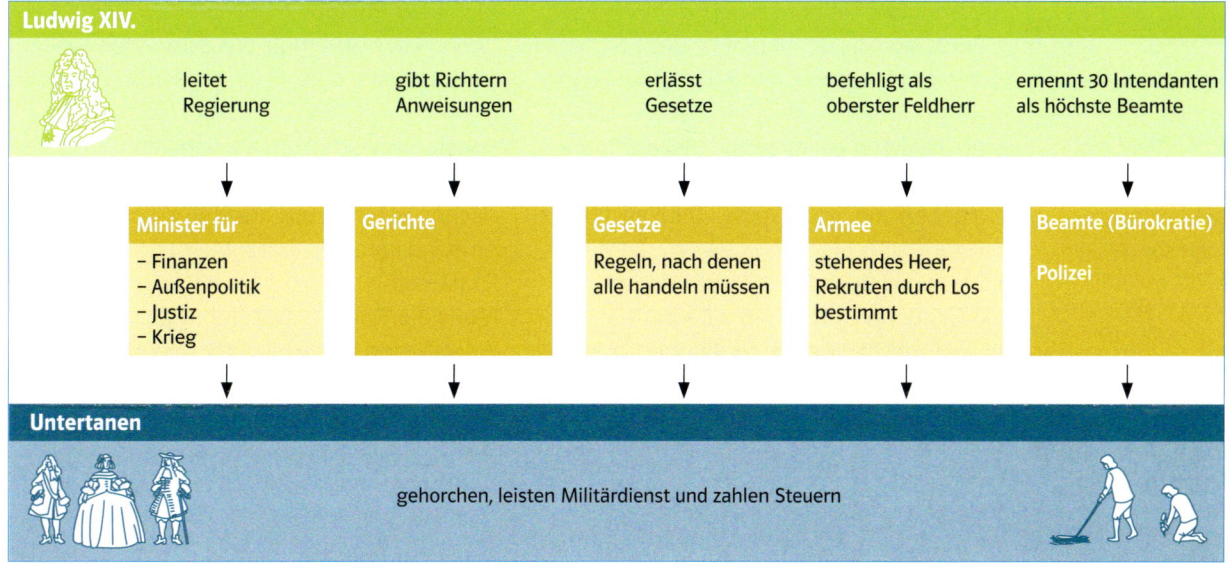

D2 Wie der König Staat und Bürger kontrollierte

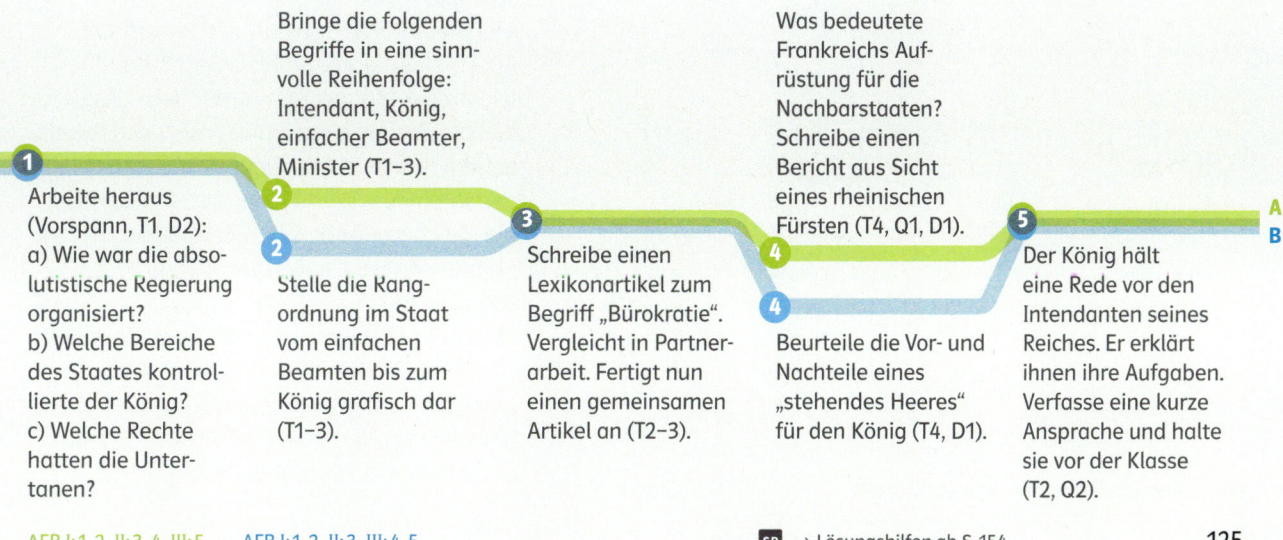

1

A
B

Arbeite heraus (Vorspann, T1, D2):
a) Wie war die absolutistische Regierung organisiert?
b) Welche Bereiche des Staates kontrollierte der König?
c) Welche Rechte hatten die Untertanen?

2 Bringe die folgenden Begriffe in eine sinnvolle Reihenfolge: Intendant, König, einfacher Beamter, Minister (T1–3).

2 Stelle die Rangordnung im Staat vom einfachen Beamten bis zum König grafisch dar (T1–3).

3 Schreibe einen Lexikonartikel zum Begriff „Bürokratie". Vergleicht in Partnerarbeit. Fertigt nun einen gemeinsamen Artikel an (T2–3).

4 Was bedeutete Frankreichs Aufrüstung für die Nachbarstaaten? Schreibe einen Bericht aus Sicht eines rheinischen Fürsten (T4, Q1, D1).

4 Beurteile die Vor- und Nachteile eines „stehendes Heeres" für den König (T4, D1).

5 Der König hält eine Rede vor den Intendanten seines Reiches. Er erklärt ihnen ihre Aufgaben. Verfasse eine kurze Ansprache und halte sie vor der Klasse (T2, Q2).

A
B

Wie der König die Einnahmen vermehrte

Kein König war so reich wie Ludwig XIV. – und doch plagten ihn ständig Geldsorgen. Seine Ausgaben wuchsen schneller als die Einnahmen. Da hatte der Finanzminister eine Idee ...

T1   Der Merkantilismus entsteht

Export/Import
Export ist die Ausfuhr von Waren in ein anderes Land. Das Gegenteil ist der Import, also die Einfuhr von Waren.

Merkantilismus
So heißt die Wirtschaftsform des Absolutismus. Nach französischem Vorbild förderten die Herrscher vor allem die Produktion von Luxusgütern und die Ausfuhr von Fertigwaren, um möglichst viel Geld in die Staatskasse zu bekommen.

Zur Zeit Ludwigs XIV. war Frankreich das reichste Land Europas. Doch die große Armee, die prächtigen Schlösser und der glanzvolle Hof kosteten Jahr für Jahr Unsummen. Obwohl Frankreichs Bauern und Bürger immer höhere Steuern zahlten, vergrößerte sich die Schuldenlast des Staates. Noch mehr Steuern konnte der König kaum verlangen. Dann hätte er viele seiner Untertanen ins Elend gestürzt und vielleicht einen Aufstand riskiert. Es musste einen anderen Weg geben, die Staatskasse zu füllen. Finanzminister Colbert (sprich: Kolbeer) riet dem König, Frankreichs Bürger erst reich zu machen, dann würden sie automatisch mehr Steuern zahlen. Wie das funktionierte, zeigt ein Gespräch, das zwei Kaufleute 1675 so geführt haben könnten:

Monsieur Robert (sprich: Müsjö Robeer): „Für uns Kaufleute waren die Zeiten noch nie so gut wie heute. Colbert fördert den Handel, wo er nur kann. Seit der Ausfuhrzoll auf Fertigwaren abgeschafft ist, verdiene ich prächtig mit dem Export von Stoffen nach England."

Monsieur Philippe (sprich: Müsjö Filiip): „Wenn ich früher Holz aus Schweden eingeführt habe, musste ich an der Grenze Zoll bezahlen. Den hat Colbert für die meisten Rohstoffe gestrichen. Am liebsten ist ihm natürlich, dass die Rohstoffe auf französischen Schiffen aus unseren Kolonien in Amerika kommen. Dann bleibt das Gold in Frankreich."

Monsieur Robert: „Seit dieser Colbert überall Werkstätten für Luxusgüter bauen lässt, können wir riesige Spiegel herstellen. So etwas schafften bisher nur die Glaser in Venedig. Colberts Agenten konnten dort zwei Meister abwerben. Soll einige Beutel Gold gekostet haben!"

Monsieur Philippe: „Übrigens, mit Spielkarten ließe sich auch gutes Geld verdienen. Vor allem, wenn Colbert uns ein Monopol darauf gibt. Dann dürfen nur unsere Kartenspiele in Frankreich verkauft werden."

Monsieur Robert: „Wenn wir sie auch im Ausland verkaufen, zahlt uns Colbert vielleicht eine Prämie. Den Ausländern das Geld aus der Tasche ziehen und Franzosen Arbeit geben, das ist ja sein Ziel. Wir müssen alles genau planen: Wenn jeder Arbeiter immer die gleichen Handgriffe macht, brauchen wir nur wenige Fachleute. Das drückt die Lohnkosten!"

Monsieur Philippe: „Aber die Qualität muss stimmen. Sonst nimmt uns Colbert das Monopol wieder weg. Seine Kontrolleure wachen darüber, dass französische Waren ihren guten Ruf behalten!"

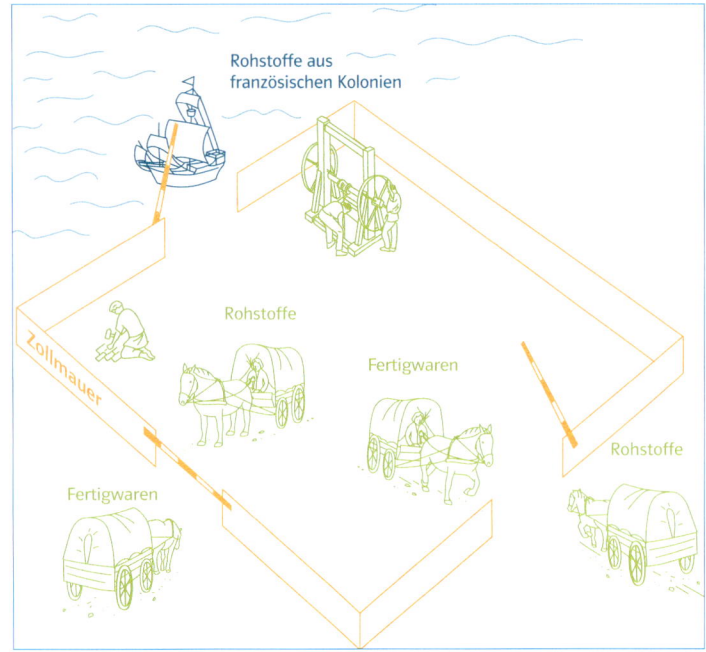

D1   Wirtschaftspolitik unter Ludwig XIV.

Q1 Arbeiten in einer Manufaktur für Spielkarten in Paris um 1680.
① Zeichnen,
② Färben,
③ Drucken,
④ Trocknen,
⑤ Zuschneiden,
⑥ Glätten
⑦ Qualitäts-kontrolle
⑧ Sortieren (zu Spielen)
⑨ Verpacken
⑩ Verkaufen

Q2 Die Grundsätze seiner Wirtschafts-politik legte Colbert 1664 dem König so dar:
Ich glaube, (…) dass es einzig und allein der Reichtum an Geld ist, der die Unter-schiede an Größe und Macht zwischen den Staaten begründet. Was dies betrifft, so ist es
5 sicher, dass jährlich aus dem Königreich ein-heimische Erzeugnisse (…) für den Verbrauch im Ausland im Wert von 12 bis 18 Millio-nen Livres hinausgehen. Das sind die Gold-minen unseres Königreiches (…).
10 Außer den Vorteilen, die die Einfuhr einer größeren Menge Bargeld in das Königreich mit sich bringt, wird sicherlich durch die Manufakturen eine Million zurzeit arbeits-loser Menschen ihren Lebensunterhalt ge-
15 winnen.

Q3 Der Botschafter von Venedig berichtete seiner Regierung aus Frankreich über die Maßnahmen Colberts:
Herr Colbert (…) versäumt nichts, um Ge-werbe anderer Länder in Frankreich heimisch zu machen. (…) Aus Holland hat man Tech-niken der Tuchproduktion übernommen,
5 ebenso auch die Herstellung von Käse, Butter und anderer Spezialitäten. (…) Aus Deutsch-land hat man die Produktion von Hüten, Weißblech und vieler anderer Erzeugnisse geholt, aus unserem Land die Spitzenklöppelei
10 und die Spiegelherstellung. Was es an besten Waren in aller Welt gibt, das wird zur Zeit in Frankreich hergestellt, und so groß ist das Ansehen dieser Waren, dass von überall her Bestellungen kommen.

Wie wollte Colbert die Wirtschaft in Frankreich fördern? Liste einzelne Maß-nahmen auf (Dialog, D1).

Warum ist Colberts Wirtschaftspolitik für andere Länder von Nachteil? Beurteile seine Politik aus der Sicht eines Nachbar-landes (Q3).

2

3

5 **EXTRA**

A

A
B

B

1

2

3

4

Warum hatte Ludwig XIV. ständig Geldsorgen? Nenne Gründe (T1).

In welchen Bereichen veränderte Colbert die Wirtschaft? Formuliere Ober-punkte und ordne einzelne Maß-nahmen zu (Dialog, D1).

Stell dir vor, es hätte 1670 schon Fern-sehen gegeben. Ein ausländischer Journalist interviewt Colbert. Formuliere kritische Fragen (T1, Q2–3).

Warum ist die Arbeit in der Manufaktur produktiver als im Handwerk? Erkläre aus Q1.

„Es ist gut, wenn der Staat den Export von heimischen Waren fördert, die Einfuhr dieser Waren aber durch Zölle behindert." Diskutiert diese Aussage.

Das Zeitalter der Aufklärung

Weit über das Mittelalter hinaus gaben sich die meisten Menschen damit zufrieden, wenn die Kirche ihnen die Welt erklärte und ihnen sagte, was richtig oder falsch ist. Das änderte sich um 1700: Statt zu glauben, wollte man jetzt Beweise sehen.

Q1   In Versailles startete am 19. September 1783 der erste Heißluftballon mit drei Passagieren: einer Ente, einem Huhn und einem Schaf. Zwei Monate später stiegen auch zwei Menschen in den Himmel auf. Zeitgenössische Radierung

Aufklärung
neue Denkweise im 18. Jahrhundert, die darauf abzielte, alles durch die Vernunft zu erklären und Erkenntnisse kritisch zu überprüfen. Die Aufklärer forderten von Staat und Kirche die Freiheit der Meinung.

Menschenrechte
Rechte, die allen Menschen ohne Ausnahme zustehen

T1   Vernunft ersetzt den Glauben

Immer mehr Menschen erkannten, dass alle Vorgänge in der Natur nach bestimmten Gesetzen ablaufen. Sie wollten diese Gesetze erforschen, deshalb beobachteten sie die Natur genau und führten Experimente durch. Einige Gelehrte bezweifelten alles, was sich nicht durch die Vernunft erklären ließ. Ihre Kritik richtete sich zunächst gegen die Bevormundung durch die Kirche, dann aber auch gegen eine angeblich von Gott gewollte Herrschaft der Könige und Fürsten. Die Aufklärer sahen in der Erziehung und Bildung aller Menschen eine wichtige Aufgabe. Selbst einfache Menschen sollten ermutigt und befähigt werden, ihren eigenen Verstand zu gebrauchen. Sie müssten sich dann nicht mehr durch die Vorschriften anderer leiten lassen.

T2   Die Aufklärung verbreitet sich

Die Menschen diskutierten überall in Europa die Ideen der Aufklärung. Dazu trug auch bei, dass nun Zeitungen und Zeitschriften gedruckt wurden, die Neuigkeiten schnell verbreiteten. In Kaffeehäusern kamen Menschen aus den verschiedensten Schichten zusammen – auch um ihre Gedanken auszutauschen. Ein Treffpunkt besonderer Art waren die Salons vornehmer Damen. Hier verkehrten Bürger, Adlige und Geistliche miteinander. In diesem geschlossenen Kreis las man die Schriften der Aufklärer gemeinsam und sprach darüber. Jeder konnte seine Meinung frei sagen.

T3   Neue politische Ideen

Bei solchen Treffen wurden Fragen wie diese gestellt: Braucht man überhaupt Könige oder könnte sich das Volk auch selbst regieren? Mit dem Verstand war es nämlich nicht zu erklären, wenn die Fürsten behaupteten, von Gott als Herrscher eingesetzt zu sein. Die Ordnung in der Gesellschaft musste vielmehr von Menschen geschaffen worden sein. Niemand, so sagten die Aufklärer, ist dazu geboren, Untertan eines anderen zu sein. Alle Menschen sind von Natur aus frei und haben die gleichen Rechte.

Keiner Regierung sollte es erlaubt sein, die Menschenrechte zu verletzen. Die wichtigste Pflicht des Staates müsste es vielmehr sein, die Freiheit des Einzelnen zu schützen, das Eigentum zu garantieren sowie das Glück und den Wohlstand der Menschen zu fördern.

Die meisten Aufklärer wollten das Königtum nicht abschaffen. Aber der König sollte durch eine Verfassung in seiner Macht beschränkt sein.

sf794h Üben interaktiv:
Schaubild zur Gewaltenteilung

Q2 Der deutsche Philosoph Immanuel Kant schrieb 1784:

Was ist Aufklärung?

Aufklärung ist der Ausgang des Menschen aus seiner selbstverschuldeten Unmündigkeit. Unmündigkeit ist das Unvermögen, sich

5 seines Verstandes ohne Leitung eines anderen zu bedienen. Selbstverschuldet ist diese Unmündigkeit, wenn die Ursache derselben nicht am Mangel des Verstandes, sondern der Entschließung und des Mutes liegt, sich seiner

10 ohne Leitung eines anderen zu bedienen. (…) „Habe Mut, dich deines Verstandes zu bedienen!", ist also der Wahlspruch der Aufklärung.

Q3 Der französische Philosoph Charles de Montesquieu schrieb 1748:

In jedem Staat gibt es drei Arten von Gewalt: die vollziehende Gewalt, die gesetzgebende Gewalt und die richterliche. Wenn in derselben Person die gesetzgebende mit der

5 vollziehenden vereinigt ist, gibt es keine Freiheit. (…)

Es gibt ferner keine Freiheit, wenn die richterliche Gewalt nicht von der gesetzgebenden und vollziehenden getrennt ist.

Exekutive	Legislative	Judikative
(= ausführende bzw. vollziehende Gewalt)	(= gesetzgebende Gewalt)	(= richterliche Gewalt)
Ein Kanzler oder Ministerpräsident leitet die Regierung und wendet die Gesetze an.	Ein Parlament (bei uns z. B. der Bundestag) macht die Gesetze, nach denen sich alle richten müssen.	Gerichte sprechen auf der Grundlage der Gesetze Recht. Das Verfassungsgericht kontrolliert die Regierung.

D1 Modell der Gewaltenteilung in demokratischen Staaten heute

Gewaltenteilung
Teilung der Staatsgewalt in gesetzgebende, vollziehende und richterliche Gewalt

Verfassung
die politische Organisation eines Staates. In einer aufgeschriebenen Verfassung sind die Rechte und Pflichten des Staates und der Bürger festgelegt.

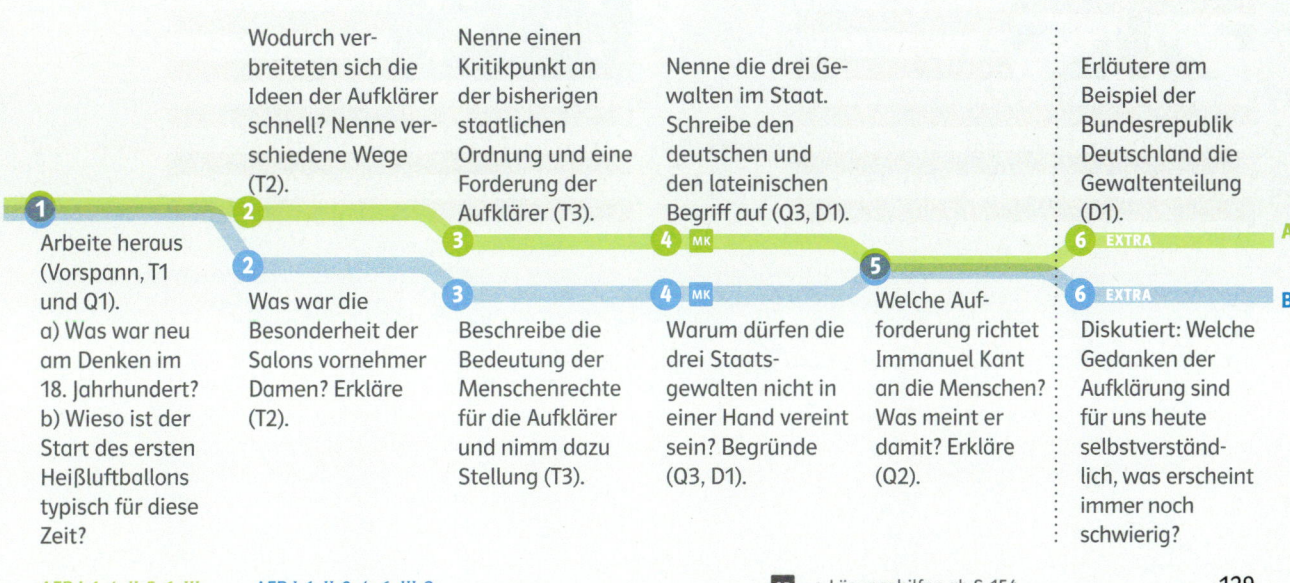

A
B
1 Arbeite heraus (Vorspann, T1 und Q1).
a) Was war neu am Denken im 18. Jahrhundert?
b) Wieso ist der Start des ersten Heißluftballons typisch für diese Zeit?

2 Wodurch verbreiteten sich die Ideen der Aufklärer schnell? Nenne verschiedene Wege (T2).

2 Was war die Besonderheit der Salons vornehmer Damen? Erkläre (T2).

3 Nenne einen Kritikpunkt an der bisherigen staatlichen Ordnung und eine Forderung der Aufklärer (T3).

3 Beschreibe die Bedeutung der Menschenrechte für die Aufklärer und nimm dazu Stellung (T3).

4 MK Nenne die drei Gewalten im Staat. Schreibe den deutschen und den lateinischen Begriff auf (Q3, D1).

4 MK Warum dürfen die drei Staatsgewalten nicht in einer Hand vereint sein? Begründe (Q3, D1).

5 Welche Aufforderung richtet Immanuel Kant an die Menschen? Was meint er damit? Erkläre (Q2).

6 EXTRA Erläutere am Beispiel der Bundesrepublik Deutschland die Gewaltenteilung (D1).
A

6 EXTRA Diskutiert: Welche Gedanken der Aufklärung sind für uns heute selbstverständlich, was erscheint immer noch schwierig?
B

In Nordamerika entsteht ein neuer Staat

Die Idee von der Freiheit des Einzelnen kam aus Europa. Doch in Amerika setzte sie sich zum ersten Mal durch. Viele Amerikaner sahen sich sogar als eine Vorhut im Kampf gegen die Unterdrückung überall auf der Welt.

D1 Flagge der 13 Kolonien, 1775

Großbritannien und Frankreich führten im 18. Jahrhundert einen erbitterten Krieg um die Vorherrschaft in Nordamerika. Großbritannien gewann, doch der Krieg hatte sehr viel Geld gekostet. Einen Teil davon wollte sich der britische König von seinen Untertanen in den Kolonien durch höhere Steuern zurückholen. Dagegen rebellierten die Kolonisten. Die 13 britischen Kolonien in Nordamerika erklärten am 4. Juli 1776 ihre Unabhängigkeit.

D2 Flagge der USA, 1789

Unter Führung des Generals George Washington setzten sich die Siedler gegen die Truppen des englischen Königs durch. 1783 musste er den Kolonien die Freiheit geben. Die 13 Kolonien schlossen sich zu einem neuen Staat zusammen, den sie „United States of America" (USA) nannten. 1787 wurde eine Verfassung ausgearbeitet. Sie legte fest, dass die Bürger ihre Regierung selbst wählen durften. Doch dieses Recht galt nur für weiße Siedler. Der indigenen Bevölkerung raubte man weiter das Land. Und es dachte auch kaum jemand daran, den afrikanischen Sklaven die Freiheit zu geben.

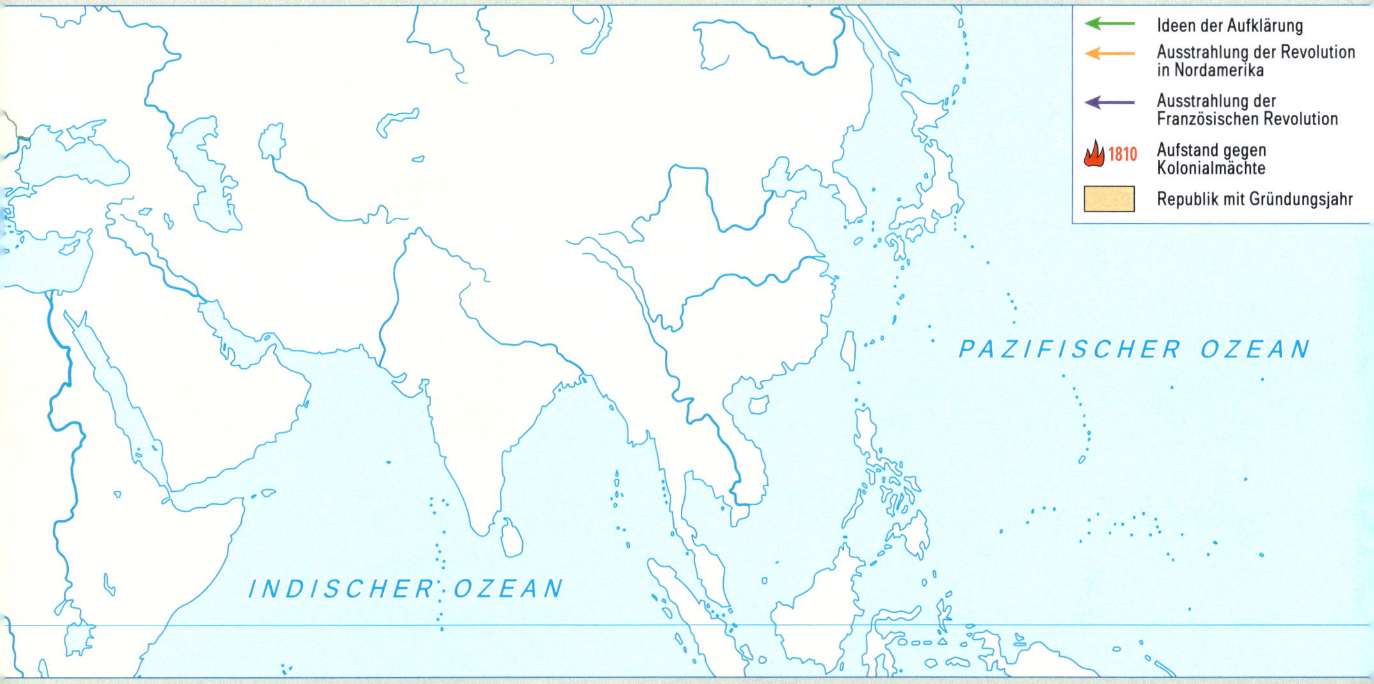

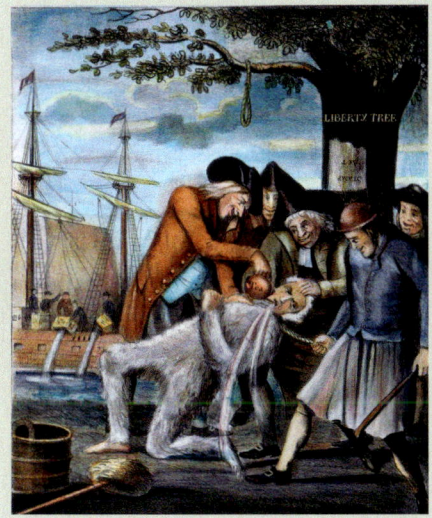

Q1   „Freiheitsbaum" in Boston. Im Jahr 1765 hängten junge Männer einen britischen Steuereintreiber symbolisch auf, dann teerten und federten sie ihn. Am Baum hängt der verhasste Steuererlass der britischen Regierung. Britische Karikatur, 1774

Q2   **George Washington,** der erste Präsident der USA, leistet 1789 in New York seinen Amtseid auf die Bibel. Kolorierter Stich, zeitgenössisch

Legende:
- Ideen der Aufklärung
- Ausstrahlung der Revolution in Nordamerika
- Ausstrahlung der Französischen Revolution
- 1810 Aufstand gegen Kolonialmächte
- Republik mit Gründungsjahr

PAZIFISCHER OZEAN

INDISCHER OZEAN

Frankreich in der Krise

1788 herrschte Ludwig XVI. noch absolut über sein Land. Auch die Ordnung der Gesellschaft war unverändert: Adel und Klerus standen oben, Bürger und Bauern unten. Doch immer mehr Menschen zweifelten an der Rechtmäßigkeit dieser Ordnung.

Ständegesellschaft
Einteilung der Gesellschaft in Adel, Klerus und Bürgertum. Die Zugehörigkeit zu einem Stand war in der Regel durch die Geburt festgelegt.

Klerus
Bezeichnung für den geistlichen Stand. Dazu gehören Bischöfe, Priester, Äbte, Mönche und Nonnen.

Privilegien
Sonderrechte für einzelne Personen oder Personengruppen im Staat

T1 Missernte und Hungersnot

1788 war für die Bäuerinnen und Bauern in Frankreich ein Katastrophenjahr: Auf einen harten Winter folgte ein nasses Frühjahr. Viele Felder konnten nicht bestellt werden. Der Sommer brachte große Hitze und ließ das Getreide verdorren. Der Preis für Brot stieg stark an. Immer mehr Französinnen und Franzosen hungerten.

Sie hofften auf die Hilfe des Königs. Doch in den staatlichen Getreidespeichern gab es kaum Vorräte. Die Hungernden sahen aber, dass die Adelsgesellschaft in Versailles auf nichts verzichten wollte. Immer mehr arme Menschen in Stadt und Land wurden wütend auf die Reichen und Mächtigen: auf den König, die Adligen und die hohen Herren der Kirche.

T2 Die Staatskasse ist leer

Aber auch der König hatte Sorgen: Seine Vorgänger hatten ihm durch Kriege und ihr Luxusleben riesige Schulden hinterlassen. Nur mit Mühe konnte sein Finanzminister die Zinsen dafür bezahlen. Er schlug dem König vor, die Steuern zu erhöhen.

Doch alle wehrten sich gegen höhere Steuern. Adel und Klerus wollten auf ihre Privilegien nicht verzichten. Sie besaßen zwar viel Land, brauchten aber kaum Steuern zu zahlen. Bürger und Bauern sagten, dass sie schon jetzt fast alles mit ihren Steuern bezahlten, was der König ausgab.

T3 Einberufung der Generalstände

Der König und sein Finanzminister wollten auch gegen den Widerstand der ersten beiden Stände eine Reform durchsetzen. Dazu fanden sie eine Lösung: Vor langer Zeit hatten sich die Könige Frankreichs neue Steuern von einer Versammlung genehmigen lassen, in denen die Vertreter aller Stände saßen. Diese Versammlung hieß „Generalstände". Sie war seit 175 Jahren nicht mehr zusammengekommen. In der Vergangenheit hatte jeder der drei Stände 300 Abgeordnete in die Versammlung geschickt. Jetzt wurden dem Dritten Stand, wie man die Bürger und Bauern zusammenfassend nannte, 600 Abgeordnete zugestanden. Denn sie vertraten 98 Prozent der Franzosen.

Und noch etwas tat der König: Er forderte die Menschen in ganz Frankreich auf, ihm Missstände mitzuteilen und Verbesserungsvorschläge zu machen. Zu Beginn des Jahres 1789 versammelten sich überall im Land die Menschen. Sie wählten, nach Ständen getrennt, ihre Abgeordneten und verfassten Schriften an den König.

Q1 „Hoffen wir, dass das Spiel bald ein Ende nimmt", seufzt der Bauer. Aus seiner Tasche hängen Zettel, auf denen verschiedene Steuern, Abgaben und Dienste stehen. Der Geistliche und der Adlige tragen Zettel mit der Aufschrift „Bischof", „Abt", „Herzog", „Graf", „Pension", „Großspurigkeit". Französische Karikatur, 1789

Q2 In ihrem „Beschwerdeheft" an den König forderten die Bauern des Dorfes La Chapelle 1789:

4. vollständige Abschaffung aller Privilegien

5. Abschaffung der königlichen Salzsteuer, der Kopfsteuer für Nichtadlige und anderer Rechte

5 6. Um diese Steuern und Rechte zu ersetzen, soll eine persönliche Kopfsteuer eingeführt werden, die ohne Unterschied die Bürger aller drei Stände betrifft (…).

9. Dass jegliche Gerichtsbarkeit und Polizei-
10 gewalt der Adligen abgeschafft wird; dass ihr Recht auf Jagd, Fischerei, (…) Abgaben und Dienste abgeschafft wird; dass jeder das Recht hat, zumindest jeder auf seinem Land, Hasen und andere Schädlinge der Landwirtschaft zu
15 töten.

13. Dass man den Kirchenzehnten abschafft.

Q3 Die Bürger der Stadt Baucaire forderten 1789 vom König:

Artikel 3: Die Erklärung der Menschen- und Bürgerrechte.

Artikel 4: Die Freiheit der Presse und das Briefgeheimnis.

5 Artikel 16: Das Recht für alle Angehörigen des Dritten Standes, die verschiedensten Arbeitsplätze bei Armee, Marine und höherer Verwaltung einzunehmen.

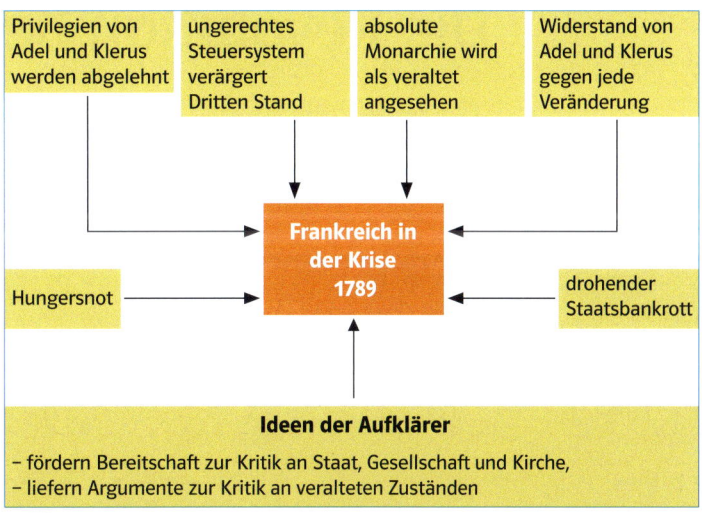

D1 **Die politische und wirtschaftliche Krise Frankreichs 1789**

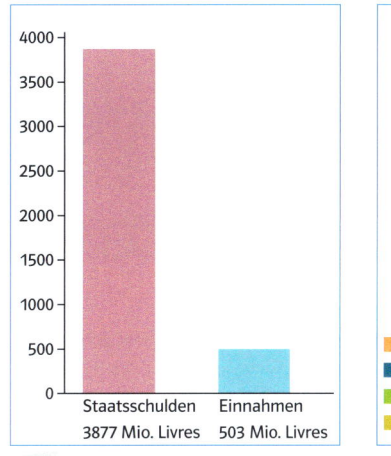

D2 **Schulden und Einnahmen Frankreichs 1788**

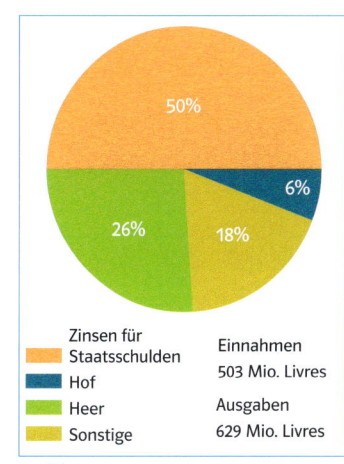

D3 **Frankreichs Staatshaushalt 1788**

Was forderten die Bauern 1789? Liste aus Q2 mindestens fünf Punkte auf.

Konnte der König die Staatsschulden senken oder nicht? Vergleiche dazu die Einnahmen des Jahres 1788 mit den Ausgaben (D3).

War die Krise von 1789 unvermeidlich?
a) Untersuche D1. Unterscheide den Einfluss neuer Gedanken, langfristige Probleme und Auslöser der Krise.
b) Diskutiert eure Ergebnisse im Plenum.

5 **EXTRA**

Verfasst Schlagzeilen zur Wahl der Generalstände (Q1–3). Die Leser interessiert vor allem: „Welche Veränderungen wollen die meisten Menschen in Frankreich?"

Vor welchen Problemen stand der französische König 1788/89? Arbeite aus T1–3 wichtige Aussagen heraus. Notiere dir Stichpunkte zu einem Kurzvortrag.

Was forderten Bauern und Bürger 1789? Liste aus Q1–3 auf: Freiheitsrechte, Gleichheitsrechte, Abschaffung von Vorrechten, Abschaffung persönlicher Lasten.

Warum musste Ludwig XVI. die Steuern erhöhen? Begründe deine Aussage aus T2, D2–3.

Die Revolution beginnt

„Was ist der Dritte Stand? – Alles. Was ist er bis jetzt in der politischen Ordnung gewesen? – Nichts. Was fordert er? – Endlich etwas zu sein!" Dieses Flugblatt eines Geistlichen veränderte Frankreich.

Q1 Eröffnung der Generalstände am 5. Mai 1789.
Die Sitzordnung: Ludwig XVI. und seine Gemahlin Marie-Antoinette oben links, die Vertreter der drei Stände zu ebener Erde. Die Abgeordneten verteilen sich wie folgt: Klerus: 291, Adel: 270, Dritter Stand: 578. Die Vertreter des Dritten Standes fallen durch ihre schlichte Kleidung auf. Die meisten waren Rechtsanwälte, Gelehrte, Kaufleute und Unternehmer. Der Klerus wurde von knapp 50 Bischöfen, einigen Äbten und Mönchen und 208 einfachen Pfarrern vertreten. Unter den Mönchen und Pfarrern waren viele bereit, den Dritten Stand zu unterstützen. Gemälde, um 1840

Revolution
meist ein gewaltsamer Umsturz der staatlichen und gesellschaftlichen Ordnung

Nation
lat. „natio" = Stamm, Volk. Heute fasst man damit Menschen gleicher Sprache oder Staatsangehörigkeit zusammen.

Nationalversammlung
eine Versammlung von gewählten Vertretern des Volkes, die eine Verfassung oder Gesetze erarbeiten sollen

T1 Die Generalstände treten zusammen

Am 5. Mai eröffnet der König die Versammlung der Generalstände. Die Stimmung ist gespannt. Denn die Abgeordneten des Dritten Standes wollen nicht nur über höhere Steuern reden; sie fordern die Beseitigung der Privilegien von Adel und Klerus. Es geht also auch um die Macht im Staat. Über die Frage, wie abgestimmt werden soll, kommt es zum Streit: Der König besteht auf einer Abstimmung nach Ständen. Damit wären Adel und Klerus im Vorteil. Die Vertreter des Dritten Standes verlangen dagegen eine Abstimmung „nach Köpfen".

T2 Die Nationalversammlung

Am 17. Juni erklären sich die Abgeordneten des Dritten Standes zur Nationalversammlung. Die Begründung ist einfach: Sie vertreten 98 Prozent aller Franzosen, also beinahe die gesamte Nation.

T3 Der Ballhausschwur

Als der König den Tagungsraum schließen lässt, ziehen die Abgeordneten des Dritten Standes in ein leer stehendes Ballspielhaus. Dort schwören sie am 20. Juni, nicht eher auseinanderzugehen, bis Frankreich eine Verfassung hat.

T4 Bürger greifen zu den Waffen

Nun überstürzen sich die Ereignisse. In Paris ist Brot so knapp geworden, dass hungrige Menschen die Bäckereien belagern. Es kommt zu Plünderungen. Gerüchte gehen um, der König habe Truppen um Paris zusammenziehen lassen. In den ärmeren Vierteln der Stadt bewaffnen sich Tausende von Männern. Sie stürmen ein Waffenlager und erbeuten 30 000 Gewehre und einige Kanonen. Damit ziehen sie am 14. Juli zu einer alten Festung. Sie fällt – und mit ihr die politische Ordnung Frankreichs.

D1 Über die Eröffnung der Generalstände schrieb der Historiker Paul Sethe:

Als nun der König sich setzte und sein Haupt bedeckte, als Adel und Klerus ihm folgten, begannen auch einige Bürgerliche – unerhörter Vorgang – die Hüte aufzusetzen.

5 Sie verletzten das Vorrecht der oberen Stände wissentlich. Schon kamen vom Adel die Rufe der Entrüstung „Die Hüte herunter!" Niemand wusste, was aus der Erregung der Stunde 10 hätte entstehen können; da rettete der König die Lage, indem er selber seinen Hut wieder abnahm. Drei Stunden saßen alle unbedeckt.

Q2 Sturm auf die Bastille, 14. Juli 1789. Die alte Festung des Königs wurde als Staatsgefängnis und Waffenmagazin genutzt. Sie galt als Symbol des verhassten Absolutismus. Nach der Übergabe der Festung wurden der Kommandant und viele seiner Soldaten erschlagen. Gemälde, 19. Jahrhundert

Wähle aus:
a) Beschreibe das Gemälde Q1.
b) Wie rettet der König die Eröffnung der Generalstände? Begründe aus D1.

Warum erklärt sich der Dritte Stand zur Nationalversammlung? Begründe mit T2 und T3.

A B

1 Warum beruft der König die Generalstände ein? Worüber wollen die Vertreter des Dritten Standes verhandeln? Fasse aus T1 zusammen.

2 Welchen Augenblick zeigt das Gemälde Q1? Werte dazu D1 aus und begründe.

3 Warum wäre der Dritte Stand bei einer Abstimmung nach Köpfen im Vorteil gewesen? Begründe aus T1 und Q1.

4 Ein Vertreter des Dritten Standes erklärt, dass sie den Saal verlassen und welche Ziele sie haben. Bereite eine Rede vor (T2–3).

5 Wie begann die Revolution? Arbeitet zu zweit:
a) Nennt die wichtigsten Ereignisse (T1–4, Q2).
b) Legt zu den Ereignissen einen Zeitstrahl an.

6 EXTRA Bei der Erstürmung der Bastille gab es viele Tote. Warum feiern die Franzosen dennoch das Ereignis als ihren Nationalfeiertag? Diskutiert darüber.

Der Ballhausschwur

T1 Der Schwur im Ballspielhaus

Das Gemälde stellt einen entscheidenden Augenblick der Revolution dar: Die Abgeordneten des Dritten Standes schwören am 20. Juni 1789 feierlich, erst auseinanderzugehen, wenn sie Frankreich eine Verfassung gegeben haben. Das war eine offene Auflehnung gegen den König. Und die Sache war riskant: Vor dem Ballspielhaus standen Soldaten, die nur auf einen Befehl des Königs warteten, die Versammlung auseinanderzujagen. Doch Ludwig XVI. wagte es nicht, den Befehl zu erteilen.

T2 Das Gemälde

Der Maler Jacques-Louis David erhielt 1790 von der Nationalversammlung den Auftrag, den „Ballhausschwur" in einem Gemälde darzustellen. Es sollte die Stirnwand des Sitzungssaales schmücken. David hat dazu eine Federzeichnung angefertigt, das riesige Gemälde (6 mal 9 Meter) aber nicht fertiggestellt. Zur Finanzierung des Gemäldes sollten 3 000 Drucke der Zeichnung verkauft werden, doch es fanden sich nicht genügend Käufer.

Q1 **Der Ballhausschwur,** Federzeichnung von Jacques-Louis David, 1791. Im Bild sind die folgenden Personen hervorgehoben:
① der Abgeordnete und Journalist Barère; ② ein Kartäusermönch, ein katholischer (Mitte) und ein protestantischer Priester;
③ Bailly, der Präsident der Versammlung; ④ Robespierre; ⑤ Michel Gérard, ein einfacher Bauer; ⑥ Graf Mirabeau (ein Adliger im Dritten Stand); ⑦ Martin d'Auch, der als Einziger den Schwur verweigerte

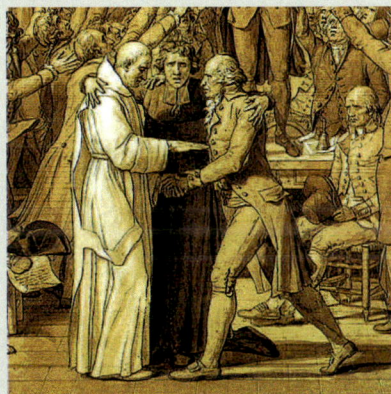

Q2 **Drei Geistliche unterschiedlicher Konfessionen umarmen sich.**

Q3 **Die Schlosskapelle wird vom Blitz getroffen.**

Q4 **Der Sturm bläst frischen Wind in den Saal.**

Q5 **Die Abgeordneten heben ihre rechte Hand zum gemeinsamen Schwur.**

1. Die Revolution fegt wie ein zerstörendes Gewitter über die alte Ordnung hinweg.

2. Das einige Volk tritt als bestimmende Kraft neben den König.

3. Die Ideen von Gleichheit und Brüderlichkeit überwinden auch religiöse Schranken.

4. Ein neuer Geist hält Einzug in Frankreich.

D1 **Aussagen im Bild „Ballhausschwur"**

Worin besteht der Mittelpunkt von Q1? Finde Linien, die dir helfen, ihn zu bestimmen. Warum hat der Künstler diesen Mittelpunkt gewählt?

Was will der Künstler durch einzelne Szenen symbolisch (sinnbildlich) darstellen? Ordne dazu den Bildausschnitten Q2–5 jeweils eine Aussage aus D1 zu.

Der Journalist Barère macht sich Notizen für seine neu gegründete Zeitung. Versetze dich in seine Lage: Was siehst du, was hörst du? Liste stichwortartig auf.

A
B
1
2
2
3
3
4
5 **EXTRA**
5 **EXTRA**
A
B

1 Nenne zu der Szene (Q1) den Ort, die Zeit, das Ereignis und den Maler. Gib den Hinweis des Künstlers auf den eigentlichen Zweck des Gebäudes links unten an (T1).

2 Was ist auf den drei Ebenen (Vordergrund, Mittelgrund, Hintergrund) von Q1 dargestellt? Gib jeweils in wenigen Sätzen wieder, was dir wichtig erscheint.

3 Warum kann man die Zeichnung als ein geschickt zusammengestelltes Bild bezeichnen? Begründe mit Einzelszenen aus Q1. Beachte auch Q2–5 sowie D1.

4 „Ein Foto könnte die Stimmung des großen Ereignisses vom 20. Juni 1789 nicht so gut einfangen, wie Davids Zeichnung." Diskutiert darüber in der Klasse.

5 EXTRA Verfasse ein Auftragsschreiben an David. Was soll das Gemälde ausdrücken? Wer soll zu sehen sein? Wie groß soll es werden?

Methode

Karikaturen richtig deuten

T1   Die meisten können nicht lesen

Zur Zeit der Französischen Revolution konnten die meisten Menschen nicht lesen. Das galt vor allem für Bauern, Handwerker und Arbeiter. Wer sie für eine Idee gewinnen wollte, auf Missstände hinwies oder andere zum Handeln bringen wollte, griff am besten zur Feder und zeichnete. Das verstanden die Menschen, besonders dann, wenn das Gezeichnete ihren alltäglichen Erfahrungen entsprach. Was die Menschen um 1789 bewegte, können wir also auch aus ihren Bildern ablesen.

T2   Auf die Spitze getrieben

Besonders aussagekräftig sind Karikaturen. In Karikaturen drücken Zeichner ihre Meinung zu bestimmten Personen oder Ereignissen auf lustige, spöttische und besonders direkte Weise aus. Bestimmte Merkmale einer Person oder einer Sache werden übertrieben dargestellt und dadurch lächerlich gemacht. Mit einer Karikatur will der Zeichner also nicht einfach informieren, sondern auch Anstoß erregen und seine Mitmenschen zum Nachdenken bringen.

Karikaturen richtig deuten

Beschreiben

1 Welche Szene zeigt die Karikatur? Gib den spontanen Eindruck wieder.

Untersuchen

2 Welche Gegenstände, Personen, Sachverhalte oder Tiere werden abgebildet?

3 Erkennst du Symbole? Erkläre ihre Bedeutung.

Deuten

4 Gegen wen richtet sich die Kritik? Wird zum Beispiel eine Person verspottet oder werden gesellschaftliche Verhältnisse kritisiert?

5 Was bringt die Verzerrung zum Ausdruck?

6 Welches Publikum will der Zeichner ansprechen? Welche Wirkung beabsichtigt er?

Q1   „Wusste ich's doch, dass wir auch einmal an die Reihe kommen!" Französische Karikatur, 1789 ① „Es lebe der König. Es lebe die Nation." (also: das ganze französische Volk, unabhängig von den sozialen Unterschieden), ② „Mit Mut vollbracht", ③ „Friede und Eintracht", ④ „Um die Nation zu schützen", ⑤ Jahr der Veröffentlichung, ⑥ „Wusste ich's doch, dass wir auch einmal an die Reihe kommen.", ⑦ „unermüdlich", ⑧ Kokarde mit den Farben der Revolution, ⑨ „Grundsteuer", ⑩ „Gleichheit und Freiheit", ⑪ „Erleichterung für das Volk"

Q2   Das Ende der alten Zeit. Französische Karikatur, 1789. Bauern verwendeten Dreschflegel normalerweise, um beim Getreide das Korn aus den Ähren zu schlagen. Hier schlagen sie auf: ⑦ Hut mit Federschmuck, ⑦ Adelswappen, ⑦ Säbel eines Offiziers, ⑦ Arm- und Schulterrüstung eines Offiziers, ⑦ Brustpanzer eines Offiziers, ⑦ Offiziershelm, ⑦ Kragen eines Geistlichen, ⑦ zweispitziger Bischofshut, ⑦ roter Kardinalshut

A
B

1

Bearbeite mit deinem Nachbarn Q1 in einem ersten Schritt.
a) Was seht ihr? Schreibt euren spontanen Eindruck auf.
b) Nennt den Hauptunterschied zu der Karikatur S. 132: Q1.

2

2

Bearbeite Q1 nach den methodischen Arbeitsschritten 2 und 3. Erkläre auch, warum der Bauer sagt: „Es lebe der König, es lebe die Nation."

Bearbeite Q1 nach den methodischen Arbeitsschritten 2–6.

3

Die Bauern aus Q1 und von S. 132 treffen sich.
a) Fasse zusammen: Welche Veränderungen stellen sie fest?
b) Beurteile, ob es den Bauern 1789 tatsächlich so gut ging, wie es die Karikatur darstellt.

4

4

Bearbeite Q2.
a) Gehe nach den methodischen Arbeitsschritten 1–3 vor.
b) Ordne die Ziffern in Q2 den Begriffen in der Bildunterschrift zu.
c) Erkläre den Titel der Karikatur.

Bearbeite Q2 nach den methodischen Arbeitsschritten 1–6.

5

A
B

Diskutiert in der Klasse, warum das wichtigste Ziel des Dritten Standes lautete: „Weg mit den Privilegien!"

Die Erklärung der Menschenrechte

Den Sommer des Jahres 1789 nennt man in Frankreich die Zeit der „großen Angst". Auf dem Land stürmen Bauern die Herrensitze des Adels. In ihrer Wut über die Grundherren brennen sie deren Schlösser nieder – und mit ihnen die verhassten Abgabenverzeichnisse.

T1 Die Menschen auf dem Lande

Vier von fünf Franzosen lebten 1789 auf dem Land. Die meisten von ihnen waren Bauern. Sie litten am meisten unter den Vorrechten von Adel und Klerus. Auf den Bauern lasteten aber nicht nur die Steuern des Königs.

Noch drückender waren die Pflichten gegenüber ihren adligen Herren. Diese besaßen Verzeichnisse, in denen aufgelistet war, was die Bauern zu leisten hatten: Abgaben für das Ackerland, unbezahlte Dienste, die Pflicht zur Benutzung der herrschaftlichen Mühle und vieles mehr. Und dann kamen noch die Herren der Kirche: Sie verlangten von allem, was der Bauer erntete, den zehnten Teil. So war es seit Jahrhunderten.

T2 „Weg mit den Privilegien!"

Doch die Familien der Bauern hungerten. Und die Bürger von Paris hatten gezeigt, dass man sogar eine Festung des Königs stürmen konnte. Jetzt waren auch die Bauern nicht mehr bereit zu gehorchen. Mit Äxten, Mistgabeln und Sensen bewaffnet vertrieben sie ihre Grundherren. Viele Adlige fürchteten um ihr Leben und flohen ins Ausland.

In Versailles kam es zu einer dramatischen Sitzung der Nationalversammlung. Am Ende verzichteten Adel und Klerus auf ihre Privilegien. Drei Wochen später folgte die Erklärung der Menschen- und Bürgerrechte. Damit wurden alle Franzosen zu Staatsbürgern mit gleichen Rechten. Die Ständegesellschaft gab es nicht mehr.

T3 Liberté, Egalité, Fraternité

Freiheit, Gleichheit, Brüderlichkeit – so lautete die Parole der neuen Zeit. Doch ihre Umsetzung warf Fragen auf: Wie sollte man die Gleichheit aller Menschen verwirklichen? Genügte es, wenn der Adel mitsamt seinen Titeln und Wappen abgeschafft wurde? Hatten alle die gleichen Chancen, wenn der Staat nun von der Kirche die Aufsicht über die Schulen übernahm? Sollten Frauen die gleichen Rechte wie Männer bekommen?

DÉCLARATION DES DROITS DE L'HOMME ET DU CITOYEN. Décrétée par l'Assemblée Nationale dans les séances des 20, 21, 23, 24 et 26 août 1789, acceptée par le Roi.

Artikel 1
Die Menschen werden frei und gleich an Rechten geboren und bleiben es (…).

Artikel 2
Der Zweck jedes politischen Zusammenschlusses ist die Bewahrung der (…) Menschenrechte. Diese Rechte sind Freiheit, Eigentum, Sicherheit und Widerstand gegen Unterdrückung (…).

Artikel 4
Die Freiheit besteht darin, alles tun zu können, was anderen nicht schadet (…).

Artikel 6
Das Gesetz ist der Ausdruck des allgemeinen Willens. Alle Bürger haben das Recht, persönlich oder durch ihre Vertreter an seiner Gestaltung mitzuwirken. Es muss für alle gleich sein, mag es beschützen oder bestrafen. Da alle Bürger vor ihm gleich sind, sind sie gleichermaßen zu allen öffentlichen Würden, Ämtern und Anstellungen zugelassen: nach ihren Fähigkeiten und ohne einen anderen Unterschied als den ihrer Tugenden und Begabungen.

Artikel 7
Niemand kann angeklagt, verhaftet oder gefangen gehalten werden in anderen als den vom Gesetz festgelegten Fällen (…).

Artikel 10
Niemand darf wegen seiner Überzeugungen, auch nicht der religiösen, behelligt werden (…).

Artikel 11
Die freie Mitteilung seiner Gedanken und Meinungen ist eines der kostbarsten Rechte des Menschen. Jeder Bürger darf sich also durch Wort, Schrift und Druck frei äußern (…).

Artikel 17
Da das Eigentum ein unverletzliches und heiliges Recht ist, darf es niemandem genommen werden.

AUX REPRESENTANS DU PEUPLE FRANCOIS

Q1 Erklärung der Menschen- und Bürgerrechte vom 26. August 1789 auf einer Bildtafel aus dem Jahr 1791. Die Erklärung besteht aus 17 Artikeln. Die deutsche Übersetzung ist hier in gekürzter Form in das Original eingefügt worden. Die Frauengestalt oben links symbolisiert Frankreich, die Engelsgestalt oben rechts die Freiheit. Das Auge im Dreieck mit dem Strahlenglanz ist ein Symbol der Aufklärung: Man nennt es das „Auge der Vernunft". Pike und rote Kappe sind Symbole der Französischen Revolution.

🌐 **sf794h** Erklärfilm: Flugblatt gestalten

Schon gewusst?

Der **Kampf um die Durchsetzung der Menschenrechte** ist weiterhin aktuell. Das zeigt das Beispiel der Pakistanerin Malala Yousafzai. Sie hatte schon als Kind Gewalt der islamistischen Terrorgruppe der Taliban erleben müssen. Die Taliban zerstörten Schulen, in denen Mädchen unterrichtet wurden. Malala wollte nicht einsehen, warum man Mädchen das Recht auf Bildung verweigert. Schon mit elf Jahren schrieb sie darüber anonym in einem Online-Tagebuch. Als ihr Name bekannt wurde, erklärten die Taliban sie zur Feindin. Sie stoppten ihren Schulbus und schossen der Fünfzehnjährigen in den Kopf. Malala wurde gerettet und weltweit bekannt. 2014 bekam sie mit 17 Jahren den Friedensnobelpreis. Sie kämpft heute als Friedensbotschafterin für das Recht auf Bildung für Kinder.

Q2 **Malala Yousafzai** (geb. 1997) spricht über ihren Einsatz für die Rechte von Mädchen. Foto, 11. Oktober 2013

Q3 „Mann, bist du fähig, gerecht zu sein!" So beginnt ein Text, den die Schriftstellerin Olympe de Gouges im September 1791 verfasste. In 17 Artikeln formulierte sie die Menschenrechtserklärung von 1789 (siehe Q1) neu:

Artikel 1: Die Frau wird frei geboren und bleibt dem Manne gleich an Rechten. (…)
Artikel 6: Das Gesetz soll der Ausdruck des allgemeinen Willens sein; alle Bürgerinnen
5 und Bürger sollen persönlich oder über ihre Vertreter zu seiner Gestaltung beitragen; es muss für alle gleich sein: Da alle Bürgerinnen und Bürger vor ihm gleich sind, müssen sie gleichermaßen zu allen öffentlichen Würden,
10 Ämtern und Anstellungen zugelassen sein: nach ihren Fähigkeiten und ohne andere Unterschiede als die ihrer Tugenden und Begabungen.

Q5 **Olympe de Gouges.** Zeitgenössisches Gemälde von Alexander Kucharski

Q4 Aus dem Grundgesetz der Bundesrepublik Deutschland, Artikel 3:

(1) Alle Menschen sind vor dem Gesetz gleich.
(2) Männer und Frauen sind gleichberechtigt. (…)
(3) Niemand darf wegen seines Geschlechts,
5 seiner Abstammung, seiner Rasse, seiner Sprache, seiner Heimat und Herkunft, seines Glaubens, seiner religiösen oder politischen Anschauungen benachteiligt oder bevorzugt werden. (…)

A
B

1
a) Warum verwüsteten die Bauern 1789 die Schlösser und Klöster? Liste Gründe auf (T1–3).
b) Nenne zwei Beschlüsse der Nationalversammlung, die Frankreich veränderten (T1–3).

Gib den Artikeln in Q1 jeweils eine Überschrift, die das jeweilige Recht beschreibt.

2
3

2
Gib den Artikeln (Q1) eine Überschrift, die das jeweilige Recht beschreibt. Ordne sie nach Freiheits-, Gleichheits- und Besitzrechten.

Worin unterscheidet sich Art. 1 in Q1 und Q3? Erkläre.

3
Worin unterscheiden sich Q1 und Q3? Begründe deine Aussage aus dem jeweiligen Artikel 6.

4 MK
Frauen gründeten Klubs, um politische Fragen zu diskutieren. Gestaltet in Gruppen das Flugblatt eines Klubs, der gleiche Rechte für Frauen fordert (Q3). Digitale Lösung: siehe Zeitreise-Code.

5
Welche Vorbilder hat das Grundgesetz der Bundesrepublik Deutschland? Diskutiert darüber (Q1, Q3–4).

6 EXTRA MK
Bildet Gruppen und erstellt ein Plakat zu Malala Yousafzai und über ihre Arbeit für die Rechte von Jungen und Mädchen (Q2, Schon gewusst?, Internet).

A
B

Frankreich wird Republik

Der König verkleidet sich als Diener, seine Frau als Dienerin. Mit gefälschten Pässen besteigen sie gegen Mitternacht eine Kutsche und verlassen heimlich die Hauptstadt. Sie haben Angst – vor ihrem eigenen Volk!

Q1 Ludwig XVI. wurde 1774 im Alter von 20 Jahren König. Das Gemälde aus dem Jahr 1777 zeigt Ludwig als absoluten Herrscher im Krönungsmantel.

konstitutionelle Monarchie
Der König ist als Staatsoberhaupt an eine Verfassung (Konstitution) gebunden. Seine Macht wird durch eine Volksvertretung (Parlament) eingeschränkt.

Republik
Bei dieser Staatsform wird das Volk als höchste Gewalt angesehen. Regierung und Parlament werden nur auf Zeit gewählt.

T1 „Holt den König zurück!"
Am Morgen des 21. Juni 1791 gibt es in ganz Paris nur ein Thema: Ludwig XVI. und Marie Antoinette haben sich davongemacht. Reiter der Nationalgarde verfolgen sie schon: Der König darf nicht ins Ausland entkommen. Wenn er die Monarchen Europas zu einem Krieg gegen Frankreich aufhetzt, ist die Revolution verloren.

T2 Die Macht des Königs wird beschränkt
60 Kilometer vor der Grenze wird Ludwig erkannt, festgehalten und unter Beschimpfungen nach Paris zurückgebracht. Viele Bürger fragen sich: Braucht man noch einen König? Die radikalen Abgeordneten der Nationalversammlung fordern seine Absetzung. Doch die Gemäßigten setzen sich durch: Am 3. September 1791 wird Frankreich eine konstitutionelle Monarchie. Der König bleibt Staatsoberhaupt, muss aber einen Eid auf die neue Verfassung leisten.

T3 „Das Vaterland ist in Gefahr!"
Zu dieser Zeit bereiten sich Österreich und Preußen darauf vor, Frankreich anzugreifen. Sie wollen nicht zulassen, dass einfache Bürger die Rechte eines Königs begrenzen. Gleichzeitig stellen französische Adlige, die vor der Revolution ins Ausland geflohen sind, eine Armee auf. Um einem Angriff zuvorzukommen, erklärt die französische Nationalversammlung im April 1792 Österreich den Krieg. Schon bald marschieren österreichische und preußische Truppen auf Paris zu. In der Not ruft die Nationalversammlung Freiwillige zu den Waffen. Zehntausende Männer melden sich: Sie wollen die Revolution retten und die Ideen von Freiheit und Gleichheit in ganz Europa verbreiten!

T4 Die Monarchie stürzt
Ludwig XVI. hat der Kriegserklärung zugestimmt, verhandelt aber insgeheim mit seinem Schwager, dem Kaiser in Wien. Preußen und Österreich rufen die Franzosen auf, die Revolution zu beenden. Sie drohen damit, Paris zu zerstören, wenn dem König etwas geschehen sollte. Doch der Aufruf erreicht das Gegenteil: Am 10. August stürmen empörte Revolutionäre das Königsschloss in Paris. Ludwig wird seines Amtes enthoben und ins Gefängnis gebracht.
Im September wird eine neue Nationalversammlung gewählt. Jetzt sind die Gegner der Monarchie in der Mehrheit. Der Konvent, wie sich die neue Versammlung nennt, setzt den König ab und erklärt Frankreich am 22. September 1792 zur Republik. Ludwig wird wegen Landesverrats angeklagt und zum Tode verurteilt. Am 21. Januar 1793 wird er hingerichtet.

🌐 **95d484** Üben interaktiv: Schaubilder
zur Verfassung 1791 und zur Verfassung 1793

D1 Verfassung
Frankreichs 1791

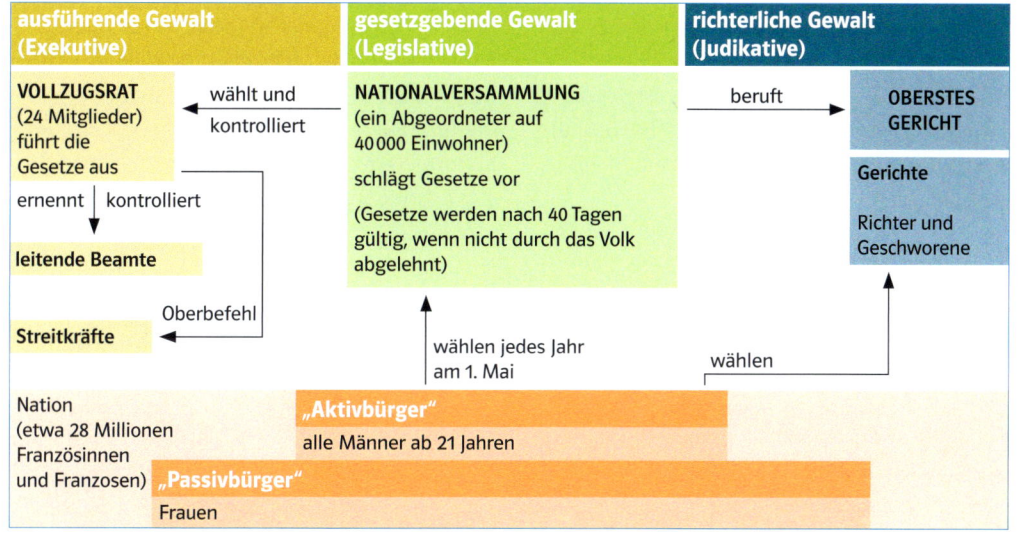

D2 Verfassung
Frankreichs 1793.
Die republikanische
Verfassung von 1793
trat nie in Kraft.
In Wirklichkeit be-
herrschte eine kleine
Gruppe den Staat
mit diktatorischer
Gewalt.

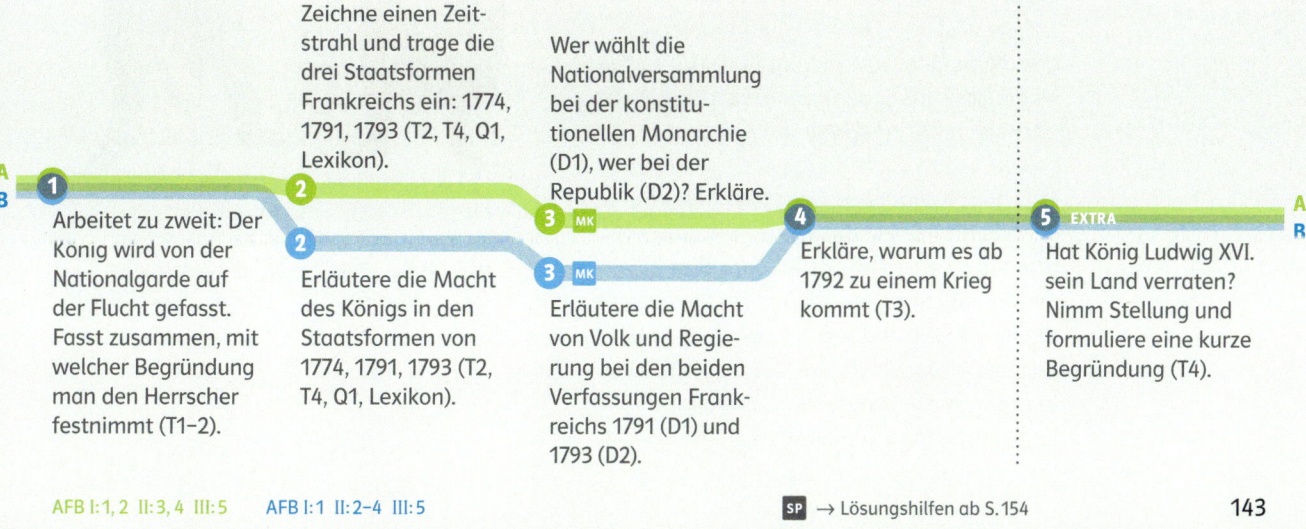

A
B ① Arbeitet zu zweit: Der König wird von der Nationalgarde auf der Flucht gefasst. Fasst zusammen, mit welcher Begründung man den Herrscher festnimmt (T1–2).

② Zeichne einen Zeitstrahl und trage die drei Staatsformen Frankreichs ein: 1774, 1791, 1793 (T2, T4, Q1, Lexikon).

② Erläutere die Macht des Königs in den Staatsformen von 1774, 1791, 1793 (T2, T4, Q1, Lexikon).

③ **MK** Wer wählt die Nationalversammlung bei der konstitutionellen Monarchie (D1), wer bei der Republik (D2)? Erkläre.

③ **MK** Erläutere die Macht von Volk und Regierung bei den beiden Verfassungen Frankreichs 1791 (D1) und 1793 (D2).

④ Erkläre, warum es ab 1792 zu einem Krieg kommt (T3).

⑤ **EXTRA** Hat König Ludwig XVI. sein Land verraten? Nimm Stellung und formuliere eine kurze Begründung (T4).
A
R

Die Revolution wird radikaler

„Rettet das Vaterland!", so lautet im Sommer 1793 der Aufruf der Regierung. Begeistert ziehen Tausende von jungen Männern in den Krieg: um die Revolution zu retten und um die neuen Ideen in ganz Europa zu verbreiten.

Freiheitsbaum

In Erinnerung an den Sturm auf die Bastille am 14. Juli 1789 stand in vielen Städten und Dörfern ein Freiheitsbaum, der oft mit Bändern und einer roten Kappe geschmückt war.

Kokarde

Wer seine revolutionäre Gesinnung zeigen wollte, trug ab 1789 ein Abzeichen in den Farben Blau-Weiß-Rot.

T1 Eine dreifache Krise

Die Hinrichtung Ludwigs hatte die Herrscher Europas entsetzt. Die Könige von Preußen, Österreich, Holland, England und Spanien schlossen sich nun zu einem mächtigen Bündnis zusammen. Ihre Heere drangen von Norden, Osten und Süden vor. Gleichzeitig kam es in vielen Provinzen Frankreichs zu Aufständen. Die gläubige Landbevölkerung weigerte sich, Anordnungen der Revolutionsregierung zu befolgen, weil diese Kirchen plündern, Klöster schließen und Priester verhaften ließ.

In manchen Gegenden brach die Versorgung mit Lebensmitteln völlig zusammen, und in den Städten hungerten die Menschen wieder.

T2 Volksheer gegen Söldnerheere

Die Regierung in Paris rettete sich mit brutalen Mitteln: Sie ließ in den Gebieten der Aufständischen Dörfer und Städte niederbrennen und Zehntausende von Menschen niedermetzeln. Gegen die Armeen der europäischen Monarchen mobilisierte sie ein riesiges Volksheer. Jeder erwachsene Franzose wurde zum Wehrdienst verpflichtet. Viele meldeten sich freiwillig. Sie kämpften nicht für Geld, sondern für ihr Vaterland. Das begeisterte. Doch es gab noch etwas, das die Soldaten zu Diensteifer und Tapferkeit ansporte: Jeder konnte jetzt bis in die höchsten Offiziersränge aufsteigen.

T3 Den Hunger mit Gesetzen bekämpfen

In Paris hungerten die Menschen. Ihr Zorn richtete sich gegen „Schieber und Spekulanten", die das Getreide knapp hielten und die Preise hochtrieben. So sahen es jedenfalls die einfachen Leute. Da die Regierung immer mehr von deren Zustimmung abhing, legte sie durch ein Gesetz Höchstpreise für lebenswichtige Güter fest. Die Folge war, dass Lebensmittel auf den offiziellen Märkten noch knapper wurden. Wer konnte, besorgte sie sich auf dem Schwarzmarkt zu enormen Preisen.

T4 Die Macht der Straße

Das ärgerte vor allem die Handwerker, Arbeiter, Marktfrauen, Wäscherinnen, Tagelöhner und Kleinhändler. Sie wussten oft nicht, wie sie Brot, Salz und Zucker besorgen sollten. Die radikalsten unter ihnen, die Sansculotten, terrorisierten bald jeden auf der Straße, den sie für einen „Reichen" hielten. Sie scheuten sich auch nicht, zu den Sitzungen des Konvents zu gehen und lautstark ihre Forderungen herauszuschreien.

Q1 Sansculotten mit Säbel, Pike (Spieß) und Kokarde (Abzeichen). Eine „culotte" war eine Kniebundhose, die besonders der Adel vor der Revolution trug. „Sans culotte" bedeutet „ohne Kniehose" – die Sansculotten trugen lange Hosen. Zeitgenössische Radierungen

Q2 Französische Soldaten errichten 1794 auf dem Kölner Neumarkt einen Freiheitsbaum.
Der Platz sollte ab sofort „Platz der Republik" heißen. Gemälde, 1794

Q3 Eine französische Zeitung schrieb 1793:

Ein Sansculotte (…) ist einer, der (…) keine Schlösser hat und Diener zu seiner Bedienung, und der mit seiner Frau und seinen Kindern, sofern er welche hat, ganz einfach im
5 vierten oder fünften Stock wohnt. Er ist nützlich, weil er es versteht, ein Feld zu pflügen, zu schmieden, zu sägen, zu feilen, sein Dach zu decken, Schuhe zu machen und bis zum letzten Tropfen sein Blut zum Wohle der
10 Republik zu vergießen.

Schon gewusst?

Die **Menschen im Rheinland** haben früher als andere Deutsche die Auswirkungen der Französischen Revolution erfahren. 1794 marschierten Revolutionstruppen bis zum Rhein vor. Einerseits litten die Menschen nun Not, weil sie Lebensmittel für die Soldaten und Futter für die Pferde der Truppen abliefern mussten, andererseits erhofften sie sich von den Franzosen aber auch moderne Freiheitsrechte.

2 Was unternahm die Regierung, um die Probleme zu lösen? Liste Maßnahmen aus T2 und T3 auf.

3 Beschreibe die Kleidung der Sansculotten (Q1) und nenne Berufe, in denen sie arbeiteten (Q3).

1 Mit welchen Schwierigkeiten hatte die Revolutionsregierung 1793 zu tun? Nenne aus T1 drei Probleme.

2 Warum konnte die Regierung die schwierige Lage im Sommer 1793 meistern? Erläutere ihre Politik aus T1–3.

3 Schreibe einen Lexikonartikel zu „Sansculotten". Erläutere auch ihre politische Einstellung (Q1, Q3, T4).

4 „Warum kämpften viele Franzosen freiwillig in der Revolutionsarmee?" Diskutiert über die Frage (T2).

5 Beschreibe Q2. Welche Erwartungen hatten die Kölner Bürger/innen und Bürger, als 1794 auf dem Neumarkt ein Freiheitsbaum aufgestellt wurde (Q2, Schon gewusst?)?

6 EXTRA Gestaltet zu zweit ein Flugblatt, das die Untertanen deutscher Fürsten zum Sturz ihrer Herrscher auffordert.

AFB I: 1, 2 II: 3, 5 III: 4, 6   AFB I: 1 II: 2, 3, 5 III: 4, 6   **SP** → Lösungshilfen ab S. 154

Terror statt Freiheit

Frankreich 1793: Die radikalen Jakobiner haben sich gegen alle anderen politischen Gruppen durchgesetzt. Ihr Anführer heißt Robespierre (sprich: Robespjeer). Wer gegen ihn ist, muss mit dem Tode rechnen.

Jakobiner
eine radikale politische Gruppe, die zu ihren Sitzungen in einem ehemaligen Sankt-Jakobs-Kloster zusammenkam

Konvent
Name der National-versammlung vom 20. September 1792 bis zum 26. Oktober 1795

Republik
Bei dieser Staats-form wird das Volk als höchste Gewalt angesehen. Regie-rung und Parlament werden nur auf Zeit gewählt.

T1   Die Jahre des Terrors

„Der große Schrecken", so nennt man bis heute die blutigste Zeit der Revolution in den Jahren 1793 und 1794. Die radikalen Jakobiner verfolgten jeden, den sie für einen politischen Gegner hielten als „Feind der Republik". Das waren erst Adlige und Priester, dann reiche Bürger und gemäßigte Abgeordnete des Konvents, am Ende sogar Sansculotten und Jakobiner, die sich kritisch äußerten. Im Konvent wagte kaum ein Abgeordneter noch, Robespierre zu widersprechen. Wenn er ein neues Gesetz wollte, stimmten sie dafür. Und in den Straßen von Paris war kein Bürger sicher. Dort durften die Sansculotten jeden beleidigen und einschüchtern, der ihnen verdächtig war. Ihnen versprach Robespierre die „Gleichheit" aller auf Kosten der Reichen. Am Ende hatte jeder Angst. Nun verschworen sich ehemalige Anhänger Robespierres im Konvent gegen ihn. Er wurde gestürzt und zum Tode verurteilt. Die Revolution veränderte sich wieder.

Q1   Maximilien Robespierre. Porträt, um 1793

T2   Herbst 1795 – eine neue Zeit

Das folgende Gespräch könnte auf dem Fischmarkt von Paris stattgefunden haben:
Marie: „Guten Morgen, was darf es sein?"
Jean: „Ach, du weißt ja, ein armer Schuhflicker wie ich hat doch kein Geld. Wie immer, zwei Heringe."
Marie: „Schlechte Zeiten für uns kleine Leute."
Jean: „Die da oben haben es mal wieder geschafft. Früher saugten uns Adlige und Pfaffen aus, heute sind es diese Neureichen!"
Marie: „Als das Land der Kirche und der geflohenen Adligen versteigert wurde, sind sie wie die Geier darüber hergefallen."
Jean: „Jetzt spazieren sie fein herausgeputzt wie geborene Grafen herum. Als wir den Robespierre noch hatten, da haben sie vor uns gezittert! Aber die neue Regierung beschützt ja die Herrn Neureichen vor uns Jakobinern. Und das Wahlrecht haben sie Leuten wie uns auch weggenommen."
Marie (wendet sich einem fein gekleideten Herrn zu): „Ah, guten Morgen Monsieur Blanchard!"
Monsieur Blanchard: „Guten Morgen!"
Marie: „Da habe ich für Sie ganz frische Austern! Darf ich Ihnen wieder zwei Kilo einpacken? Einen lieben Gruß an Ihre Frau Gemahlin noch." (Blanchard entfernt sich.)
Jean: „Der Kerl ist mit Lieferungen an die Armee reich geworden, während unser Blut gegen die Österreicher floss. Aber die werden wir uns noch holen, diese Geldsäcke!"
Monsieur Blanchard (hat aber noch zugehört, murmelt): „Na, das wollen wir doch sehen. Unsere Regierung hat fähige, junge Offiziere. Die werden es ihnen schon zeigen! Der General Bonaparte zum Beispiel; der hat doch kürzlich die Anhänger des Königs zusammenschießen lassen. Mit diesen dahergelaufenen Sansculotten wird so einer allemal fertig!"

Q2 Die Revolutionsgerichte waren gefürchtet. Ein Bericht aus der Zeit stellt sie so dar:
Verhöre und Verteidigungen gibt es nicht mehr. Zeugen werden keine vernommen. Wer im Gefängnis sitzt, ist bereits zum Tode verurteilt. Der öffentliche Ankläger kommt kaum
5 mehr zur Ruhe. In einem Raum neben seinem Büro wirft er sich nachts für einige Stunden auf seine Pritsche, um dann aufgeschreckt wieder an den Schreibtisch zu wanken. (…) Es gibt Verhandlungen, wo 100 oder 150 An-
10 geklagte schon vor der Verhandlung als schuldig in die Listen eingetragen wurden. (…) Der eine Richter vertreibt sich die Zeit damit, Karikaturen der Angeklagten zu zeichnen, andere sind oft betrunken.

Q3 Hinrichtung Robespierres und seiner Anhänger am 28. Juli 1794. Robespierres Bruder Augustin steht schon auf der Treppe zur Hinrichtung, er selbst ist auf dem ersten Karren in brauner Jacke abgebildet. Zeitgenössischer Stich

Schon gewusst?

Robespierre wollte Frankreich vollständig verändern. An die Stelle des Christentums sollte eine **Religion der „Vernunft"** treten. Seine Anhänger veranstalteten sogar eine Feier, bei der eine Tänzerin als „Göttin der Vernunft" auf den Altar der großen Kathedrale in Paris gehoben wurde. An die Stelle des christlichen Kalenders trat ein neuer Revolutionskalender. Er begann mit dem Jahr 1 der Republik (= 1792). Robespierre fand seine treuesten Anhänger bei den Armen der Städte. Denn unter „Gleichheit" verstand er nicht nur die politische und rechtliche Gleichstellung aller Bürger, sondern auch die Neuverteilung des Besitzes.

A
B

1

Bearbeite T1.
a) Welche Gruppe übte 1793/94 die Macht aus?
b) Wie hieß ihr Anführer? Mit welchen Mitteln setzte er seinen Willen durch?
c) Warum unterstützten ihn gerade die ärmeren Menschen? Erkläre.

2

2

Warum war die Art, wie die Revolutionsgerichte vorgingen, für die Ausübung einer Terrorherrschaft vorteilhaft? Begründe aus Q2.

Wie gingen die Revolutionsgerichte vor? Liste aus Q2 auf, was deiner Meinung nach nicht zu einer ordentlichen Gerichtsverhandlung gehört.

3

Lest mit verteilten Rollen die Szene in T2 oder macht daraus ein Rollenspiel. Begründet, warum Marie und Jean die neue Ordnung ablehnen.

Welche Einzelinformationen hat der Maler in das Bild Q3 eingearbeitet? Welche Reaktion zeigen die Zuschauer? Beschreibe.

4

4

Wie steht der Maler zu den Ereignissen vom 28. Juli 1794? Begründe deine Meinung, indem du einzelne Szenen aus Q3 erläuterst.

5

Diskutiert in der Klasse die Aussage: „Politiker wie Robespierre sind gefährlich." (T1, Q1, Schon gewusst?)

A
B

Napoleon beendet die Revolution

Napoleon wird bis heute von vielen bewundert. Dabei hat er 20 Jahre lang Krieg in Europa geführt.

Q1 Napoleon überquert mit seiner Armee die Alpen. Auf den Steinen links unten stehen die Namen Bonaparte, Hannibal und Karl der Große. Gemälde von Jacques-Louis David, 1800

Direktorium
Die Regierung Frankreichs 1795–1799. Sie begünstigte das Besitzbürgertum.

Konsulat
So bezeichnet man die Regierung des Generals Bonaparte zwischen 1799 und 1804.

Kaiserreich
So nennt man die Herrschaft Napoleons zwischen 1804 und 1815.

T1 Offiziersschüler des Königs
Napoleon wird 1769 auf der Insel Korsika geboren. Er ist begabt und bekommt mit neun Jahren einen Platz an einer staatlichen Schule, dann an einer Militärschule. Seine Lieblingsfächer sind Geschichte und Mathematik. 1785 wird er zum Leutnant der Artillerie befördert.

T2 Hauptmann unter Robespierre
Im September 1793 macht Napoleon zum ersten Mal auf seine Fähigkeiten aufmerksam: Die Engländer haben die Hafenstadt Toulon am Mittelmeer besetzt. Als Hauptmann der französischen Belagerungsarmee lenkt er das Feuer seiner Kanonen geschickt auf die Stellungen der Engländer und zwingt sie zum Abzug. Die Regierung befördert Napoleon zum General. Doch nach dem Sturz Robespierres ist der junge General ohne Beschäftigung.

T3 General des Direktoriums
Ein Jahr später lernt er Joséphine de Beauharnais (sprich: Boharnä) kennen. Sie hat gute Beziehungen zu den Mitgliedern des Direktoriums. Napoleon heiratet sie und bekommt ein militärisches Kommando. 1795 schlägt er einen Aufstand der Königsanhänger in Paris brutal nieder. 1796 erhält er das Kommando über die Italienarmee, die gegen Österreich kämpft. 1798 schickt ihn das Direktorium mit einer Armee nach Ägypten. Dort soll er die Handelswege der Engländer über das Mittelmeer nach Indien unterbrechen.

T4 Erster Konsul
Der ehrgeizige General kehrt 1799 aus Ägypten zurück und nutzt seinen Ruhm, um die Regierung zu stürzen. Eine neue Verfassung macht ihn zum Staatschef. Nun treibt er energisch die Reform des Staates voran: Bonaparte zentralisiert die Verwaltung. Er sorgt für eine stabile Währung, vereinheitlicht Maße und Gewichte, gründet staatliche Gymnasien und Universitäten, um fähige junge Leute für Verwaltung und Militär heranzuziehen. Vor allem aber lässt er ein einheitliches bürgerliches Recht ausarbeiten, den Code Civil. Freiheit gewährt Bonaparte allerdings nicht: Zeitungen dürfen nicht frei berichten, und die Spitzel der Polizei überwachen das Volk.

T5 Kaiser der Franzosen
Napoleon möchte, dass die Franzosen seine Herrschaft als rechtmäßig ansehen. Deshalb lässt er das Volk von Zeit zu Zeit abstimmen: 1802 wird er so Konsul auf Lebenszeit, 1804 Kaiser der Franzosen. Napoleons wirkliche Macht ist das Militär, das er durch Siege über die Armeen Europas an sich bindet.

Q2
Kaiserkrönung, 2. Dezember 1804.
Napoleon krönt erst sich selbst, dann seine Frau Joséphine. Papst Pius VII. hat beide zuvor mit „heiligem Öl" gesalbt. Er war eigentlich nach Paris gekommen, um die Krönung selbst vorzunehmen. Ausschnitt aus einem Gemälde von Jacques-Louis David, 1809

Q3   Aus dem Code Civil von 1804:

Art. 213: Der Mann schuldet der Frau seinen Schutz, die Frau ihrem Manne Gehorsam.

Art. 371: Das Kind muss seinem Vater und seiner Mutter ein Leben lang Ehre erweisen.

5 Art. 372: Es bleibt unter ihrer elterlichen Gewalt bis zu seiner Volljährigkeit (mit 21 Jahren).

Art. 373: Allein der Vater übt diese elterliche Gewalt während der Ehe aus.

Art. 374: Das Kind darf das väterliche Haus 10 ohne Erlaubnis des Vaters nicht verlassen, es sei denn, um sich nach Vollendung des 18. Lebensjahres in die Freiwilligenlisten (der Armee) einzuschreiben.

Art. 376: Bis zur Vollendung des 16. Lebens- 15 jahres darf der Vater es für einen Zeitraum von höchstens einem Monat einsperren lassen.

Art. 545: Niemand kann dazu gezwungen werden, sein Eigentum abzutreten, es sei denn, es geschieht zum öffentlichen Nutzen 20 und dann gegen eine vorhersehbare und angemessene Entschädigung.

Code Civil
Eine Sammlung von Gesetzen, welche die Rechte der Personen, der Güter und des Eigentums festlegten. Der Code Civil war lange Zeit das fortschrittlichste Gesetzbuch überhaupt.

A
B

2 Welche Eigenschaften und Fähigkeiten Napoleons findest du in T1–5? Liste fünf auf.

3 Wie machte Napoleon Frankreich zu einem modernen Staat? Liste stichwortartig seine Neuerungen auf (T4).

4 Wähle Q1 oder Q2 aus.
a) Beschreibe das Bild.
b) Wodurch setzt der Maler Napoleon gut in Szene? Erkläre.

5

6 EXTRA MK

A
B

1 Erstelle einen Zeitstrahl zu Napoleons Karriere (T1–5).
a) Trage das jeweilige Alter Napoleons und das entsprechende Jahr ein.
b) Schreibe nun das Ereignis dazu.

2 Warum bekam Napoleon schon mit 30 Jahren alle Macht im Staat? Erkläre dies aus seinen Eigenschaften und Fähigkeiten (T1–5).

3 Wie wirken die Bestimmungen aus dem Code Civil auf dich? Warum waren sie im Jahr 1804 fortschrittlich? Begründe aus T4 und Q3.

4 Bearbeite Q1 und Q2. Wie macht der Maler Propaganda für Napoleon? Begründe, z.B. mit Motivauswahl, Körperhaltung, Farbe, Licht.

„Napoleon herrschte wie ein Diktator, doch die meisten Franzosen hielten seine Herrschaft für besser als alles, was sie bis dahin kannten." Diskutiert die Aussage.

Wie hätte ein moderner Werbespot für Napoleon ausgesehen? Erarbeitet in einer Kleingruppe einen Spot und nehmt ihn auf.

Auswirkungen der Französischen Revolution bis heute

Die Französische Revolution fand vor über 200 Jahren statt. Trotzdem findet sie bis heute mehr Beachtung als andere Revolutionen der Geschichte.

T1   Im französischen Alltag

In Frankreich findet man heute noch unmittelbare Zeugnisse der Revolution: Jedes Jahr feiern die Franzosen am 14. Juli mit Feuerwerken und einer großen Militärparade in Paris ihren Nationalfeiertag.

Die französische Nationalhymne, die Marseillaise, stammt ebenfalls aus der Zeit der Revolution. Sie entstand 1792, als sich die Revolutionstruppen gegen die Einmischungsversuche ausländischer Könige wehren mussten. So beginnt der Text auch mit den folgenden Worten: „Auf, Kinder des Vaterlands, der Tag des Ruhmes ist gekommen!"

T2   Die Idee von der Nation

Auch die Idee von der Nation wurde in der Französischen Revolution entwickelt. Die Französinnen und Franzosen verstanden darunter vor über 200 Jahren die Gesamtheit aller Staatsbürger. Diese Vorstellung

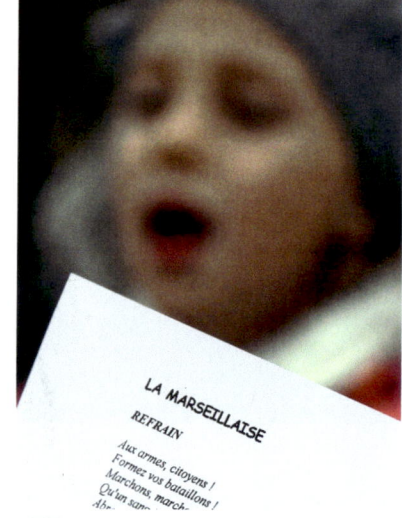

Q2   Die französische Nationalhymne.
Ein Hauptmann der Revolutionsarmee verfasste 1792 ein „Kriegslied für die Rheinarmee". Den Namen „Marseillaise" (Lied der Marseiller) erhielt das Lied ein Jahr später, weil es von Soldaten aus Marseilles bei ihrem Einzug in Paris gesungen wurde. Foto, 7. Oktober 2016

verbinden wir noch heute mit dem Begriff – auch die Vorstellung, dass freie und gleichberechtigte Staatsbürger/innen über ihren Staat bestimmen können.

Q1   Die französische Fußball-Nationalmannschaft wird auch „Équipe Tricolore" genannt.
Die drei Farben der heutigen Nationalflagge Frankreichs (Tricolore) waren seit 1789 das Erkennungszeichen von Menschen, die sich für die Revolution begeisterten. Man trug sie als Kokarde am Hut oder auf der Kleidung. Foto, 13. November 2015

D1 **Französische Revolution: kontrovers diskutiert.**
Die Ergebnisse der Französischen Revolution und ihr
Verlauf werden auch heute noch unterschiedlich bewertet.

A
B

Ordne die Aussagen in D1 in
drei Spalten (positiv/neutral/
negativ) ein. Welche der Aussagen findest du am besten?
Begründe.

1 Bearbeite mit deinem
Nachbarn T1–2, Q1–2.
a) Welche Symbole der
Französischen Revolution
haben noch heute in Frankreich eine Bedeutung?
b) Warum sind die Franzosen
auf ihre Revolution stolz?
Diskutiert die Frage, indem
ihr besonders T2 beachtet.

2 Ordne die Aussagen in D1 in
drei Spalten (positiv/neutral/
negativ) ein und gibt jeder
Aussage eine passende
Überschrift. Begründe dann,
welche Aussagen du für gelungen hältst und welche
nicht.

3 „Ich finde eine der Positionen
in D1 besonders interessant,
weil …"
a) Schreibe deine
Begründung auf.
b) Diskutiere mit deinem
Nachbarn darüber.

4 EXTRA
Diskutiert in der Klasse eine
der folgenden Fragen.
a) Hat die Französische
Revolution die Welt verändert?
b) Sind Symbole für den
inneren Zusammenhalt
einer Nation wichtig?

A
B

Absolutismus und Französische Revolution

Absolute Herrschaft

Aufklärung

Verfass

🌐 **sf794h** Arbeitsblatt und Üben interaktiv

Revolution   Terror   Kaiserreich

 Ich kann erklären, wie Ludwig XIV. sein Land beherrschte.

 Ich kann über die Ideen der Aufklärer berichten.

 Ich kann erklären, wie Gewaltenteilung im Staat funktioniert.

 Ich weiß, warum es 1789 in Frankreich zu einer Revolution kam.

 Ich kann die Terrorherrschaft Robespierres bewerten.

 Ich kann ein Verfassungsschema erklären und aufzeigen, wie die Macht im Staat verteilt ist.

 Ich kann Napoleons Herrschaft als Ende der Revolutionszeit und Beginn einer neuen Ordnung bewerten.

 Ich kann die Frage diskutieren, ob sich die Französische Revolution aus heutiger Sicht gelohnt hat.

Leben im Mittelalter

Seite 13

1 Schlage im Atlas die Karte von Europa auf. Lege die Karte D1 aus dem Kapitel daneben.

2 Überlege, wen er als mächtigen Partner gewann.

2 Verwende bei deiner Antwort auf die erste Frage das Wort „Dankbarkeit", auf die zweite Frage das Wort „Macht".

3 Ergänze: Das Frankenreich wurde unter Chlodwigs Söhnen aufgeteilt. Die Söhne führten aber untereinander … Das … ihre Macht. Mehr und mehr bestimmten die … die Politik. Am Ende wurde ein mächtiger … selbst …

4 Beachte in Q2 die Zeilen 6–9 und die Tatsache, dass Pippin das Heer anführte.

4 Mögliche Argumente: Der König ist …, ich bin … als er. Ich mache seine Arbeit, dann ist es doch besser, wenn ich selbst …

5 Hier könnte das Sprichwort „Hilfst du mir, so helfe ich dir" zur Anwendung kommen. Die Krönung war vorteilhaft für Pippin, weil … Die Krönung war vorteilhaft für den Papst, weil …

Seite 15

1 Karl vergrößerte sein Reich in über 40 … Karl führte vor allem Krieg gegen Völker, die … Er zwang sie …

2 Karl hatte dem Papst geholfen, als …

2 Rom, Weihnachten 800. Papst Leo III. krönt den fränkischen König Karl zum Kaiser. Die Krönungszeremonie soll folgendermaßen abgelaufen sein: …

3 Beschreibe zunächst genau, wie Karl dargestellt wird: Er trägt auf dem Kopf einen … Er ist gekleidet in … Überlege dann, an wen das erinnert.

3 Q1: von der Seite, nur der Kopf, … sieht aus wie… Q2: von vorne, der ganze Mensch, sitzt auf … sieht aus wie …

4 Tipp: Er steht in der linken Hälfte. Beschreibe wie Karl gekleidet ist, welche Dinge er bei sich hat, wie und wo er sitzt und was er tut.

4 Liste auf, wofür Karl die Schrift braucht (Tipp: Q1 und T3) und was er dafür tut.

5 Nenne aus T3 alle fünf Neuerungen, die Karl während seiner Regierung durchsetzt.

6 Mögliche Argumente dafür: erfolgreicher Krieger, Gründer eines großen Reiches, förderte Bildung, wichtig für die spätere Geschichte Europas; mögliche Argumente dagegen: zwingt Andersgläubige mit Gewalt zum Christentum, stellt sich in die Tradition des Allein-herrschers Augustus

6 Mögliche Argumente dafür: herrschte über ein großes Reich mitten in Europa – war Verbündeter des Papstes – unterstütze eine einheitliche Schrift, mit der sich alle Gelehrten verständigen konnten/ mögliche Argumente dagegen: herrschte nur über einen Teil von Europa – unterwarf gewaltsam andere Nachbarn

Seite 17

1 Das Frankenreich erstreckte sich von … im Norden bis … im Süden.

2 Überlege, was der König vor Ort alles machte (T2). Bedenke auch, was das für die Menschen vor Ort bedeutete.

2 Tipp: Am Tag legte Karl mit seinem Gefolge zwischen 25 und 45 km zurück, nun kannst du ausrechnen, wie lange er unterwegs war. Denke auch an die Tätigkeiten vor Ort.

3 Zu einer Pfalz gehört eine Kapelle, ein Gebäude für … und … Karl übernachtete auf den Pfalzen und … Überall im Reich gab es Pfalzen, besonders im …

4 Liste auf, für welche Aufgaben Karl Helfer brauchte.

4 Überlege, welche Aufgaben Karl auf seinen Reisen erledigt hat (das hast du in Aufgabe 2 schon heraus-gefunden). Welche davon könnte er nicht zentral erledigen (von einer Hauptstadt aus)?

5 Tipps: In Köln gibt es keine Pfalz, Karl übernachtet auch in Bischofsburgen, in Schlettstadt gibt es eine Pfalz. Schau nochmal auf S. 16 in T2

6 Name: …; Vater: …; Familie: …; Beruf: … (45 Jahre lang); Titel: …, seit 800 …, …

Seite 19

1 Das Reich wurde nach Tod von Karl geteilt: im Westen …, in der Mitte …, im Osten … Später wurden daraus …

2 D1 rechte große Karte: Hzm. ist die Abkürzung für Herzogtümer. Achte auf die Reichsgrenzen.

2 Du kannst eine Liste erstellen, in der du weltliche und geistliche Gebiete einträgst. Tipp: Weltliche Herren waren Könige, Herzöge und Grafen, geistliche Herren waren der Papst, Erzbischöfe und Bischöfe.

3 Du kannst etwas zu dem Erbe und der Familie schreiben (T2, „Schon gewusst?"), zu den Bistümern (T2) und den Eroberungen (D1).

4 Heiliges = … (Christen/Kaiser/Schutz); Römisches = … (Herrscher/Antike)

5 In einem Schaubild steht der mächtigste Herrscher oben oder in der Mitte, ein Bündnis kann durch einen Doppelpfeil ⇔ gezeigt werden.

6 Beachte die Tipps zur Internetrecherche am Ende des Buches.

6 mögliche weitere Namen: Adelheid, Kunigunde, Gisela, Beatrix, Agnes

Seite 21

1 Die Stellenanzeige sollte folgende Informationen erhalten: Wer ist geeignet (Alter, Geschlecht, Herkunft)? Was sind die Tätigkeiten? Was bietet die Stelle (Bezahlung, Vorteile)?

2 Die Fürsten wählten sich einen neuen König, wenn … Nach der Wahl … Die Fürsten wurden immer … Wie bedeutend die Fürsten waren, zeigt …

2 Beschreibe zunächst: Was taten die Fürsten? Was taten die Bischöfe? Nutze die Wörter salben/huldigen/wählen. Erkläre dann die Bedeutung: Wenn der Bischof den neuen König salbt, zeigt er, dass …

❸ Liste auf: König (T2) = … Kaiser (T3) = …
Tipp: Kaiser = König + …

❹ a) Achtet auf Aussehen, Funktion, Gestaltung.
b) Schaut vor allem auf S. 14/15, 17, 22.
c) Schaut genau in den Texten nach: Krone (Bildunterschrift T1), Reichsapfel (Bildunterschrift T2–3), Schwert:
(Bildunterschrift T1–3), Lanze (Bildunterschrift T1–3)
d) Tipp: Welche Infos sind wichtig, welche können wegfallen? Schrift: groß genug, nicht zu viel Text, Bilder: groß
genug; Gestaltung des Plakats vorher skizzieren

❺ Beschreibe: Wer ist in der Mitte, wer an den Seiten?
Welche Haltung haben die Personen? Was haben sie bei
sich? Wie stehen sie zueinander?

❺ In Aufgabe 3 hast du beschrieben, was ein Kaiser ist.
Was davon erkennst du im Bild wieder?

❻ Oh großer Basileus, heute durfte ich untertänigst an der
Krönung Ottos im fernen Westen teilnehmen. Welch eine
Pracht! Der Herrscher saß … Um ihn herum … Sie trugen
… Dabei standen auch …

Seite 23

❶ Der Papst ist Nachfolger … und … Christi. Er hat das …
Amt. Seine Macht erhält er…

❷ Wer sitzt in der Mitte? Wie sitzen Papst und Kaiser zu
einander?

❷ Siehe Lösungshilfe zu Aufgabe A2 (grün). Tipp: Schau auf
S. 21 (Aufgabe 4) nach, welche Bedeutung das Schwert
hat.

❸ Heinrich setzt Bischöfe …, der Papst möchte …
Als Heinrich …, exkommuniziert der Papst …

❸ a) Siehe Lösungshilfe zu Aufgabe A3 (grün).
Zusätzlich: Papst Gregor VII. stärkt seine Macht.
Er will, dass …
b) Wo treffen sich die Personen? Wer ist abgebildet,
wer nicht? Weitere Infos sind in T3.

❹ Überlegt dabei, wie die Stellung des Kaisers/Papstes ist,
welche Ziele sie verfolgen und über welche Mittel sie
verfügen. Schaut auch nochmal auf S. 22 in T2–3 nach.

❺ Du kannst eine Liste vorher – nachher erstellen: Wer darf
was?

❻ Argumente dafür: zwei Mächte als Schutz für alle Christen –
hat bis ins 11. Jahrhundert funktioniert – „von Gott gewollt";
Argumente dagegen: das Verhältnis der Beiden ist
ungleich – Gang nach Canossa – ungleiche Mittel:
militärischer Schutz für den Papst gegenüber
Exkommunikation

Seite 25

❶ Die Menschen hatten Angst vor … Sie stellten sich die
Hölle so vor: …

❷ Nach dem Morgengebet habe ich … Dann ging ich zu
einem Sterbenden und habe dort … Als ich in meiner
Kirche war, kamen viele und wollten … Am Abend habe
ich noch mit dem jungen Karl und seiner Marie über …
gesprochen …

❷ Nutze und erkläre dabei die Begriffe beichten/Ablass/
Vergebung.

❸ Sohn: Mama, warum hat jedes Dorf eine Kirche?
Bäuerin: Mein Sohn, Gott hat uns … Und die Kirche
begleitet uns das ganze Leben. Als du geboren wurdest,
haben wir direkt den Pfarrer gerufen, um dich taufen zu
lassen. Als die alte Marie im Sterben lag, kam auch …
Sohn: Das verstehe ich nicht. Wie kann ich denn meine
Sünden …
Priester: Das kann ich dir erklären: Wenn du gesündigt
hast, dann …

❹ Mögliche Argumente dafür: Fast alle Menschen waren
Christen, die christliche Kirche bestimmte das Leben,
auch der weltliche Herrscher war ein Christ und schützte
die Kirche.
Mögliche Argumente dagegen: Nicht alle Menschen
waren im Reich Christinnen und Christen, in anderen
Regionen lebten Juden und Moslems, viele Werte, die wir
heute christlich nennen (z. B. Nächstenliebe), scheint es
nicht gegeben zu haben.

❺ Tipp: Um Argumente zu finden, schau nochmal in T1–2 nach.

❻ Beachte die Tipps zur Internetrecherche am Ende des
Buches.

❻ Mögliche Ideen: die Länge des Weges, das Wetter, das
Gepäck, was hinterlässt er in der Heimat, was sieht er
Neues …

Seite 27

❶ Die Geburt spielte eine große Rolle. Der Sohn eines
Bauern z. B. …

❷ Erster Stand: Geistliche (= D1: Person rechts),
Zweiter Stand: …

❷ Ergänze die Tabelle:

Stand	Wer gehörte dazu?	Aufgaben/ Eigenschaften
Erster Stand	Geistliche (Bischöfe, Äbtissinnen, Äbte)	…
…	…	…
…	…	…

❸ Beachte in Q1: Wer steht im Bild über den Ständen?

❸ a) siehe Lösungshilfe zu A3; b) siehe S. 24, besonders T1

❹ Die Ständeordnung wurde von den Menschen hinge-
nommen. Doch im 13. Jahrhundert änderte sich das:
Es kamen Stimmen auf, die …

❹ Bedenke zunächst: Franz von Assisi war ein reicher
Kaufmann, der sein Leben radikal änderte und in Armut
lebte (Kasten „Schon gewusst?"). Passt das zum Leben in
der Ständegesellschaft (T1)?

❺ –

❻ –

❻ Nutze die Hinweise zum Recherchieren im Unterricht auf
der hinteren Umschlagseite.

Seite 29

❶ Benutze die Begriffe: Grund, Grundherr, Bauern, abhängig.

❷ Eine Grundherrschaft bestand aus …, große Grundherrschaften bestanden aus vielen … Auf den Fronhöfen saßen der … und seine … Die unfreien Bauern mussten … Dafür erhielten sie im Gegenzug …

❷ Verwende für deine Zeichnung folgende Begriffe: Grundherr, Herrenhof/ Fronhöfe, abhängige Bauern, Abgaben, Frondienste, Herrschaft, Schutz

❸ Lies den Text zweimal. Tipp fürs zweite Lesen: Achte auf die Art der Abgaben und Dienste, die Zahlenangaben sind für deine Antwort nicht wichtig.

❹ Hallo, mein Name ist Meier – und das ist auch mein Beruf. Ich habe hier auf dem Fronhof meines Grundherrn viel zu tun: …

❹ Schreibe zunächst aus T3 Argumente für und gegen den Eintritt in die Grundherrschaft auf. Schreibe dann den Dialog.

❺ Wäge ab zwischen Schutz und Unterhalt auf der einen Seite und Abgaben, Diensten und Willkür auf der anderen Seite.

Seite 31

❶ Zu den Arbeiten der Männer zählte vor allem die Feldarbeit. Der Bauer musste …

❷ Die Frauen waren vor allem auf dem Hof tätig und versorgten das Vieh …

❷ Vergleiche dazu deine Ergebnisse zu Aufgabe 1.

❸ Bedenke bei deiner Antwort, welche Hilfsmittel/Maschinen einem Bauern im Mittelalter zur Verfügung standen.

❸ Halte zunächst in Stichworten fest, was du in D1–2 und Q2 über das Leben der Bauern erfährst.

❹ Ergänze die Tabelle:

	Adjektive
Wohnen	kalt, beengt, karg, …
Essen	…
Arbeit	…
Kleidung	…

❺ Tipp: In Q3 wird für jeden Monat eine Tätigkeit gezeigt. Die erste Abbildung zeigt den Januar, die letzte den Dezember.

❺ Folgende Tätigkeiten kommen vor: Vieh hüten, jagen, säen, Wein aufbinden, handwerkliche Arbeiten, pflügen, Getreide schneiden, Wein ernten, schlachten, Holz verarbeiten, Bäume beschneiden, Gras mähen

❻ Früher war es wichtig, viele Kinder zu haben. Kinder halfen bei der … und konnten die Alten … Heute …

Seite 33

❶ Beachte, wie sich die Bevölkerung entwickelte.

❷ Bei einem Werbeplakat kommt es auf Bild und Text an. Wichtig ist es, den Nutzen des Räderpfluges in den Mittelpunkt zu stellen, also: Warum sollte der Bauer einen Räderpflug kaufen? Was verbessert sich dadurch für ihn?

❷ Notiere zunächst aus T1 und D1 Argumente für die Dreifelderwirtschaft: höhere Erträge, … Bei einem Werbeplakat kommt es auf Bild und Text an. Wichtig ist es, den Nutzen der Dreifelderwirtschaft in den Mittelpunkt zu stellen, also: Warum sollte der Bauer sie einführen? Was verbessert sich dadurch für ihn?

❸ Benutze die Wörter Bauern, freikaufen, Tagelöhner.

❸ Durch die Entstehung von Städten konnten die Bauern ihre Produkte gegen … auf den städtischen … verkaufen. Dadurch konnten sie sich von … und … freikaufen. So verringerte sich die Abhängigkeit von den … Mehr und mehr dörfliche Angelegenheiten regelten die Bauern … Auf den Feldern der Höfe arbeiteten fast nur …, die ärmste Gruppe der Menschen im …

❹ Wäge ab: Was verbessert sich für die Bauern? Können alle Bauern von diesen Verbesserungen profitieren?

❺ Bedenke: Der Besitzer möchte, dass sein Land optimal bewirtschaftet wird und hohe Erträge abwirft. Beginne so: Der Besitzer möchte, dass der Pächter das Land düngt, damit …

Seite 35

❶ In die Mitte schreibst du das Thema: „Kloster". Mögliche Hauptäste: Glauben, Wirtschaftsbetrieb, Wissenschaft.

❷ Nenne den lateinischen Spruch und die deutsche Übersetzung.

❷ In deiner Antwort solltest du erklären, was die Klosterregel „ora et labora" bedeutet.

❸ Claudios Tagesablauf:

2 Uhr	Gebet in der Kirche
6 Uhr	…
…	…

❸ Nachdem du die Tabelle angelegt hast, fasse zusammen, woraus sein Tagesablauf vor allem bestand.

❹ Bedenke, dass die Menschen im Mittelalter Angst um das „Heil" ihrer Seele hatten. Sie fürchteten sich vor Höllenstrafen nach dem Tod. Überlege, welche Hoffnungen sie hatten, wenn sie dem Kloster „Geschenke" machten.

❺ Der Klosterplan zeigt Grundrisse von etwa fünfzig Gebäuden. Das größte gezeichnete Gebäude in der Anlage ist die Klosterkirche. Folgende Bereiche findest du im Plan: …

❺ Welche Berufe/ Gebäude/ Bereiche gab es im Kloster?

❻ Mönch A: „Bei uns galt mal die Regel, dass Besitz nichts zählt. Aber schau dir doch mal an, wie es mittlerweile bei uns zugeht: …"

Seite 37

❶ Bedenke z. B., dass man von einer Burg einen guten Überblick haben und dass sie gut zu verteidigen sein sollte.

❷ Benutze den Online-Code für deine Auflistung. Beginne z. B. mit dem Bergfried: steht im Zentrum der Burg, hierhin flüchteten die Bewohner in Notfällen …

❸ Brunnen graben, damit genug Wasser da ist …

❸ Bedenke: Welche verschiedenen Angriffsmöglichkeiten gab es? Wie konnten sich die Menschen auf der Burg dagegen verteidigen? Schreibe dann das Gespräch:
Angreifer 1: Am besten …
Angreifer 2: Aber wenn die Burgbewohner …?
Angreifer 1: Vielleicht sind wir erfolgreicher, wenn …

❹ Wäge ab: Suche nach Vorteilen des Burglebens (z. B. Schutz). Stelle den harten Alltag auf der Burg dagegen (Q1).

❹ Lege zunächst eine Tabelle an und sammle Stichpunkte:

	Vorteile	Nachteile
im Mittelalter	…	…
heute	…	…

❺ –

Seite 39

❶ Tipp: Beachte Aufgaben und Eigenschaften eines Ritters.

❷ Du kannst so anfangen: Der Knappe musste seinem Burgherren dienen. Mit sieben Jahren kam er auf die Burg und begann seine „Lehrzeit". Mit 14 Jahren wurde er zum Knappen. Er musste nun …

❷ Was lernten sie als Kinder? Wann heirateten sie? Was waren ihre Aufgaben als Burgherrin?

❸ Argumente dafür: evtl. eigene Burg, Jagden, Turniere, … Argumente dagegen: mit sieben Jahren von der Familie weggehen, …

❸ Mädchen 1: Ich liebe das Leben am Hof, weil ich so viel lernen kann.
Mädchen 2: Ja, wir erhalten eine umfassende Bildung, aber ich will nicht nur immer lernen, sondern mich auch draußen bewegen …

❹ Du kannst eine folgende Tabelle verwenden:

Jungen	Mädchen
reiten, schwimmen, fechten	keine körperliche Ausbildung
singen, tanzen	singen, Musikinstrument
…	…

❹ Du kannst die Tabelle aus der Lösungshilfe A4 (grün) vervollständigen. Vergleiche dann, welche Ausbildung schwieriger war. Beurteile aus heutiger und damaliger Sicht.

❺ Wäge ab zwischen der Darstellung D1 auf der einen Seite und Q2 und Q3 auf der anderen Seite.

❻ Was wurde von Jungen im Mittelalter erwartet, was von Mädchen? Gibt es heute noch bestimmte Erwartungen an Jungen und Mädchen (Verhalten, Kleidung, Beruf)?

Stadt und Handel im Mittelalter

Seite 47

❶ In der Stadt lebten vor allem Kaufleute und … Städte lagen oft an … Den Städten war es erlaubt, … abzuhalten. Die Stadtbewohner hatten besondere Rechte: …

❷ Du kannst folgende Tabelle verwenden:

günstige Standorte	Grund
1) neben Soldatenlagern	Soldaten als Kunden der Kaufleute
2) nahe einer Burg	Burgbewohner als Kunden der Kaufleute
…	…

❸ Menschen, die vor ihrem Herrn geflohen und Zuflucht in einer Stadt gefunden hatten, waren frei, wenn sie …

❸ Benutze die Begriffe: Freiheiten, Abgaben und Frondienste, Steuern, Dienste, Streitigkeiten, Stadtregierung, Märkte, Schutz.

❹ Frieden und Schutz, kein Zoll für die heimischen Kaufleute, …

❹ Stadtbewohner waren bessergestellt als Landbewohner, weil sie …

❺ Bedenke: Die Menschen auf dem Land konnten ohne Städte leben, da sie sich weitgehend selbst versorgten. Konnte die Stadtbevölkerung auch ohne die Menschen auf dem Land leben?

❻ Bevor du die Aufgabe löst, kannst du die Endungen -berg, -burg und -furt den Ziffern in D1 zuordnen.

❻ Gib im Internet als Suchbegriffe den Namen der Stadt und „Geschichte" oder „Chronik" ein. Wähle eine verlässliche Webseite aus, z. B. die Seite der Stadt, des Stadtarchivs, des Heimat- oder Geschichtsvereins. Beachte auch die Tipps zur Internetrecherche im Anhang.

Seite 49

❶ Benutze folgende Begriffe: Dom, Altstadt, Neustadt, Hafen, Main, kreisförmiges bzw. halbkreisförmiges Zentrum

❷ Tipp: Achte auf alte und bis heute erhaltene Gebäude, z. B. Tore und Türme, freie Plätze, Straßenverläufe.

❷ Die Stadt wuchs schnell. Der Platz zwischen den Mauern wurde … Später wurden die Stadtmauern …, weil man Platz für … brauchte.

❸ 1. Stadt: … Stadtplan von … 2. Das Zentrum der mittelalterlichen Stadt Frankfurt befindet sich … 3. Große Fischerstraße = Fischer, … 4. Die zwei erkennbaren Ringe zeigen, dass Frankfurt zweimal von einer Mauer umgeben wurde. Die erste Mauer verlief … Die zweite Mauer verlief … 5. Die mittelalterliche Stadt ist verglichen mit der heutigen Stadt … 6. Aus dem Stadtplan lässt sich ablesen, dass …

❹ Sie wollen das historische Frankfurt kennenlernen? Dann hilft Ihnen dieser kleine Stadtführer weiter. Beginnen wir im Zentrum der Stadt: …

Seite 51

1 Beachte z.B. den Warenaustauch zwischen der Stadtbevölkerung und den Bauern.

2 Bedenke: Kunden, die Waren kauften, wollten nicht betrogen werden.

2 Benutze die Begriffe Streit, Betrug, Abgaben, Ordnung.

3 Marktordnung: Beachte den Anfang des Gesprächs zwischen Vater und Sohn. Marktrecht: Beachte die Antwort des Vaters auf die Frage, ob es in jeder Stadt einen Markt gibt.

3 Jackop (Sohn): Vater, was regelt die Marktordnung? V(ater): Sie legt fest, … und verordnet … Außerdem verbietet sie, … S(ohn): Warum regelt die die Marktordnung das alles? V: Damit die Menschen auf dem Markt … , die Käufer … und die Stadt …

4 Wochenmärkte fanden … Sie dienten dem Austausch von Waren zwischen … Jahrmärkte fanden … und dauerten … Hier wurden vor allem … angeboten.

5 Im Mittelalter konnte man fast alle Waren nur auf dem Wochen- oder Jahrmarkt kaufen. Heute …

6 Beachte die Tipps zur Internetrecherche im Anhang.

Seite 53

1 Verwende bei deiner Antwort die Stichworte „bessere Qualität" und „gute Produkte".

2 In einer Zunft waren … Der Vorteil war, …

2 Benutze die Begriffe Zusammenschluss, Interessen, Zunftordnung, Qualität, Menge, Preise, Ausbildung.

3 Achte auf die Symbole (Zeichen und Gegenstände), die abgebildet wurden.

4 Die Zunftordnung regelte: Wie viele Meisterbetriebe darf eine Stadt haben, …

4 Siehe Lösungshilfe zu Aufgabe B2 (grün). Verwende außerdem den Begriff Konkurrenz.

5 Vervollständige und ergänze die Tabelle:

	früher	heute
Dauer	drei bis fünf Jahre	…
Prüfung	Gesellenprüfung	…
Wohnung	…	…
Vergütung (Geld)	…	…
Behandlung	…	…

6 Bedenke, dass niemand außerhalb der Zünfte seinen Beruf ausüben durfte.

Seite 55

1 Beachte die Aspekte Schutz und Zollfreiheit.

2 Als „Hanse" bezeichnet man eine Vereinigung, in der sich im Mittelalter Kaufleute … „Hansekoggen" nennt man die … Das Besondere an ihnen war …

2 Kaufmannshanse: Fernkaufleute … „Deutsche Hanse": Städte …

3 Beachte: Ein Fuhrwerk schaffte am Tag etwa 15 Kilometer, eine Hansekogge 100 Kilometer.

4 Köln, Lübeck, Riga, …

4 Köln (D), Riga (Lettland), Danzig …

5 Lies die Bildlegende. Finde dann die verschiedenen Bereiche des Hauses im Bild und notiere zu jedem Bereich Einzelheiten, die du entdeckst. Formuliere anschließend deine Beurteilung: „Ich wäre gerne/nicht gerne ein Fernkaufmann gewesen, weil …"

6 Tipps: 1. Finde die Stadt Rostock auf der Karte D2. Lies auch die Legende. 2. Überlege, was die Lage der Stadt mit dem Bild auf dem Wappen zu tun hat.

6 Denke an Städte, die die Hanse noch in ihrem Stadtnamen führen (Nummernschilder). Informiere dich auch im Internet über die „Neue Hanse". Beachte dabei die Tipps zur Internetrecherche im Anhang.

Seite 57

1 Die Seidenstraße verlief von den Städten Quinsai (= Hangzhou) und Cambaluc in China nach Genua und … in … Die Seidenstraße führte über/entlang/durch … Sie ist insgesamt ca. … Kilometer lang.

2 Du kannst diese Tabelle vervollständigen:

Wichtige gehandelte Waren auf der Seidenstraße	
Von China nach Europa (Ost nach West)	Von Europa nach China (West nach Ost)
Porzellan	Gold
…	…

2 Siehe Lösungshilfe zu Aufgabe A2. Lies dann zusätzlich T2 und verwende in deiner Antwort die Wörter Mongolen und Mönche.

3 Der Austausch beschränkte sich nicht auf Waren, sondern auch auf die Kultur: Schriften …

3 Siehe Lösungshilfe zu Aufgabe A3 (grün).

4 Zu Q1: Das Bild zeigt ein Fest… Zu Q2: Marco Polo berichtet über die chinesische Stadt Quinsai. Dort werden laut Marco Polo viele Güter… Zu Q3: Der Mönch … beschreibt die Mongolen als gehorsam. Sie stritten nur selten…

4 Q1: Erscheint es glaubwürdig, dass viele Menschen an dem Fest europäische Gesichtszüge tragen und teilweise blonde Haare haben? Zu Q2: Scheinen dir die Schilderungen realistisch (dreitausend Bäder) oder übertrieben? Zu Q3: Erscheint es glaubwürdig, dass die Mongolen Menschenfleisch aßen?

5 Bilder wie Q1 und Berichte wie Q2 könnten … auf die Menschen in Europa gewirkt haben. Q3 dagegen …

6 Mögliche Inhalte: Reisebeschreibung, Handelsgüter, die sich gut kaufen/verkaufen lassen

Seite 63

1 Tipp: Jeder Textabschnitt (T1–3) beschreibt eine der drei Regierungsformen.

2 Benutze die Stichworte Reichtum, Wohlstand und Oberschicht.

2 Bestimme dazu, wer die Patrizier waren und welchen Anteil sie an der Stadtbevölkerung insgesamt hatten.

③ Ein Zunftvertreter: „Es wird Zeit, dass wir auch in der Stadt mitregieren können …" Ein Patrizier zum anderen (halblaut): „Was sollen wir bloß machen? Wenn wir den Zünften nicht erlauben mitzuregieren, fürchte ich, dass …"

③ Achte vor allem darauf, wer sitzt und wer steht.

④ Lies die Bildlegende zu Q1 genau.

④ Die Handwerker fordern … Sie sind wichtig für die Stadt, weil sie … (Nenne mindestens zwei Gründe.)

⑤ Nenne die einzelnen Personen bzw. Personengruppen. Beachte, wie „gewählt" wird.

⑤ Die Antwort findest du im grünen Kasten. Achte besonders auf den Text in den Klammern.

⑥ Überlegt zunächst Vorteile und Nachteile der verschiedenen Regierungsformen. Dann könnt ihr in der Diskussion eure Meinung besser begründen, zum Beispiel: „Ich finde es am besten, wenn in der Stadt möglichst viele Gruppen mitregieren können, weil …"

Seite 65

① Achte auf die Kleidung und die Wohnverhältnisse.

② Wer sich als „Bürger" bezeichnen wollte, musste bestimmte Voraussetzungen erfüllen, zum Beispiel: ein Haus, ein Grundstück oder Vermögen besitzen, …

② Bürger: Siehe Lösungshilfe zu Aufgabe A2 (grün). Bedingungen für Frauen: Beachte die Unterschiede zwischen verheirateten Frauen, unverheirateten Frauen aus wohlhabenden Familien und einfachen Frauen.

③ Tipp: Schreibe zunächst alle im Text genannten Personen-/Berufsgruppen heraus. Entscheide danach, ob sie zur Oberschicht, Unterschicht oder den „Unehrlichen" gehörte.

③ a) Siehe Lösungshilfe zu Aufgabe A3 (grün).
b) Berücksichtige in deinem Urteil, warum diese Menschen „unehrliche" Berufe ausübten und welche Bedeutung diese für die Gesellschaft hatten.

④ Überlege als Erstes, wie du die Oberbegriffe „Oberschicht", „Unterschicht" und „Unehrliche" im Schaubild anordnen würdest. Für weitere Eintragungen nutze deine Ergebnisse aus Aufgabe 3.

⑤ Im Mittelalter war die Kleidung mehr als nur Mode. Schmuck und Kleidung, sogar die verwendeten Materialien hatten eine Bedeutung. Sie zeigten an, …

⑤ Siehe Lösungshilfe zu Aufgabe A5 (grün). Die Begriffe Zugehörigkeit, Stand, Individuum helfen dir, Vor- und Nachteile der Kleidervorschriften zu erkennen.

⑥ Beispiel: Ich bin die Tochter eines reichen Kaufmannes. Mir fehlt es an nichts. Wir wohnen in einem großen prächtigen Haus …

Seite 67

① Tipp: Alte Fachwerkhäuser, Kirchen oder einen Dom wie auf den Fotos dieser Seiten habt ihr bestimmt schon einmal gesehen. Wo gibt es so etwas in eurer Nähe? Nutzt ggf. auch eine Landkarte oder das Internet.

② Vielleicht habt ihr euch im Sachunterricht der Grundschule schon einmal mit dem Thema „meine Stadt" näher beschäftigt? Hat jemand schon einmal an einer Stadtführung oder Stadtrallye mitgemacht?

③ Wählt mindestens drei Sehenswürdigkeiten aus und formuliert Fragen zu jeder Sehenswürdigkeit. Ziel: Wir finden heraus, welche Funktion die Sehenswürdigkeit im Mittelalter hatte und wie sie sich bis heute verändert hat. Legt eure To-do-Liste als Tabelle mit drei Spalten an: **Was** wird **wann** von **wem** bearbeitet?

④ Nutzt auch alte Bildquellen. Ihr könnt z.B. gezielt auf den Seiten des Stadtarchivs oder des Heimatvereins recherchieren.

④ a) Nutzt auch alte Bildquellen. Vielleicht können euch das Stadtarchiv, der Heimatverein oder die Touristeninformation helfen. Fragt nach!
b) Die Filmsequenz solltet ihr, wenn möglich, vor Ort drehen. Ansonsten zeigt Bildmaterial und erläutert es den Zuschauerinnen und Zuschauern.

⑤ a) Als Präsentation könnt ihr ein Plakat oder eine PP-Präsentation erstellen. b) Haben die einzelnen Gruppen unterschiedliche Städte ausgewählt? Nennt Gemeinsamkeiten und Unterschiede, z.B. Lage Marktplatz und Kirche, Stadttore und Stadtmauer.

⑥ Beachte die Tipps zum Schreiben eines Zeitungsartikels auf der hinteren Umschlagseite.

Eine neue Sicht

Seite 75

① Bedenke, was sich für die Städte in Italien verändert hatte und was die Bürger wollten. Formuliere dann deine Antwort: In den italienischen Städten hatten … das Sagen … waren auf der Suche nach neuen Ideen … Deshalb verloren …

② Nutze folgende Begriffe: Antike, Römerzeit, Reste von Gebäuden, Skulpturen, alte Schriften, Griechen, Araber

② Tipp: Die Menschen blickten zurück in die Vergangenheit.

③ Beschreibe deine Bildquelle Q1 oder Q2 oder Q3.
So kannst du beginnen:
Auf Q1, Selbstbildnis des Malers Albrecht Dürer, wird … dargestellt. Er ist mit … gekleidet. Im Hintergrund …

③ Welche Besonderheit aus der neuen Zeit zeigt das Bild/das Bauwerk?

④ Nutzt folgende Begriffe: Q1: Porträt, lebensnah; Q2: Geometrie, Zentralperspektive; Q3: Architektur, Vorbild antikes Gebäude

④ Beachte, dass im Wort Humanismus das Wort humanus = menschlich enthalten ist.

⑤ Verehrter Meister Brunelleschi, das neue Bauwerk soll zeigen, dass unsere Familie … ist. Deshalb muss es …

⑥ Die Künstler stellten den … und nicht … in den Mittelpunkt. Die Gelehrten beantworteten ihre Fragen mithilfe der … und nicht mit der … Durch die neuen Ansichten stellen wir heute auch …, seine Würde und … in den Mittelpunkt. Das sieht man z.B. daran, dass …

Seite 77

1. Kaufleute und Politiker brauchten immer mehr Bücher, weil … Gelehrte brauchten …

2. Jeder Buchstabe wurde mehrfach aus Metall hergestellt. Diese Buchstaben nannte man … Aus ihnen wurden … zusammengesetzt …

2. Beginne so: „Ich bin xy, meine Aufgabe in der Werkstatt ist es …"

3. Lies T2–3 Abschnitt für Abschnitt. Wenn du auf eine Erfindung stößt, notiere sie.

3. Überlege, wie sich z. B. der Tagesablauf der Menschen ändert, wenn sie eine Uhr bei sich tragen.

4. Leonardo arbeitete in folgenden Bereichen: … Deshalb …

4. Lege eine Tabelle mit zwei Spalten (Vorteile – Nachteile) an.

5. Leonardo ist bis heute ein persönliches Vorbild, weil … Es ist als Gelehrter ein Vorbild, weil …

5. Überlege, was ohne gedruckte Bücher in den letzten Jahrhunderten alles nicht möglich gewesen wäre.

6. Hier könntest du die Erfindung des Computers nennen. Welche Gründe sprechen dafür?

Seite 79

1. Die Griechen beobachteten … Deshalb überlegten sie, dass … Ein Beweis war, dass …

2. Lies T2 Satz für Satz und filtere heraus, was aus Kopernikus Sicht über die Erde, die Sonne und die Planeten gesagt wird.

2. Beschreibe die Zeichnung D1, Nr. 2 und suche Textstellen in Q2, die begründen, dass dieses System richtig sein muss.

3.

	geozentrisches Weltbild	heliozentrisches Weltbild
Wer vertrat es?	Ptolemäus	
Wann?	2.–16. Jahrhundert	
Position der Sonne		
Position der Erde	Erde steht fest, Planeten …	

3. Beschreibe die Zeichnung D1, Nr. 1 und suche Textstellen in Q3, die begründen, dass dieses System richtig sein muss.

4. Thomas: „Gott zum Gruß, Adalbert! Ich habe deine Ansichten gelesen. Du meinst, dass die Sonne in der Mitte aller Planeten fest steht? Das steht im Widerspruch zu unserer Heiligen Schrift …" Adalbert: „Es geht nicht um die alten Schriften, Thomas. Neue Beobachtungen zeigen …"

5. Schau dir nochmal die Ergebnisse von Aufgabe 4 an. Formuliere dann dein Urteil: Die Kirche wollte … Die Kirche reagierte … Damit verteidigte sie …

6. Lies dazu den letzten Satz des Verfassertextes (T3).

Seite 81

1. Q1: Gewürze wie Zimt, Vanille, … Q3: Gewürze wie Pfeffer, … außerdem Edelsteine, …

2. Osmanisches Reich 1326: Herrschaftsgebiet in der heutigen Nordwest-Türkei mit Hauptstadt Bursa
Eroberungen bis 1451: heutige Nordtürkei, Westtürkei, Walachei, …
Eroberung 1453: Konstantinopel
Machtbereich 1683: zusätzlich: Serbien, Ungarn, … und Teile Arabiens mit Mekka

2. Warum machte die Ausbreitung des Osmanischen Reiches den Warentransport nach Europa schwieriger?

3. … fand … den Seeweg nach Indien. Es lohnte sich, weil …

3. Wie können die Seefahrer die Kosten für ihre Fahrten decken?

4. Überlege, welche Kenntnisse die Seefahrer nutzten und wie sie vorgingen.

5. Traditionellerweise tranken die … Kaffee. Von ihnen übernahmen es die … Von ihnen lernten die … den Kaffee kennen und entwickelten die …

5. Aus welchen Gründen kamen Menschen aus Zentraleuropa ins Osmanische Reich und umgekehrt?

6. Kaffee(haus)kultur, Tabak, …

Seite 83

1. Wenn du den Kontinent nicht erkennst, vergleiche mit D2.

2. Kolumbus startete in … Als Erstes landete Kolumbus auf der Inselgruppe der … Anschließend segelte er weiter nach … Vergleiche mit S. 84: T2.

2. Prüfe, wie der kürzeste Weg von Europa nach Indien verläuft.

3. Suche zuerst das Land, von dem aus Magellan startete. Verfolge, in welche Richtung er segelte. Nutze auch S. 80: T2

3. Tipp: Als Magellan losfuhr, war Amerika bereits bekannt.

4. Magellan war … Er starb zwar …, aber … Deshalb gilt … als erster Weltumsegler.

4. Zähle auf, welche Gebiete sie erreichten, zu denen vorher noch kein europäisches Schiff gelangt war.

5. Informiere dich auch auf S. 73 (Lexikonbegriff: „Entdeckungen"). Aus der Sicht von Kolumbus und der Spanier … Aus der Sicht der indigenen Bevölkerung …

Seite 85

1. Kolumbus' Idee war: „Ich kann Indien …" Erläutere seinen Plan anhand der Karte S. 82: D1. Tipp: Achte auf die braunen Flächen auf der Karte.

2. Ziele:
   - den Seeweg nach Indien entdecken
   - neue Länder für Spanien finden
   - …

2. Warum nimmt Kolumbus einen Notar mit und warum lobt er ihre Arbeitskraft?

3. Deine Bilder können die Abfahrt, die Fahrt über den Atlantik und die Ankunft in Guanahani zeigen.

3. Überlege, wie viel Zeit Kolumbus hatte, bevor er seine ersten Eindrücke aufschrieb.

④ Überlege, welche Eigenschaften von Kolumbus dir wichtig sind.

④ Warum kommt im rechten Kopf (chilenischer Schüler) das Wort „Krieg" vor und links (deutscher Schüler) nicht?

⑤ Beziehe in deine Bewertung sowohl das erste Zusammentreffen mit der indigenen Bevölkerung als auch das weitere Vorgehen der Spanier ein (T2, Q2). Beginne so: Das Verhalten der Spanier auf Guanahani finde ich in Ordnung/nicht in Ordnung, weil …

⑥ Recherchiere dazu die Beschriftungen der einzelnen Schiffsteile in der Animation (Zeitreise-Code).

Seite 89

① Tenochtitlan war die … des Reiches der … Sie lag inmitten … im … Heute liegt hier …

② Im Vordergrund gibt es … In der Mitte sind … Im Hintergrund …

② Zähle auf, was die Besucher wohl alles nicht erwartet hätten.

③ Besonderheiten im Leben der Azteken waren: Arbeitsteilung (verschiedene Berufe), ein Kalender, …

③ Siehe Lösungshilfe zu Aufgabe A3 (grün).

④ Denke an die typischen Merkmale einer Hochkultur, wie du sie z. B. in Klasse 6 bei Ägypten kennengelernt hast (Schrift, …).

⑤ Aus heutiger Sicht ist es erstaunlich, was die Azteken bereits kannten: … Erschreckend ist … Deshalb bewerte ich das Leben der Azteken als …

⑥ „xocoatl" bedeutet: …; „tomatl" bedeutet: … Die Spanier haben diese Wörter in ihre Sprache übernommen, weil …

Seite 91

① Moctezuma begrüßt die Spanier mit …, fordert sie aber gleichzeitig auf, … Moctezuma betrachtet mit Sorge, dass die Spanier …

② Beachte die Motive der Spanier. Gehe auch auf die Situation innerhalb der indigenen Bevölkerung ein.

② a) Siehe Lösungshilfe zu Aufgabe A2 (grün). b) Die Quelle beschreibt die Wirkung einer K…

③ Spanier: Cortés, … Azteken: Moctezuma, … Zeichne Sprechblasen und schreibe ihre Gedanken auf.

③ Lies zur Vorbereitung T2.

④ Handlungsmöglichkeiten: Verständigung, Konflikt, friedliche Mittel, kriegerische Mittel, Bündnisse

④ Siehe Lösungshilfe zu Aufgabe A4 (grün).

⑤ Lies T1–2 abschnittweise und notiere die Gründe in Stichworten. Beachte auch den Kasten „Schon gewusst?"

⑥ Überlege: Woher haben wir die meisten Informationen über die Geschichte der Azteken?

Seite 93

① Schlage den Begriff „Kolonien" auf S. 84 nach.

②

Spanien	Portugal	Großbritannien
Vizekönigreich Neuspanien	Vizekönigreich Brasilien	…
…	…	…

③ Lies in der Karte: Welche Waren werden angeboten? Wohin werden die Waren gebracht (gelbe Pfeile)? Beginne z. B. so: Afrika brachte Gold und Elfenbein nach Europa sowie Sklaven nach Amerika …

③ Siehe Lösungshilfe zu Aufgabe A3 (grün).

④ Rigoberta Menchú engagierte sich für … Sie erhielt den Friedensnobelpreis, weil …

④ Überlege, warum es ein besonderes Zeichen ist, wenn Menschen wie Rigoberta Menchú so einen Preis bekommen.

⑤ Beschreibe die negativen Auswirkungen der Kolonialisierung bis heute. Bedenke aber auch, dass die Europäer die indigenen Kulturen nicht vollständig zerstörten. Benutze in deiner Antwort auch den Begriff „Verschmelzung".

Seite 95

① Lies auch die Bildlegende. Folgende Fragen sollten in deiner Beschreibung beantwortet werden: Wer macht wann was und wie? Gehe auf die Frage des „warum" erst in Aufgabe 2 ein.

② Beachte die Vorkommnisse in den USA im Jahr 2020.

② Eine Schlagzeile sollte kurz, plakativ und einprägsam sein.

③ Die Körperhaltung und die Gesichtsausdrücke in Q1 verraten etwas darüber, was in den Menschen vor sich geht.

③ Siehe Lösungshilfe zu Aufgabe A3 (grün).

④ Beachte die Tipps zur Internetrecherche auf der hinteren Umschlagseite.

④ Was meint die Figur rechts mit der Aussage: „Die Basis bleibt …"?

⑤ Mögliche Argumente: „Durch die Beseitigung von Denkmälern ändert sich gar nichts." „Denkmäler sind Ausdruck der Zeit, in der sie gebaut wurden. Denkmäler zu entfernen bedeutet, Geschichte unsichtbar zu machen." „Jede Generation muss neu prüfen, wie ihr Blick auf die Geschichte ist. Wenn ein Denkmal Mörder verherrlicht oder ein problematisches Geschichtsbild zeigt, muss es entfernt werden." „Denkmäler sollten nicht entfernt, sondern kommentiert werden." Wie stehst du dazu?

⑥ –

Seite 97

1 Die Personen tragen … Sie haben sich verkleidet, weil …

2 Tipp: „Deport white supremacists to Europe!" bedeutet übersetzt: „Weiße Unterdrücker nach Europa abschieben!" Versuche, auch die anderen Plakate zu übersetzen.

3 Welche Haltung zum Kolumbustag wird in Q1 (Pro) deutlich, welche gegenteilige Haltung (Kontra) in Q2?

4 Beachte bei den Arbeitsschritten, dass du mehrfach die Position (Pro oder Kontra) wechselst, um mehr Argumente zu finden.

5 Wie entscheidest du dich auf der Basis deiner Argumente (vgl. A4)?

Seite 99

1 Prunk und verschwenderisches Leben der Päpste; …

2 Früher wurden Ablassbriefe für … ausgestellt. Später ging die Kirche dazu über, …

2 Nutze die Bildinformationen zu Q1. Warum wird das Geld in dem Bild so hervorgehoben?

3 Zuerst schrieb Luther an … In seinem Brief kritisierte er …

3 Wann werden einem nach Tetzels Meinung die Sünden/ die Schuld vergeben, wann nach Meinung Luthers?

4 Lies dazu noch einmal die Verfassertexte (T1–3).

5 Albrecht reagierte folgendermaßen: Er … Vermutlich handelte er so, weil … Die Gelehrten … Viele Menschen …

Seite 101

1 Martin Luther war überzeugt, dass alle Menschen in den Himmel kommen können, wenn sie … Auf keinen Fall könne man sich den Weg in den Himmel …

2 Antworte in zwei Schritten: Papst und Kaiser verlangten, dass Luther … Als dieser sich weigerte, …

2 Luther wurde vom … und vom … als Verbündeter des … gesehen, weil …

3 Zuerst verbreitete sich Luthers Lehre. Sie wurde zu einer … Auch die Fürsten und … bekannten sich zur … Die Kirchen nannte man …

3 Untersuche vor allem die Rolle und das Verhalten der Fürsten.

4 Heirat von Priesterinnen und Priestern, Lesen der Bibel auf Deutsch, …

4 Lies auf S. 74 nach, wie sich das Denken der Menschen in der Frühen Neuzeit veränderte.

5 Tipps und Fragen zum Thema „Spaltung und Zerstörung": Pro: Lies in T4 nach, welche Folgen die Reformation für die Einheit der Kirche hatte. Kontra: Findest du auf den S. 98–101 einen Hinweis, dass Luther wirklich eine neue Kirche gründen wollte? Tipps und Fragen zum Thema „Verbesserung und Entwicklung": Pro: Gibt es in der katholischen Kirche heute noch Ablassbriefe? In welcher Sprache werden heute normalerweise katholische Gottesdienste gehalten? Kontra: Bedenke, dass die Reformation bzw. die Reaktion auf sie zu Gewalt führte (T4).

6 Wer profitiert vom „Luther-Hype" und wieso? Denke z.B. an die evangelische Kirche, Medien, Spielzeug-, Literatur-, Textil- und Lebensmittelindustrie, Tourismus, …

Seite 103

1 Das Ziel eines historischen Spielfilmes ist …

2 Der Filmemacher muss …

2 Welche Gründe gibt es für einen Filmemacher, historische Geschehnisse im Film etwas abzuwandeln?

3 Tochter: Da, Mama, der Mann! Mutter: … Luther: …

3 Ist es nach den historischen Fakten aus D2 möglich, dass Luther seine Schrift direkt an den Kurfürst übergeben hat?

4 Luther wendet sich der behinderten Tochter zu. Dadurch soll … Das soll … wirken.

4 Lies dazu auch noch einmal T1 und beziehe deine Antwort zu B2 mit ein.

5 Denke an die strukturierte Kontroverse. Überlege Argumente für und gegen einen historischen Spielfilm.

6 Wer Geld für etwas gibt, möchte auch …

Seite 105

1 Liste Punkte auf, z.B. freie Wahl des Pfarrers, Abschaffung des Viehzehnts (der Viehsteuer), …

2 Tipp: Das Plakat sollte eine kurze und einprägsame Forderung oder einen Slogan enthalten. Ein Slogan kann witzig, schockierend oder nachdenklich sein.

2 Tipp: Der Bauernführer in T1 beruft sich an einer Stelle direkt auf Luther.

3 Die Forderungen der Bauern führten zu … Sie breiteten sich schnell aus, im Norden bis nach …, im Süden … im Osten…

3 Beachte den ersten Satz von T1.

4 Beachte die Kartenlegende zu D1. Zähle in der Karte die gewonnenen und verlorenen Schlachten der Bauern.

4 In D2 erhältst du einen Hinweis, wie die Szene ausgegangen sein könnte.

5 Tipp: Luther nennt drei Gründe.

5 Siehe Lösungshilfe zu Aufgabe A5 (grün).

6 Die Bauern haben mit ihrem Kampf nichts/etwas/viel erreicht: …

Seite 107

1 Zeichne den Zeitstrahl quer auf ein DIN A4-Blatt und trage die Daten ab (1 Jahr = 0,5 cm). Dann schreibst du zu jeder Jahreszahl das passende Ereignis. Wenn du mehr Platz zum Schreiben benötigst, nimm ein DIN-A3-Blatt (1 Jahr = 1 cm).

2 Beachte die Lexikonbegriffe in den Randspalten auf S. 100/101 und 106.

2 Prüfe, welche Gründe Kaiser Karl V. und auch der französische König für ihr Vorgehen haben.

3 Die Fürsten konnten … Die Untertanen mussten … Die eingezogenen Kirchengüter … In den Reichsstädten … Ein geistlicher Fürst (Erzbischof) …

3 Prüfe vor allem in Q2, für welche Gruppen/Gebiete jetzt klare Regeln gelten und wo es immer noch zu Unklarheit kommen kann.

4 Calvin führte Neuerungen in verschiedenen Bereichen ein: Im Alltag … In der Kirche … In den Gemeinden …

4 Wodurch greift die Lehre Calvins in den Alltag der Menschen ein?

⑤ Die Konfessionalisierung führte in Europa zu einer Vielfalt … Die ehemalige alleinige Stellung der einen katholischen Kirche … Im Heiligen Römischen Reich …

Seite 109

❶ Es kam zur Einberufung eines Konzils, weil der Kaiser … Der Papst wollte … Das Ziel war, …

❷ Die Beschlüsse des Konzils waren:
– Verbot des Kaufs kirchlicher Ämter
– Erneuerung des Eheverbots für Priester
– …

❷ Möglicher Anfang: „Hört mir zu, ihr lieben Leut', was ich euch vom Konzil von Trient zu berichten habe. …" Verbot des Verkaufs kirchlicher Ämter und des Ablasshandels … Eheverbot für Priester … Latein im Gottesdienst … Papst = Stellvertreter Gottes … Geistliche sind Vermittler zwischen Gott und Gläubigen …

❸ Beispiele: Gründung von Schulen und Universitäten, Prozesse gegen Abweichler, …

❹ Das Jesuitenkloster wurde von einem Herrscher gefördert, der zum katholischen Glauben zurückgekehrt war. Er wollte … Dazu unterstützte er … Deshalb ist die Gründung des Jesuitenklosters in Hadamar typisch für …

❹ Berücksichtige bei deiner Stellungnahme neben den negativen Aspekten der Inquisition (Druck, Umgang mit abweichenden Meinungen) auch den Aspekt „geregelte Prozessverfahren".

❺ Für die damalige Zeit waren die Maßnahmen eine Reaktion/ typisch/ein Versuch/ein Fortschritt/ein Rück-schritt/zum Teil …/teilweise/… Aus der heutigen Sicht waren sie … Deshalb komme ich zu dem Schluss/Fazit …

Seite 111

❶ Nimm die Tipps zum Schreiben eines Zeitungsartikels auf der hinteren Umschlagseite („Hinweise für das Lösen der Aufgaben") zu Hilfe.

❷ Tipp: Beachte die Rolle Frankreichs (T1).

❷ Warum entstehen durch die Reformation zwei Macht-gruppen in Europa und wer gehört zur einen und wer zur anderen?

❸ Ordne deine Liste nach folgenden Themen: Religion, Staaten, Rolle der Fürsten, Stellung des Kaisers

❸ Beginne so: „In Münster und Osnabrück wurde heute, am …, beschlossen, dass … Von nun an gilt, dass …" Überlege dir zum Schluss eine passende Schlagzeile.

❹ Der Kaiser war nach dem Dreißigjährigen Krieg dadurch geschwächt, dass die deutschen Fürsten … Außerdem war er bei Entscheidungen … Sein „Heiliges Römisches Reich" war nun …

❹ Tipp: Jeder Territorialstaat hat in D1 eine andere Farbe.

❺ Untertanen, Fürsten oder Kaiser? Entscheide mithilfe der Lösung aus Aufgabe 2, wem der Krieg Vorteile brachte.

❻ Werte T2 Satz für Satz aus.

Absolutismus und die Französische Revolution

Seite 119

❶ Beschreibe die Kutsche, die Pferde, die Kleidung der Menschen.
a) Der König ist die zentrale Figur in der Bildmitte. Seine Kleidung, das Reitpferd und seine Haltung unterscheiden ihn von den übrigen …
b) Unterscheide die königliche Familie, die Hofgesellschaft, wohlhabende und arme Menschen am Rande des Zuges.

❷ Schreibe Stichworte auf zur Art der Regierung, zur Erhebung von Steuern, zu Recht und Ordnung.

❷ Wenn der König seine Rolle im Staat beschreibt, dann sieht er seine Rechte, seine Möglichkeiten in Entscheidungen einzugreifen, aber auch den angeblichen Ursprung seiner Macht.

❸ Unterscheidet aufwendige Vergnügungen, kostspieliges Leben, Zeremonien, Arbeit.

❸ Beschreibe spiegelbildlich die Vorstellung, die hinter der Bezeichnung steckt: Die Sonne wird von den Planeten umkreist. Ludwig XIV. ist vom Morgen bis zum Abend von … umgeben. Die Sonne steht im Mittelpunkt. Ludwig XIV. … Die Sonne sendet ihre Strahlen aus und verleiht allem Glanz. Ludwig XIV. …

❹ Denkt über Fragen wie diese nach: Könnte ein Herrscher wie Ludwig XIV. den Staat gut repräsentieren? Könntet ihr euch vorstellen, Untertanen eines Königs zu sein? Sehen wir Herrschaft im Staat als einen Auftrag Gottes an?

❺ Nenne zwei Dinge, die bei beiden ähnlich sind. Unterscheide dann die unterschiedlichen Möglichkeiten der beiden Herrscher: Wer hatte viel mehr Macht und Geld?

Seite 121

❶ Das Schloss hat eine Vorder- und Rückseite. Die Vorderseite zeigt sich dem Besucher, der über verschiedene Höfe in das Schloss gelangt. Die Rückseite ist gleichzeitig der Beginn des Parks.

❷ Du kannst alle Linien auf eine Folie zeichnen. Dann legst du die Folie unter ein Blatt Papier oder eine Heftseite.

❷ Der König hat sein Schlafzimmer im Mittelpunkt des Schlosses anlegen lassen, weil … Tipp: Erinnere dich, wie Ludwig XIV. seine Position als König (S. 118) verstand. Zusatzinformation: Im Schlafzimmer fanden auch wichtige Paraden und Zeremonien statt.

❸ Verwende Begriffe wie Größe, Pracht, Macht, Herrschafts-anspruch, Hofgesellschaft.

❹ Achte auf eine gedachte Achse, die durch die Mitte von Schloss und Park verläuft. Wichtig: Lies die Bildlegende, und stell dir vor, wie der Schlossgarten ursprünglich aus-gesehen hat!

❹ Tipp: Nutze dein Lineal oder Geodreieck. Denke an den Mathematikunterricht und den Begriff Spiegelsymmetrie! Benenne Gemeinsamkeiten und Unterschiede der Schlösser und Parkanlagen.

❺ Beachte die Tipps zur Internetrecherche und die „Hinweise für das Lösen der Aufgaben" (Plakat) im Anhang.

Seite 123

1 a) Achte auf die Kleidung und die Haltung des Königs, auf die Zeichen der Macht und der Herrschaft, auf die Ausschmückung des Raumes.
b) Achtet auf Gemeinsamkeiten und Unterschiede. Sprecht darüber, warum ihr euch für bestimmte Aussagen entschieden habt.

2 Zu den Schritten 3 und 4 findest du die Angaben in der Bildlegende zu Q1, zu Schritt 7 in T1.

2 Schritt 8: Überlege, inwiefern das Bild typisch ist für die Zeit des Absolutismus.

3 Denke an Farben, Gegenstände, Dekoration und an Haltung und Kleidung des Königs.

3 Du kannst folgende Hauptäste verwenden: Herrschaftszeichen, Licht, …

4 Verwende die folgenden Wörter und Wendungen: würdevoll, majestätisch; zieht Blick des Betrachters an; erzeugt Gefühl der Unterlegenheit; Wärme der Farben; König wirkt unnahbar, aber nicht böse.

5 Tipp: In einer Demokratie gibt es keinen absoluten Herrscher, eine Bundeskanzlerin/ein Bundeskanzler wird vom Volk gewählt. Überlege, ob es Kennzeichen der Demokratie gibt und ob man sie symbolisch darstellen kann.

Seite 125

1 a) Liste einzelne Tätigkeiten auf, z.B.: Minister zum Vortrag empfangen, Berichte aus den Provinzen lesen.
b) Fasse bestimmte Bereiche unter einem Oberbegriff zusammen. Die Minister gehören z.B. zur Regierung; Gesetze und Gerichte kann man unter dem Begriff Justiz zusammenfassen; die Beamten insgesamt bezeichnet man auch als Beamtenapparat.
c) Nenne nur die Pflichten aus D2 (unten).

2 Denke an die jeweilige Zahl: einer, vier, dreißig, tausende.

2 Verwende die Begriffe Beamte, Intendanten, Minister, Kirche, Heer, König, und ordne diese nach der Rangordnung. Beachte: Manche stehen auch auf einer Ebene.

3 Formuliere aus den folgenden Begriffen einen sinnvollen Satz: festes Gehalt, Aussicht auf Beförderung, lebenslange Anstellung, Beamte, staatliche Verwaltung.

4 Denke an die Nähe des Rheinlandes zu Frankreich. Überlege, wodurch die französische Armee bedrohlich wirkte. Was machte sie anderen Armeen überlegen?

4 Bedenke bei den Vor- und Nachteilen u.a. die Kontrollierbarkeit der Truppen und die unterschiedlichen Kosten, die für den Staat entstanden.

5 Schreibe aus T2 und Q2 heraus, was die Intendanten kontrollieren und überwachen sollten, worüber sie berichteten, was sie für den König beschaffen mussten.

Seite 127

1 Im zweiten Satz von T1 werden die Dinge genannt, die das meiste Geld kosteten.

2 Liste auf, was dazu führte, dass in Frankreich mehr Waren erzeugt wurden.

2 Deine Oberpunkte könnten lauten: Zollpolitik, Kolonialpolitik, Schaffung von Infrastruktur, Förderung von Manufakturen und Arbeitsbeschaffung

3 Frankreich führt bestimmte Waren nicht mehr ein. Das hat Folgen für ausländische Betriebe. Außerdem zerstört die französische Ausfuhr von technisch hochwertigen Produkten im Ausland …

3 Du könntest Colbert zum Beispiel nach unfairem Handel durch Zollpolitik, dem Abwerben von Fachkräften oder dem Nachahmen von ausländischen Produkten kritisch befragen.

4 Ordne dem Handwerk und der Manufaktur die folgenden Merkmale zu: beherrschen nur bestimmte Handgriffe, konzentrieren sich auf eine Sache, beherrschen alle Arbeitsschritte bis zum Endprodukt, sind spezialisiert, Arbeit extrem geplant und organisiert, Arbeit nach gewohnheitsmäßigen Regeln, arbeiten schneller und billiger.

5 Vervollständige die Sätze: Zunächst sind positive Folgen für Produktion und Beschäftigung im … zu erwarten. Dann werden die ausländischen Staaten wahrscheinlich … ergreifen. Am Ende droht ein Handelskrieg, der den gegenseitigen Austausch von … verhindert. Die Folge ist, dass in fast allen Staaten weniger … geschaffen werden. Setze die folgenden Begriffe ein: Werte, Inland, Waren, Gegenmaßnahmen.

Seite 129

1 Vervollständige die Sätze:
a) Alle Vorgänge in der Natur … Durch Beobachtung und Experiment kann man die … der Natur erforschen. Was nicht durch die Vernunft zu erklären ist, darf man … Jeder soll seinen eigenen … gebrauchen. Man darf die Bevormundung durch die … und eine angeblich von Gott gewollte … der Könige und Fürsten kritisieren.
b) Man weiß, dass heiße Luft … ist als kalte Luft. Also zeigt man in einem Experiment, dass ein … aufsteigen kann.

2 Nenne zwei Medien und zwei Orte. Die Medien druckten neue Ideen, an den Orten diskutierte man neue Ideen.

2 Nutze die folgenden Bausteine: private Atmosphäre, interessante Gespräche, liebenswürdige Gastgeberin, ausgesuchte Gäste, schöne Umgebung.

3 Die Kritik der Aufklärer richtet sich in erster Linie gegen die Begründung von Herrschaft. Die Forderungen der Aufklärer beziehen sich vor allem auf Rechte des Einzelnen gegenüber der Regierung.

3 Tipp: Die Aufklärer versuchten, alle Dinge rein vom Verstand und „von der Natur aus" zu sehen.

4 Die lateinischen Begriffe sind in D1 jeweils in der ersten Zeile zu finden, die deutschen Begriffe stehen in der Klammer darunter.

4 Ist Macht ohne Gewaltenteilung mit der Freiheit vereinbar?

5 Die Aufforderung Kants findest du im letzten Satz.

6 Benutze die Begriffe Bundesregierung, Bundestag und Bundesverfassungsgericht.

6 Wie siehst du die Situation in Deutschland? Können sich die Menschen frei und gleich an Rechten fühlen? Gilt das für alle Länder?

Seite 133

1 Ergänze den Text, indem du fehlende Begriffe einträgst: starker Anstieg des …, kaum Vorräte in den staatlichen …, hungernde und unzufriedene …, riesige Staats…, König scheitert an … und … mit dem Plan einer Steuererhöhung, Einberufung der … zur Durchsetzung einer Steuerreform.

2 Liste getrennt auf, was die Bauern abschaffen oder einführen wollten.

2 Freiheitsrechte gelten für jedermann, sie sind meist sehr allgemein gefasst. Gleichheitsrechte sind in der Regel konkret. Denn sie beziehen sich auf ein Vorrecht, das noch Adel und Klerus genießen.

3 Ziehe von den Einnahmen (503 Millionen Livres) des Jahres 1788 die Ausgaben (629 Millionen Livres) ab. Du erhältst einen negativen Betrag. Um diesen Betrag erhöhte sich im selben Jahr die Staatsschuld Frankreichs.

3 Gehe auf die Rolle der Zinsen ein.

4 a) Erkläre, warum die Hungersnot 1788/89 kaum zu verhindern war. Wie hätten der König, seine Minister sowie die Vertreter von Adel und Klerus die Krise entschärfen können? Konnte der König die neuen Ideen der Aufklärung einfach verbieten?
b) –

5 Beachte die Tipps zum Verfassen eines Zeitungsartikels auf der hinteren Umschlagseite („Hinweise für das Lösen der Aufgaben").

Seite 135

1 Der König will die Finanzlage des Staates verbessern. Ihm geht es also nur um eine Erhöhung der … Die Abgeordneten des Dritten Standes wollen aber auch eine Reform des Staates, sie fordern die Abschaffung der …

2 a) Unterscheide einzelne Gruppen. Was kannst du über die Sitzordnung sagen? Wie verhalten sich einzelne Personen?
b) Der Konflikt entstand dadurch, dass Bürgerliche bei Hofe ihren Hut nicht tragen durften, es aber den Vertretern von Adel und Klerus gleichtun wollten. Also setzte der König ein Zeichen, dem alle folgen mussten und konnten, indem er …

2 Wer ist die Person in der linken oberen Ecke? Beachte die Höhe des Sitzes, die erst durch das Fußbänkchen und die Kopfhöhe der daneben sitzenden Frau deutlich wird. Wer ist die Frau? Welche Funktion hat die Person mit der erhobenen rechten Hand wohl? Sprechen die Vertreter der Stände schon?

3 Die Lösung findest du im letzten Satz von Q1.

4 Die Abgeordneten verweisen auf ihre Wähler. Das sind … Prozent der Franzosen, also …

4 Stelle die Szene so dar, dass der Abgeordnete entschlossen wirkt. Er will die anderen überzeugen und mitreißen. Du könntest die Rede so beginnen: „ Wir verlassen diesen Saal auf Befehl des Königs, doch eine Niederlage ist das nicht – im Gegenteil …"

5 Beginne mit dem 5. Mai 1789. Die Zahl steht folglich über dem Zeitstrahl links, das Ereignis darunter.

6 Beachte die Bildlegende zu Q2: Die Bastille war ein Symbol für den verhassten Absolutismus. Deshalb …

Seite 137

1 Das Spiel, das in dem Saal eigentlich gespielt wurde, ähnelte einer dir bekannten Sportart.

2 Lege ein Lineal über die Ecken des Bildes (Diagonale). Wo kreuzen sich die Linien? Eine der Linien deutet direkt auf den Kern des Ereignisses hin, sie verläuft durch die ausgestreckte … des …

2 Den Vordergrund kannst du fast wörtlich nehmen: Betrachte nur die Personen in der ersten und zweiten Reihe. Rechne zum Hintergrund auch die Zuschauer an den Fenstern und die Darstellung von Wetterereignissen zum Zeitpunkt des Schwures.

3 Beginne mit Q2. Die Szene entspricht der Aussage 3.

3 Nutze einige der folgenden Substantive: Schwurhand, Bilddiagonale, Verdichtung, Linien, Dynamik, Begeisterung, Brüderlichkeit, Natur/Sturm.
Oder nutze einige dieser Adjektive: begeistert, kraftvoll, lebendig, überschwänglich, enthusiastisch, energisch, entschlossen, glühend, leidenschaftlich, nachdrücklich

4 Überlege zunächst: Wird sich die Szene tatsächlich so abgespielt haben? Welche Möglichkeiten hat ein grafischer Künstler? Was kann ein Fotograf nur tun?

5 Lärm, Jubel, Gewitter, …

5 Beachte, dass die Nationalversammlung Auftraggeber ist. Sie besteht zum großen Teil aus den Männern, die 1789 im Ballhaus zugegen waren. Sie sind davon überzeugt, dass sie die Geschichte Frankreichs entscheidend geprägt haben. Es ist in ihrem Interesse, dass sie als die wahren Helden der Nation herausgestellt werden.

Seite 139

1 a) Suche Symbole, mit denen du die drei Personen einem der drei Stände in Frankreich zuordnen kannst. Wem gefällt das Spiel offensichtlich gut? Achte auch auf die Vögel, die Hacke, den Hasen.
b) Wer ist oben, wer unten? Was tun die Vögel, was die Hasen? Wie fühlt sich der Bauer?

2 Gehe auf die folgenden Symbole ein: tote Tiere, Hacke, Waage, Kokarde, Schwert, Reihenfolge der Ziffern.
Die neue Situation gefällt dem Bauern, seine Probleme haben sich sozusagen in Luft aufgelöst. Wenn es ihm im neuen Staat gut geht, kann er … hochleben lassen.

2 Zu den Arbeitsschritten 2–3 findest du Hilfen unter Aufgabe A2 (grün). Zu Arbeitsschritt 4: Wer erscheint als der neue Held der Zeit? Wer erscheint lächerlich, also dem Spott preisgegeben? Tipp zu Arbeitsschritt 5: Die gesellschaftlichen Verhältnisse werden in der Karikatur umgekehrt. Tipp zu Arbeitsschritt 6: Für wen der Zeichner Partei ergreift, kannst du an den Kokarden und an den Spruchbändern erkennen.

3 a) Die Gesellschaftsordnung verändert sich zu ihren …
b) Überlege: Bestimmen die Bauern 1789 in Frankreich über die Politik? Sind sie in der Gesellschaft ganz oben angekommen?

4 Die folgenden Begriffe kannst du mit einzelnen Gegenständen verbinden: Adel, Klerus, Privilegien (= Vorrechte).

④ Zu den Arbeitsschritten 1–3 findest du Hilfen unter Aufgabe A4 (grün). Die Zielrichtung der Kritik symbolisiert die Bewegung der Dreschflegel. Das Verspottete und Verachtete liegt am Boden. Die Bauernburschen symbolisieren einen Stand der Gesellschaft, der eine neue Ordnung schafft. Die Bauernburschen symbolisieren einen Stand der Gesellschaft, der eine neue Ordnung schafft. Verwende eines oder mehrere der folgenden Verben, um die Mittel der Veränderung zu beschreiben: zerstören, zerschlagen, zerbrechen, ausmerzen, auslöschen, demolieren, kaputtmachen, kurzen Prozess machen.

⑤ Der Dritte Stand will im Staat mitbestimmen und durch seine Leistung in der Gesellschaft Ansehen und Rang bekommen. Dazu müssen aber erst die … von … und … abgeschafft werden.

Seite 141

❶ a) Die Bauern hatten Pflichten gegenüber vielen Herren: gegenüber dem König, dem Grundherrn, der Kirche. Nenne die Art der jeweiligen Verpflichtung.
b) Das eine betrifft die Abschaffung alter Vorrechte, das andere die Verwirklichung von Ideen der Aufklärung.

❷ Ordne die Überschriften den richtigen Artikeln zu: Unverletzlichkeit des Eigentums, Schutz vor ungesetzlicher Verhaftung, Gleichheit vor dem Gesetz, Meinungsfreiheit, Garantie der Menschenrechte, Glaubens- und Gewissensfreiheit, Freiheit der Person, Grenzen der Freiheit.

❷ Hilfen zu den Überschriften findest du unter Aufgabe A2 (grün). Freiheitsrechte werden in sechs Artikeln erklärt, ein Artikel beschäftigt sich ausführlich mit Gleichheitsrechten, zwei Artikel garantieren das Recht auf Eigentum beziehungsweise Besitz. Bei einem Artikel sind Freiheit und Gleichheit als absolute Grundwerte der neuen Gesellschaft untrennbar verbunden.

❸ Olympe de Gouges ist das rechtliche Verhältnis von Mann und Frau wichtig. Es ist durch den Grundsatz geprägt, dass beide Geschlechter … Rechte haben.

❸ Das Geschlecht ist entscheidend. Es geht aber auch um Interessen.

❹ Die Frauen könnten mit ihrem Beitrag zur Revolution argumentieren, z.B. bei der Erstürmung der Bastille in Paris, bei der Vertreibung der Grundherren auf dem Lande. Sie könnten auch auf das Prinzip der Gleichheit verweisen, das für alle Menschen gelten soll.

❺ Prüfe, welche Inhalte aus Q1 und Q3 im Grundgesetz enthalten sind.

❻ –

Seite 143

❶ Der König darf nicht zu den anderen Monarchen (Königen und Fürsten) Europas gelassen werden. Er könnte sie … Dann wäre die … am Ende.

❷ Beginne so: Du zeichnest einen Zeitstrahl und schreibst links oben die Jahreszahl 1774 hin. Darunter trägst du die Staatsform ein. Du findest den entsprechenden Hinweis dazu in Q1.

❷ Beginne so: Als Ludwig XVI. König wurde, war er ein absoluter Herrscher …

❸ Achte bei der konstitutionellen Monarchie darauf, dass die Wahl der Nationalversammlung in zwei Stufen erfolgt.

❸ Die Macht des Volkes drückt sich in der Zahl der Wahlberechtigten aus. Wie viele Personen bestimmen jeweils über die Zusammensetzung der Nationalversammlung? Beurteile auch, welcher Teil des französischen Volkes sich an Wahlen beteiligen darf. Die Macht der Regierung (Exekutive) hängt davon ab, wer sie einsetzt und für welche Zeit sie im Amt ist. Worin besteht ab 1793 das Problem? Beachte die Häufigkeit von Wahlen.

❹ Wer bedroht zunächst wen? Wer erklärt tatsächlich den Krieg? Warum wollen Österreich und Preußen in Frankreich eingreifen?

❺ Beachte bei deiner Stellungnahme: Der König hat heimlich mit den Gegnern Frankreichs verhandelt.

Seite 145

❶ Ein Problem hat mit den Nachbarn Frankreichs zu tun, ein anderes mit der Missernte des Vorjahres, das dritte mit dem Zorn der Landbevölkerung auf die Gottlosigkeit radikaler Revolutionäre.

❷ Verwende folgende Satzanfänge: Die Aufstände im Inneren werden … Gegen die Armeen der europäischen Mächte wird … Die Regierung versucht die Preissteigerungen durch ein …

❷ Beschreibe die Mittel, mit denen die Revolutionsregierung den Widerstand im Inneren brach. Beschreibe dann, wie die Regierung junge Franzosen für die Armee gewann. Das Mittel gegen die Preissteigerungen wirkte nicht, aber der Regierung fiel ein Weg ein, mit dem sie von ihrem Versagen ablenkte.

❸ Beachte auch das Zeichen an der Kopfbedeckung, es drückt die politische Einstellung zur Revolution aus.

❸ Beginne so: Als Sansculotten bezeichnete man die radikalen …

❹ Verwende die folgenden Begriffe: Vaterland, Ideen der Revolution, Karriere.

❺ Beschreibe die Haltung verschiedener Personengruppen. Stelle fest, wo sich offensichtlich der kommandierende General befindet.
Zu den Erwartungen der Kölner Bürgerinnen und Bürger: Ordne verschiedenen Personengruppen die Begriffe Zorn, abwartende Ruhe/Gleichgültigkeit, Neugier zu. Erkläre, warum du ihnen eine bestimmte Haltung zuordnest. Welche Hoffnungen gab es? Hinweise dazu in „Schon gewusst?".

❻ –

Seite 147

❶ c) Überlege: Was haben sie zu verlieren, was können sie gewinnen? Wodurch fühlen sie sich schon als Herren im neuen Staat?

❷ Ergänze die fehlenden Teile: Es gibt weder … noch eine … Wer im Gefängnis sitzt, ist praktisch schon zum … verurteilt. Die Liste mit den Schuldigen ist schon vor der … ausgefüllt, Richter sind …

2 Verwende die folgenden Substantive: Unberechenbarkeit, Willkür, Vorverurteilung, Einschüchterung, Angst, Furcht. Du kannst diese Substantive natürlich auch in Adjektive oder Verben umwandeln.

3 Marie und Jean gehören zu den kleinen Leuten. Wie haben sich die politischen Verhältnisse zu ihrem Nachteil verändert? Wessen Interessen beschützt die neue Regierung? Was hat sich beim Wahlrecht verändert? (Gemeint sind die Wahlen zur Nationalversammlung.)

4 Das zentrale Ereignis ist im Mittelgrund abgebildet. Benutze die Begriffe Fallbeil, Henker, Kopf Robespierres, Leiche ohne Kopf am Boden, Todeskandidaten, Karren, Soldaten.

4 Betrachte vor allem die Reaktion der folgenden Gruppen und Personen auf das Ereignis: die Menschen im linken Bildteil, die Paare im Vordergrund und die Bewaffneten vorne rechts. Du kannst ihre Haltung mit den folgenden Begriffen ausdrücken: Jubel, Freude, Freudenrufe, Erleichterung, Applaus, Desinteresse, Gleichgültigkeit, Ungerührtheit. Wenn du die Begriffe in Adjektive und Verben umwandelst, wird deine Darstellung lebendiger. Die Soldaten und die Fahnen könnten eine Hoffnung des Malers ausdrücken. Deute sie mit den Begriffen Ordnung und Nation an.

5 Diskutiert folgende Fragen: Wie setzt Robespierre seine Ideen durch? Wie geht er mit politischen Gegnern um? Wie geht er mit den religiösen Gefühlen der Menschen um?

Seite 149

1 Lege den Zeitstrahl so an, dass der Pfeil von unten links nach oben rechts verläuft. Beginne mit Napoleons Geburt unten. Lass den Zeitstrahl mit dem Jahr 1804 oben enden. Napoleon ist zu diesem Zeitpunkt 35 Jahre alt.

2 Charakterisiere Napoleon mithilfe von Eigenschaften. Finde sie in den folgenden Sätzen: Napoleon lässt als Schüler große Begabung erkennen. Er zeigt als Offizier und General enorme Fähigkeiten. Napoleon schlägt einen Aufstand der Königsanhänger mit Entschlossenheit und Brutalität nieder; bedankt sich bei seinen bisherigen Förderern in der Regierung mit Rücksichtslosigkeit und stürzt sie.

2 Betrachte vor allem die folgenden Merkmale von Napoleons Persönlichkeit: Begabung, breite Interessen, Entschlossenheit und seinen Durchsetzungswillen, Machtwillen, Rücksichtslosigkeit, Ausstrahlung.

3 Beginne so: Napoleon zentralisierte die Verwaltung des Staates. Er …

3 Wenn du die Wirkung auf dich selbst beurteilen willst, musst du bedenken, dass seither mehr als 200 Jahre vergangen sind. Wenn du die Bedeutung des Code Civil für die Zeit Napoleons beurteilen willst, musst du dich fragen: Was war vorher? Was bedeutete die Festlegung der Beziehungen in der Familie für die Menschen damals?

4 a) Q1: Achte besonders auf alles, was Kraft, Entschlossenheit und Erfolgsstreben ausdrückt.
Q2: Achte besonders auf anwesende Personen und ihre Rolle.
b) Q1: Der Wind, die Richtung von Bewegung und die Farben spielen eine große Rolle.
Q2: Die Haltung von drei Personen ist entscheidend. Die Personen sind Napoleon, seine Frau und der Papst.

4 Q1: Beachte den Kontrast der Farbauswahl für Hintergrund und Vordergrund. Worauf treffen die Strahlen der Sonne? Welchen Effekt hat das? Erläutere die Wirkung von Linien, indem du vor allem auf Napoleons Handbewegung und die Darstellung des Pferdes eingehst. Beachte vor allem Schweif und Mähne.
David setzt Napoleon mit einem anderen Stilmittel in Szene. Benutze dazu den Begriff „Rückenwind" in seiner doppelten Bedeutung.
Q2: Stelle dir den Vorgang der Krönung vor. Gibt es einen geeigneteren Moment, um Napoleon gut in Szene zu setzen? Ordne die folgenden Begriffe Personen oder Gruppen zu: dynamische Haltung, statische Haltung, Masse, Individuum, Demut, Wille, Licht, Schatten.

5 Verwende folgende Satzanfänge: Napoleon beendet eine Zeit, die viele Menschen in schlechter Erinnerung haben, weil …; Napoleon verändert Frankreich zu einem modernen …; Napoleon macht viele Franzosen stolz auf ihr Land, weil er als Feldherr …

6 –

Seite 151

1 a) Suche den Ursprung von Frankreichs Nationalfeiertag, Nationalhymne und Nationalflagge.
b) Beginne so: Die Revolution veränderte das Verhältnis der Menschen zu ihrem Staat. Aus Untertanen wurden …

2 Eine Aussage ist positiv, eine neutral formuliert, zwei kommen zu einem negativen Urteil über die Französische Revolution.

2 Beispiel für eine Überschrift: Die Revolutionäre haben versagt.
Du kannst dich sowohl für positive als auch negative Aussagen entscheiden. Wichtig ist immer, dass du Tatsachen findest, mit denen du deine Meinung begründest.

3 Wenn du eine Position interessant findest, kommt sie vielleicht auch deinem Urteil über die Französische Revolution nahe. Bei welcher Aussage könntest du sofort sagen: „Ja, das sehe ich auch so!"? Außerdem musst du darauf achten, dass jede der Positionen auch eine allgemeine Aussage macht, die zum Beispiel auf andere Revolutionen angewendet werden könnte.

4 –

Methoden aus Band 1

Einen Zeitstrahl erstellen

1 Überlege dir, welche Zeitspanne dein Zeitstrahl umfassen soll. In unserem Beispiel D1 haben wir mit dem Jahr 5500 v. Chr. begonnen.

2 Lege fest, wie viel Platz du für ein Jahr, ein Jahrzehnt, ein Jahrhundert brauchst (Vorschlag für einen Zeitstrahl der Menschheitsgeschichte: 1 cm = 1 Jahrhundert).

3 Beschaffe dir ein genügend breites Blatt Papier oder klebe mehrere Blätter aneinander. Du kannst das entstandene, breite Papierband dann so falten, dass es in dein Heft oder deinen Ordner passt.

4 Zeichne mit einem langen Lineal dem Zeitstrahl ein.

5 Trage die Zeitabschnitte bzw. Epochen auf dem Zeitstrahl – am besten mit unterschiedlichen Farben – ein.

6 Trage die Ereignisse auf dem Zeitstrahl ein. Überlege auch, wie du die gewählten Ereignisse veranschaulichen kannst. Der Zeitstrahl wird übersichtlicher und schöner, wenn du auch passende Bilder darauf malst oder aufklebst.

Ein Schaubild verstehen

Beschreiben
1 Welches Thema behandelt das Schaubild? Die Bildunterschrift hilft dir weiter.

2 Welche Angaben zu Ort und Zeit werden gemacht?

Untersuchen
3 Welche Bestandteile enthält das Schaubild (z. B. Kästchen, Pfeile, Farben, Begriffe) und was bedeuten sie?

4 Welchen Zusammenhang zwischen dem Thema und der Form des Schaubildes gibt es?

Deuten
5 Was ist die Aussage des Schaubildes?

Geschichtskarten auswerten

Beschreiben
1 Lies dir die Überschrift und die Legende genau durch.

2 Beschreibe das Thema.

3 Nenne den Zeitpunkt oder den Zeitraum, über den die Karte etwas aussagt.

Untersuchen
4 Untersuche, welchen Raum die Karte zeigt. Ordne den Kartenausschnitt in einer größeren Übersichtskarte ein. Dein Atlas hilft dir dabei.

5 Kläre die Bedeutung von Farben, Pfeilen oder anderer Symbole. Schreibe dir stichwortartig Informationen der Karte auf.

Deuten
6 Fasse die Aussagen der Karte in wenigen Sätzen zusammen.

Schriftliche Quellen auswerten

Beschreiben
1 Lies den Text mindestens zweimal und erkläre, was das Thema ist.

2 Überprüfe, ob Personen- und Ortsnamen genannt oder Zeitangaben gemacht werden.

3 Kläre unbekannte Begriffe mithilfe eines (Online-)Lexikons.

Untersuchen
4 Gliedere den Inhalt in Sinnabschnitte.

5 Formuliere für jeden neuen Gedanken eine Überschrift.

6 Stelle fest, wer den Text geschrieben hat. Schreibt der Verfasser über Dinge, die er selbst erlebt hat? Wenn nicht, woher kann er seine Kenntnisse haben?

Deuten
7 Ordne den Text in den geschichtlichen Zusammenhang ein. Was ist dir bekannt, was ist neu für dich?

8 Mit welcher Absicht könnte der Verfasser den Text geschrieben haben?

9 In welchen Aussagen scheint der Verfasser glaubwürdig zu sein?

Einen Portfolio-Bogen erstellen

Wahrnehmen

1 Beschaffe dir Material zu deinem Thema (Schulbuch, Bücherei, Internet).

2 Verschaffe dir einen Überblick über dein Material. Wähle die genaue Frage/das genaue Thema aus. Je mehr dich die Frage/das Thema interessiert, desto leichter wird dir die Arbeit fallen.

Untersuchen

3 Werte deine Informationen aus. Lies wichtige Texte genau. Mach dir Stichpunkte und gliedere sie. Wähle aus, welche drei Aspekte du auf deinem Bogen darstellen möchtest.

4 Halte die Informationen auf dem Portfolio-Bogen fest. Tipp: Lege zunächst eine grobe Skizze an. Beachte folgenden Aufbau:
 – Seite 1: Titelseite mit Bild und Zeitstrahl
 – Seiten 2 und 3 (Innenseiten): Hier behandelst du dein Thema. Mit passenden Bildern oder Zeichnungen kannst du deine Texte ergänzen.

Deuten

5 Beantworte deine Frage oder fasse dein Ergebnis zusammen. Nutze dazu die obere Hälfte der Rückseite (Seite 4).

6 Reflektiere kurz, warum du dieses Thema ausgewählt hast, wie du es bearbeitet hast und wie du deine Arbeit beurteilst (mit Begründung). Nutze dazu die untere Hälfte der Rückseite.

7 Gib den fertigen Portfolio-Bogen jemandem zum Lesen. Sind deine Texte richtig und verständlich? Hast du dein Thema ansprechend präsentiert? Mithilfe der Rückmeldungen verbesserst du deinen Portfolio-Bogen. Gib ihn abschließend bei deiner Lehrerin/deinem Lehrer ab.

Denkmäler untersuchen

Beschreiben

1 Beschreibe die äußere Erscheinungsform des Denkmals.

2 Benenne Zeichen und Symbole, die du an dem Denkmal findest.

3 Gib die Inschriften wieder, die du an dem Denkmal findest.

4 Beschreibe den Standort und die Umgebung des Denkmals.

Untersuchen

5 Stelle fest, um welchen Typ von Denkmal es sich handelt (Mahnmal, Siegesdenkmal, Kriegerdenkmal, Denkmal für einzelne Personen wie Militärs, Politiker, Künstler).

6 Finde anhand geeigneter Informationen und Materialien heraus, welche Absichten die Erbauer des Denkmals verfolgten.

7 In welchem politischen und gesellschaftlichen Zusammenhang wurde es errichtet?

8 Wie wurde es in seiner Geschichte wahrgenommen und genutzt (Gedenkveranstaltungen)?

Deuten

9 Fasse die Gesamtaussage des Denkmals zusammen.

10 Diskutiere die Bedeutung dieses Denkmals in der heutigen Zeit.

Methoden aus Band 2

Eine strukturierte Kontroverse führen

Wahrnehmen

1 Bildet Vierergruppen. Ihr arbeitet zuerst unabhängig von eurer persönlichen Meinung. Teilt euch in zwei Paare auf: A1 und A2 sowie B1 und B2.

2 Notiert in Einzelarbeit möglichst viele Argumente: A1 und A2 sammeln möglichst viele Pro-Argumente. B1 und B2 sammeln möglichst viele Kontra-Argumente.

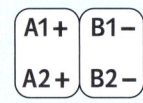

Untersuchen

3 Tauscht eure Argumente in Partnerarbeit aus. Erarbeitet eine gemeinsame Position.

4 Stellt euch in Gruppenarbeit gegenseitig die Positionen vor. Partner/in A1 beginnt, A2 ergänzt. Anschließend können Nachfragen gestellt und beantwortet werden. Dann stellt B1 vor, B2 ergänzt. Danach ist wiederum Zeit für Nachfragen.

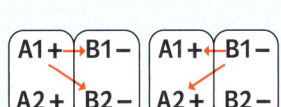

5 Diskutiert das Problem. Ihr dürft aber nur eure Position vertreten.

6 Tauscht jetzt eure Positionen. Arbeitet wieder mit Schritt 2 und 3.

7 Wechselt jetzt die Tischgruppe. Alle Pro-Paare in der Klasse bleiben sitzen. Die Kontra-Paare gehen weiter.

8 Arbeitet mit Schritt 4.

9 Setzt euch zurück an euren Tisch und diskutiert in eurer Gruppe A1, A2, B1, B2 frei. Stellt euch abschließend der Reihe nach eure Positionen vor. Unterbrecht euch dabei nicht.

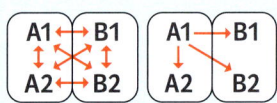

Reflektieren

10 Reflektiert eure Erfahrungen mit der strukturierten Kontroverse in der Klasse.

Karikaturen richtig deuten

Beschreiben

1 Welche Szene zeigt die Karikatur? Gib den spontanen Eindruck wieder.

Untersuchen

2 Welche Gegenstände, Personen, Sachverhalte oder Tiere werden abgebildet?

3 Erkennst du Symbole? Erkläre ihre Bedeutung.

Deuten

4 Gegen wen richtet sich die Kritik? Wird zum Beispiel eine Person verspottet oder werden gesellschaftliche Verhältnisse kritisiert?

5 Was bringt die Verzerrung zum Ausdruck?

6 Welches Publikum will der Zeichner ansprechen? Welche Wirkung beabsichtigt er?

Stadtpläne auswerten

Beschreiben

1 Notiere, um welche Stadt es sich handelt. Von wann ist der Stadtplan?

2 Bestimme anhand der Lage von Rathaus/großer Kirche und Markt (Märkten) das Zentrum der mittelalterlichen Stadt.

Untersuchen

3 Stelle fest, ob sich in der Umgebung des Zentrums Straßen befinden, deren Namen Rückschlüsse auf ihre einstigen Anwohner oder die wirtschaftliche Nutzung erlauben.

4 Prüfe, ob du Hinweise auf die frühere Befestigung der Stadt findest, indem du
a) die Namen von Straßen untersuchst,
b) auffällige Formen von Straßenzügen entdeckst (Ringe, Vierecke),
c) nach Hinweisen auf noch vorhandene Überreste suchst.

5 Vergleiche die Größe des Altstadtbereichs mit der heutigen Ausdehnung der Stadt.

Deuten

6 Was „erzählt" der Stadtplan über die Stadtgeschichte? Fasse deine Ergebnisse zusammen.

Ein Bild deuten

Beschreiben

1 Beschreibe deinen ersten Eindruck in ein oder zwei Sätzen.

2 Welche Einzelheiten fallen dir besonders auf?

3 Wer oder was steht im Mittelpunkt?

Untersuchen

4 Finde heraus, welche Aussagen die Bildlegende zu Thema, Personen, Zeit und Maler macht.

5 Beschreibe den Aufbau des Bildes:
   – Was oder wer steht im Vordergrund?
   – Wie sind Personen oder Dinge angeordnet?
   – Fallen Personen durch eine besondere Blickrichtung oder Haltung auf?

6 Wie werden Farben, Licht und Schatten eingesetzt?

Deuten

7 Zu welchem Zweck wurde das Bild gemalt? Wer war der Auftraggeber?

8 Ordne das Bild in die Zeit ein und beurteile, wie es wohl auf den Betrachter damals gewirkt hat.

Kooperative Lernformen

Gruppenpuzzle

1 Stammgruppen bilden und Experten bestimmen: Mindestens vier Mitglieder je Gruppe; jedes Gruppenmitglied bearbeitet einen anderen Auftrag.

2 Arbeit in den Expertengruppen: Arbeitet anschließend mit den Experten aus den anderen Gruppen, die den gleichen Auftrag hatten wie ihr. Löst gemeinsam die Aufträge für euer Spezialthema. Haltet die Ergebnisse schriftlich fest. Löst dann die Expertengruppen auf und trefft euch wieder in euren ursprünglichen Stammgruppen.

3 Experten vermitteln ihr Wissen: Jede/r Expertin/e trägt in ihrer/seiner Stammgruppe die Ergebnisse aus der Expertengruppe vor. Die anderen Gruppenmitglieder hören aufmerksam zu und stellen Fragen. Löst nun den übergeordneten Arbeitsauftrag als Stammgruppe.

4 Präsentation der Ergebnisse

Lerntempoduett

1 Aufgaben lösen

2 Vergleich mit einem Mitschüler: Stellt die erste gelöste Aufgabe an einem vereinbarten Platz einem Mitschüler vor, der die Aufgabe etwa im selben Tempo gelöst hat, und besprecht sie kurz.

3 Weiteres Vorgehen: Bearbeitet die weiteren Aufgaben individuell. Wiederholt Schritt 2 nach jeder gelösten Aufgabe.

4 Lösungen prüfen: Besprecht die Ergebnisse in der Klasse.

Museumsgang

1 Gruppenarbeit: Thema erarbeiten, Ergebnis festhalten

2 Vergleich und Präsentation: Neue Gruppen bilden: In jeder Gruppe ist ein Experte/eine Expertin aus Schritt 1. Jede Gruppe betrachtet die verschiedenen Ergebnisse der ersten Gruppenarbeiten. Aus jeder dieser Gruppen präsentiert ein/e Schüler/in das Ergebnis der ursprünglichen Gruppe.

Partnerpuzzle

1 Aufgaben lösen:
Jede/r löst eine Aufgabe
für sich.

Vergleiche in Partnerarbeit:
Ergebnisse überprüfen mit
einem Partner, der auch diese
Aufgabe gelöst hat.
(Schüler 1 mit Schülerin 2, die
auch Aufgabe A gelöst hat,
Schüler 3 mit Schülerin 4, die
auch die Aufgabe B gelöst hat.)

Expertenpräsentation:
Nun stellen diejenigen, die
unterschiedliche Aufgaben
gelöst haben, die Ergebnisse
vor (Schüler 1 mit Schüler 3,
Schülerin 2 mit Schülerin 4).
So findet eine Experten-
präsentation statt.

2 Austausch und Sicherung:
Abschließend tauschen
sich noch einmal die
Schüler/innen 1 und 2,
sowie 3 und 4 über die neuen
Informationen der anderen
aus. Das Gelernte wird kurz
im Plenum gesichert.

Placemat

1 Vorbereitung:
Tische zusammenstellen

2 Verlauf:
Auf jedem Gruppentisch liegt
ein Placemat (engl. für Platz-
deckchen). Das Placemat hat
in der Mitte ein Quadrat und
vier Dreiecke an den Ecken.
In diese werden Ideen zum
Thema oder die Lösung der
Fragestellung eingetragen.
Dreht das Placemat im
Uhrzeigersinn weiter, wenn
jeder etwas eingetragen hat.
Die Ideen oder Lösungen
werden nun schriftlich
kommentiert oder ergänzt.
Ist das Placemat wieder in
der Ausgangsposition, kann
jeder die Eintragungen der
Mitschüler zu seiner/ihrer
eigenen Idee sehen. In das
leere Feld in der Mitte
werden nun drei Gemein-
samkeiten aller Felder
eingetragen. Vergleicht abschließend die Ergebnisse
mehrerer Gruppen.

Think-Pair-Share

1 Think:
Notiere zuerst deine Ideen,
Gedanken und Lösungen zur
Aufgabe in Einzelarbeit
(Stillarbeit).

2 Pair:
Vergleiche deine Ergebnisse
mit einem Mitschüler oder
einer Mitschülerin und
ergänze ggf. deine Ergebnisse
(Lautstärke 30-cm-Abstand).

3 Share:
Präsentiere die Ergebnisse
einem anderen Partner oder
der Klasse.

Begriffsglossar

Abgaben
Zu festgelegten Terminen mussten die abhängigen Bauern dem Grundherrn Tiere, Getreide oder Erzeugnisse wie Käse, Wein oder Öl abliefern.

Ablass
Ab dem 12. Jahrhundert bot die Kirche Schriftstücke an, in denen stand, welche Sündenstrafen man durch eine bestimmte gute Tat erlassen bekommen konnte. Diese Schriftstücke wurden Ablassbriefe genannt.

absoluter König
herrscht im Staat mit uneingeschränkter Macht

Astronom
Wissenschaftler, der die Sterne und das Weltall erforscht

Aufklärung
neue Denkweise im 18. Jahrhundert, die darauf abzielte, alles durch die Vernunft zu erklären und Erkenntnisse kritisch zu überprüfen. Die Aufklärer forderten von Staat und Kirche die Freiheit der Meinung.

Bistümer
kirchliche Gebiete, denen ein Bischof vorstand

Bürgerrecht
Ein Bürger hatte das Recht, den Stadtrat zu wählen, selbstständig ein Geschäft und Gerichtsprozesse zu führen sowie sein Vermögen zu verwalten. Allerdings hatte er auch die Pflicht, am Wach- und Verteidigungsdienst für die Stadt teilzunehmen. Selbstständige Bürgerinnen konnten sich davon freikaufen.

büßen
für ein Vergehen die Strafe annehmen

Christentum
Eine der Weltreligionen. Es entstand im 1. Jahrhundert aus den Lehren des jüdischen Predigers Jesus von Nazareth. Christen glauben wie Juden und Muslime an „den einen Gott". Christen verehren Gott allerdings in drei Gestalten: als Gott Vater, Sohn (Jesus Christus) und Heiligen Geist. Die Heilige Schrift der Christen ist die Bibel. Im 4. Jahrhundert wurde das Christentum zur römischen Staatsreligion. Es breitete sich in Europa aus.

Code Civil
Eine Sammlung von Gesetzen, welche die Rechte der Personen, der Güter und des Eigentums festlegten. Der Code Civil war lange Zeit das fortschrittlichste Gesetzbuch überhaupt.

deutsch
bezeichnet zunächst nur eine gemeinsame Sprache, später dann eine Zusammengehörigkeit

Direktorium
Die Regierung Frankreichs 1795–1799. Sie begünstigte das Besitzbürgertum.

Entdeckungen
Im 15./16. Jahrhundert stießen europäische Seefahrer auf Länder und Menschen, die ihnen unbekannt waren. In Europa spricht man deshalb von „Entdeckungen". In Mittelamerika wurden die Begegnungen mit den Europäern nicht als „Entdeckungen" erlebt. In diesem Kapitel lässt sich der Begriff nicht immer vermeiden, es kommen aber beide Sichtweisen zur Sprache.

Etat
Das Wort bedeutet im Französischen Staat, aber auch Staatshaushalt. Im Haushaltsbuch des Staates werden die Einnahmen (z.B. Steuern und Zölle) den Ausgaben gegenübergestellt. Zu den Ausgaben gehören auch die Zinsen und Tilgungen für die Schulden des Staates.

evangelisch
Von Luther vorgeschlagene Bezeichnung für seine Lehre, die sich auf die Evangelien in der Bibel stützte. Später bezeichnete man alle Kirchen, die aus der Reformation hervorgegangen sind, als evangelisch.

exkommunizieren
aus der Kirche ausschließen

Export/Import
Export ist die Ausfuhr von Waren in ein anderes Land. Das Gegenteil ist der Import, also die Einfuhr von Waren.

Franken
Germanischer Stamm. Franken bedeutet „mutige Krieger", „Freie" oder „Adlige". Von ihnen bekam Frankreich seinen Namen.

Freiheitsbaum
In Erinnerung an den Sturm auf die Bastille am 14. Juli 1789 stand in vielen Städten und Dörfern ein Freiheitsbaum, der oft mit Bändern und einer roten Kappe geschmückt war.

Frondienste
von „fro" = Herr. Arbeiten, die die abhängigen Bauern für den Grundherrn leisten mussten (z.B. Einholen der Ernte, Hüten des Viehs oder Reparaturen)

geozentrisches Weltbild
von griech. „geo" = Erde. Die Erde ist das Zentrum dieses Weltbildes.

Gewaltenteilung
Teilung der Staatsgewalt in gesetzgebende, vollziehende und richterliche Gewalt

Gottesgnadentum
Wie Ludwig XIV. glaubten viele Könige von sich, sie seien Herrscher „von Gottes Gnaden". Auch die Kirche lehrte, alle Gewalt auf Erden komme nur von Gott.

Hanse
von althochdeutsch hansa = Schar. Interessenvertretung seefahrender Kaufleute

Heiliges Römisches
Reich Bezeichnung seit dem 13. Jahrhundert. Der Name setzt sich so zusammen: Der Kaiser musste als oberster christlicher Herrscher Reich und Kirche beschützen (HEILIGES Römisches Reich). Die Kaiser des Mittelalters orientierten sich an den römischen Kaisern und herrschten über ein Gebiet, das große Teile des alten Römischen Reiches umfasste (Heiliges RÖMISCHES Reich).

heliozentrisches Weltbild
von griech. „helios" = Sonne. Die Sonne bildet den Mittelpunkt dieses Weltbildes. Nikolaus Kopernikus zeichnete es als Erster auf.

huldigen
dem neuen Herrscher die Treue versprechen

Humanismus
von lat. humanus = menschlich. Idee von Gelehrten, die den Menschen in den Mittelpunkt ihrer Forschung stellten

indigene Völker
von lat. indigena = eingeboren. Bevölkerungsgruppen (inkl. Nachfahren), die vor der Eroberung durch Andere in dem Gebiet lebten

Jakobiner
eine radikale-politische Gruppe, die zu ihren Sitzungen in einem ehemaligen Sankt-Jakobs-Kloster zusammenkam

Kaiserreich
So nennt man die Herrschaft Napoleons zwischen 1804 und 1815.

Kardinal
höchstes Amt in der Kirche nach dem Papst

katholisch
Die Bezeichnung entstand zur Zeit der Reformation für die bisherige Kirche, um sie von der evangelischen zu unterscheiden.

Ketzer/Ketzerinnen
Menschen, die von den damals gültigen Lehren der Kirche abwichen

Klerus
Bezeichnung für den geistlichen Stand. Dazu gehören Bischöfe, Priester, Äbte, Mönche und Nonnen.

Kokarde
Wer seine revolutionäre Gesinnung zeigen wollte, trug ab 1789 ein Abzeichen in den Farben Blau-Weiß-Rot.

Kolonialisierung
Eroberung, Unterwerfung, Besiedlung und Ausbeutung von Gebieten (meist auf anderen Kontinenten) durch die Europäer ab Ende des 15. Jahrhunderts. Die Folgen sind in Entwicklungsländern bis heute spürbar.

Kolonien
Gebiete (meist auf anderen Kontinenten), die Europäer in Amerika und Ostasien ab Ende des 15. Jahrhunderts unter ihre Herrschaft stellten und besiedelten

Konfession
bedeutet Bekenntnis. Unter den Christen gibt es unterschiedliche Bekenntnisse (z. B. römisch-katholisch, evangelisch-lutherisch oder evangelisch reformiert).

Konkordat
Vertrag zwischen Papst und weltlicher Herrschaft

konstitutionelle Monarchie
Der König ist als Staatsoberhaupt an eine Verfassung (Konstitution) gebunden. Seine Macht wird durch eine Volksvertretung (Parlament) eingeschränkt.

Konsulat
So bezeichnet man die Regierung des Generals Bonaparte zwischen 1799 und 1804.

Konvent
Name der Nationalversammlung vom 20. September 1792 bis zum 26. Oktober 1795

Konzil
Versammlung von Bischöfen und hohen Geistlichen unter Leitung des Papstes. Auf einem Konzil werden Glaubensfragen beraten und entschieden.

Marken
Gebiete an den Grenzen, die gerade erst erobert worden sind, Grenzbezirke

Markt
Ort, an dem Waren gekauft und verkauft werden. Die Fürsten gründeten und schützten Märkte (Marktrecht).

Menschenrechte
Rechte, die allen Menschen ohne Ausnahme zustehen

Merkantilismus
So heißt die Wirtschaftsform des Absolutismus. Nach französischem Vorbild förderten die Herrscher vor allem die Produktion von Luxusgütern und die Ausfuhr von Fertigwaren, um möglichst viel Geld in die Staatskasse zu bekommen.

meutern
Die Mannschaft eines Schiffes gehorcht ihrem Kapitän nicht mehr.

Nation
lat. „natio" = Stamm, Volk. Heute fasst man damit Menschen gleicher Sprache oder Staatsangehörigkeit zusammen.

Nationalversammlung
eine Versammlung von gewählten Vertretern des Volkes, die eine Verfassung oder Gesetze erarbeiten sollen

Pandemie
Ausbreitung einer Krankheit über Ländergrenzen oder Kontinente hinweg. Im Gegensatz dazu ist eine Epidemie auf einen Ort oder eine Region beschränkt.

Patrizier
Im Mittelalter: städtische Oberschicht aus reichen Kaufmannsfamilien. Aufgrund ihrer adligen Lebensführung wurden sie als dem Adel ebenbürtig angesehen. Die Patrizier beherrschten im 12. bis 14. Jahrhundert vielerorts die Stadtregierungen.

Petrus
Jünger Jesu, wohl Mitbegründer der Gemeinde in Rom

Porträt
bildliche Darstellung eines menschlichen Gesichtes (Brustbild). Es stellt die besonderen persönlichen Eigenschaften dar.

Privilegien
Sonderrechte für einzelne Personen oder Personengruppen im Staat

Protestanten
Auf dem Reichstag in Speyer 1529 protestierte die evangelische Minderheit gegen den Beschluss, Luthers Lehre zu verbieten. Seitdem werden die Anhänger der Reformation auch Protestanten genannt.

Reformation
Bewegung zur Erneuerung der Kirche. Sie wurde von Martin Luther ausgelöst und führte zur Spaltung der Kirche.

Reichsinsignien
Zeichen der Macht und Aufgaben der deutschen Könige und Kaiser. Dazu gehörten Reichskrone, Reichsapfel, Reichsschwert und „Heilige Lanze". Sie stammen aus dem 9. bis 12. Jahrhundert.

Renaissance
frz. = Wiedergeburt Der Begriff bezeichnet die Zeit von ca. 1350 bis 1550. Künstler und Wissenschaftler entdeckten das Wissen der Antike wieder. Ideen aus der Antike wurden „wiedergeboren".

Republik
Bei dieser Staatsform wird das Volk als höchste Gewalt angesehen. Regierung und Parlament werden nur auf Zeit gewählt.

Revolution
meist ein gewaltsamer Umsturz der staatlichen und gesellschaftlichen Ordnung

Salbung
Ein Kirchenherr bestreicht den König mit Öl und bestätigt damit die Auserwähltheit.

Stadt
von Landes- oder Grundherren gegründete größere Ansiedlung von Kaufleuten und Handwerkern, die vom Stadtherrn (Gründer) mit besonderen Rechten (Freiheiten) ausgestattet war (z. B. Abhaltung von Märkten, Mauerbau, Zollfreiheit, persönliche Freiheit der Bewohner)

Stand/Stände
Gesellschaftliche Gruppen mit gemeinsamen Kennzeichen, z. B. Herkunft der Geburt, Beruf, Bildung. Stände unterschieden sich nach ihren Aufgaben, ihrem Ansehen und ihren politischen Rechten.

Ständegesellschaft
Einteilung der Gesellschaft in Adel, Klerus und Bürgertum. Die Zugehörigkeit zu einem Stand war in der Regel durch die Geburt festgelegt.

Sultan

weltliche Herrscher in der islamischen Welt. Die mächtigsten waren seit dem 15. Jahrhundert die türkischen Osmanen-Sultane.

Sünden

Handlungen eines Menschen, mit denen er gegen göttliche Gebote verstößt

Tagelöhner

Arbeiter, der nur für einen Tag bei seinem Arbeitgeber beschäftigt war. Dafür erhielt er seinen Tageslohn.

Verfassung

die politische Organisation eines Staates. In einer aufgeschriebenen Verfassung sind die Rechte und Pflichten des Staates und der Bürger festgelegt.

Zehnt

Die Bauern mussten zehn Prozent ihrer Getreideernte an die Kirche als Steuer bezahlen.

Zunft

(Mehrzahl: Zünfte) Zusammenschluss der Meister eines Handwerks

Zwölf Artikel

Flugblatt mit zwölf Forderungen (Artikeln) der Bauern in Memmingen

Verwendete Abkürzungen:

Abb. = Abbildung/Übersicht/Karte
brit. = britisch
chin. = chinesisch
dt. = deutsch
europ. = europäisch
fränk. = fränkisch
frz. = französisch
griech. = griechisch
guatemaltek. = guatemaltekisch
HRR = Heiliges Römisches Reich
ital. = italienisch

kirchl. = kirchlich
mittelalterl. = mittelalterlich
n. Chr. = nach Christus
österr. = österreichisch
ostgot. = ostgotisch
pakist. = pakistanisch
port. = portugiesisch
röm. = römisch
span. = spanisch
v. Chr. = vor Christus

Hinweise:

→ Verweis auf ein Stichwort
~ ersetzt das Stichwort bei Wiederholung
Halbfett gesetzt sind die Begriffe, die im Mini-Lexikon des Buches erläutert werden und im Begriffsglossar stehen.
Bei Herrschern und kirchlichen Amtsträgern werden die Regierungs-/Amtsdaten, bei allen anderen Personen die Lebensdaten angegeben.

Register

Textquellenverzeichnis

Textquellen

13.Q1 Gregor von Tours, Zehn Bücher Geschichten. Bd. 2. Buch 6–10. in: Ausgewählte Quellen zur deutschen Geschichte des Mittelalters. Auf Grund der Übers. von Wilhelm Giesebrecht neubearbeitet von Rudolf Buchner, mit einem Nachtrag von Steffen Patzold, (Wissenschaftliche Buchgesellschaft) Darmstadt: 2000 .S. 117.; **13.Q2** zit. nach: Wilfried Hartmann (Hg.), Deutsche Geschichte in Quellen und Darstellung. Bd. 1: Frühes und hohes Mittelalter, (Reclam) Stuttgart 1995, S. 31f.; Originalquelle: Quellen zur karolingischen Reichsgeschichte. Erster Teil. Unter Benützung der Übersetzungen von O. Abel und J. v. Jasmund neu bearb. von Reinhold Rau, (WBG) Darmstadt 1958, Nachdruck 1993, S. 15; **15.Q4** Zit. nach: Wilfried Hartmann (Hg.), Deutsche Geschichte in Quellen und Darstellung. Bd. 1: Frühes und hohes Mittelalter, (Reclam) Stuttgart 1995, S. 54; Originalquelle: Quellen zur karolingischen Reichsgeschichte. Erster Teil. Unter Benützung der Übersetzungen von O. Abel und J. v. Jasmund neu bearb. von Reinhold Rau, (WBG) Darmstadt 1958, Nachdruck 1993, S. 75; **23.Q2** Ausgewählte Quellen zur deutschen Geschichte des Mittelalters, Freiherr-vom-Stein-Gedächtnisausgabe, hg. von Rudolf Buchner/Franz-Josef Schmale, Band XIIa, WBG Darmstadt 1978, S. 150/151.; **23.Q3** Raymonde Foreville, Gervais Dumeige, Heinrich Bacht: Geschichte der ökumenischen Konzilien Band VI. Lateran I-IV, Matthias Grünewald Verlag Mainz 1970, S. 205-207.; **25.D1** Zusammengestellt nach: Norbert Ohler, Pilgerstab und Jakobsmuschel, Artemis und Winkler, Düsseldorf/ Zürich 2000, S. 134 f.; **29.Q1** Ingo Schwab (Hg.), Rheinische Urbare, Bd. 5. Das Prümer Urbar, (Droste) Düsseldorf 1983, S. 241/242 (übers. v. Verf.); **29.Q2** Vita Meinwerci episcopi Patherbrunnensis, hg. v. F. Tenckhoff, MGH SS. rer. Germ. in us. schol., Hannover 1921, c. 146 u. 148 (übers. u. bearb. v. Verf.); **31.Q1** Zit. nach: Karl Brunner/Gerhard Jaritz, Landherr, Bauer, Ackerknecht, (Böhlau) Wien u.a. 1985, S. 75f. (bearb. v. Verf.); **31.Q2** Sebastian Münster, Cosmographia (1543), zit. nach: Otto Borst, Alltagsleben im Mittelalter, (Insel) Frankfurt/Main 1983, S. 115f. (bearb. v. Verf.); **33.Q1** Kurköln. Land unter dem Krummstab, Ausstellungskatalog, hg. v. Hauptstaatsarchiv Düsseldorf/Kreisarchiv Viersen/ Arbeitskreis der Kommunalarchive, (Butzon & Bercker) Kevelaer 1985, S. 117. übers. von Klaus Fink; **37.Q1** Zit. nach: Arno Borst, Lebensformen des Mittelalters, Neuausgabe von UB 34004, (Ullstein) Berlin 1997, S, 180f. (Erstauflage: Propyläen 1973); **39.Q1** Carl Erdmann, Die Entstehung des Kreuzzuggedankens, Kohlhammer, Stuttgart 1935, S. 330; **39.Q2** Zit. nach: Zeitschrift für deutsches Altertum, Bd. VI, 1848, S. 489ff.; **47.Q2** Dieter Starke, Herrschaft und Genossenschaft im Mittelalter, (Klett) Stuttgart 1971, S. 86ff. (bearb. v. Verf.); **51.Q1** Zit. nach: Monumenta Germaniae Historica (MGH) LL, Constitutiones II, Nr. 439 (übers. v. Robert Holtzmann); **53.Q2** Zit. nach: Peter Ketsch/Gerhard Schneider, Handwerk in der mittelalterlichen Stadt, (Klett) Stuttgart 1985 (bearb. v. Verf.); **57.Q2** Marco Polo, Die Wunder der Welt. Die Reise nach China an den Hof des Kublai Khan, übersetzt von Elise Guignard, Insel Verlag, Frankfurt 7. Aufl. 2016, S. 219–223.; **57.Q3** Zit. nach Johannes von Plano Carpini, Kunde von den Mongolen 1245–1247, Thorbecke, Sigmaringen 1997, S. 55–60, übersetzt, eingeleitet und erläutert von Felicitas Schmieder.; **65.Q2** Hedwig Sievert, Die Kieler Burspraken, mittelalterliches Leben im Spiegel alter Kieler Polizeiordnungen, in: Mitteilungen der Gesellschaft für Kieler Stadtgeschichte, Nr. 48, (Hirt) Kiel 1953, S. 157ff. (bearb. v. Verf.); **65.Q3** Berthold von Regensburg, Vier Predigten, übersetzt u. hg. v. Werner Röcke, (Reclam) Stuttgart 1983, S. 96/97 (bearb. v. Verf.); **77.Q2** Zit. nach: Hans Widmann, Vom Nutzen und Nachteil der Erfindung des Buchdrucks - aus Sicht der Zeitgenossen des Erfinders, Verlag der Gutenberg-Gesellschaft, Mainz 1973, S. 40–43.; **77.Q3** Zit. nach: Helmut Presser, Johannes Gutenberg mit Selbstzeugnissen und Bilddokumenten, Rowohlt Verlag, Reinbek 1995, S. 123ff. **79.Q2** Zit. nach: Anna Mudry (Hg.), Galileo Galilei. Schriften, Briefe, Dokumente, Bd. 1, C. H. Beck, München 1987, S. 280 f., 286 (bearb. v. Verf.); **79.Q3** Zit. nach: Albrecht Fölsing, Galileo Galilei. Prozess ohne Ende. Eine Biographie, Rowohlt, Reinbek 1996, S. 299 f.; **81.Q3** Zit. nach Eberhard Schmitt, Die Anfänge der europäischen Expansion, Schulz Kirchner, Idstein 1991, S. 119 ff.; **85.Q2** Zit. nach Eberhard Schmitt (Hg.), Dokumente zur Geschichte der europäischen Expansion, Bd. 2 (hg. von Matthias Meyn), C.H. Beck Verlag, München 1984, S. 112 ff., 119 (bearb. v. Verf.); **89.Q2** Zit. nach Eberhard Schmitt (Hg.), Dokumente zur Geschichte der europäischen Expansion, Bd. 2 (hg. von MatthiasMeyn), C.H. Beck Verlag, München 1984, S. 112ff., 119 (bearb. v. Verf.); **91.Q1** Miguel León-Portilla, Renate Heuer (Hg.), Rückkehr der Götter. Aus d. Náhautl übers. Angel Maria Garibay K. Dt. v. Renate Heuer, ungek. Ausg., dtv, München 1965, (Original ersch. im Unionsverlag, Zürich), S. 32 f.; **99.Q2** Helmar Junghans (Hg.), Die Reformation in Augenzeugenberichten, Rauch Verlag, Düsseldorf 1967, S. 43 (übers. v. Verf.); **99.Q3** Helmar Junghans (Hg.), Die Reformation in Augenzeugenberichten, Rauch Verlag, Düsseldorf 1967, S. 58; **103.D2** Bernd Moeller, Deutschland im Zeitalter der Reformation (Deutsche Geschichte Bd. 4, hg. v. Joachim Leuschner), 3. Auflage, Vandenhoeck & Ruprecht, Göttingen 1988, S. 57 f.; **105.Q1** Martin Luther, Ausgewählte Schriften, hg. von Karin Bornkamm und Gerhard Ebeling, 4. Band, (Insel) Frankfurt 1982, S. 133–139.; **107.Q2** Zit. nach: Helmut K. G. Rönnefarth, Konferenzen und Verträge, Teil 2, Bd. 3, Ploetz, Würzburg 1958, S. 23 f. (bearb. v. Verf.); **119.Q3** Saint-Simon, Memoiren, zit. nach: Theodor Steudel, Der Fürstenstaat, (Teubner) Berlin 1933, S. 1 ff. (bearb. v. Verf.); **125.Q2** Zit. nach Ricardo Krebs, Der europäische Absolutismus, (Klett) Stuttgart 1975, S. 62; **127.Q2** Denkschrift Colberts für den König vom 3.8.1664, zit. nach: Geschichte in Quellen, Bd. 3: Renaissance, Glaubenskämpfe, Absolutismus, bearb. von Fritz Dickmann, 2. Aufl., (Bayerischer Schulbuchverlag) München 1976, S. 448; **127.Q3** Bericht des Botschafters der Republik Venedig in Frankreich, zit. nach: Thomas Schuler/Hans-Georg Hofacker (Hg.), Geschichtsbuch 2. Die Menschen und ihre Geschichte in Darstellungen und Dokumenten, (Cornelsen) Berlin, 1987, S. 159 (übers. v. Hilke Günther-Arndt); **129.Q2** Immanuel Kant, Was ist Aufklärung, in: ders., Werke, Bd. 9, (Wissenschaftliche Buchgesellschaft) Darmstadt 1975, S. 53f.; **129.Q3** Montesquieu, Vom Geist der Gesetze, Buch 11, Kapitel 6, 1748, ausgew., übertr. u. eingel. von Ernst Forsthoff, (Goldmann) München 1968, S. 200 ff.; **133.Q2** Zit. nach: Histoire – Geographie, Bd. 4, (Hatier) Paris 2002, S. 60f. (übers. v. Rebecca Leinen); **133.Q3** Zit. nach: Histoire – Geographie, Bd. 4, (Hatier) Paris 2002, S. 60f. (übers. v. Rebecca Leinen); **135.D1** Paul Sethe, Die grossen Tage: Von Mirabeau zu Bonaparte, (Scheffler) Frankfurt/M 1953, S. 16; **140.Q1** Déclaration des droits de l'homme et du citoyen, 26.8.1789, in: Bibliothèque Jeanne Hersch, Textes fondateurs. Sources françaises, unter: http://www.aidh.org/Biblio/Text_fondat/FR_02.htm (Zugriff: 22.5.2012, übers. v. Rebecca Leinen); **141.Q3** Olympe de Gouges, Déclaration des droits de la femme et de la citoyenne, 1791, zit. nach https://fr.wikisource.org/wiki/D%C3%A9claration_des_droits_de_la_femme_et_de_la_citoyenne (Zugriff: 8.8.2017, übers. v. Rebecca Leinen); **141.Q4** Grundgesetz der Bundesrepublik Deutschland, www.bundestag.de/gg (letzter Zugriff: 28.11.2017); **145.Q3** Le Père Duchesne, 1793, zit. nach: Histoire – Geographie, Bd. 4, (Hatier) Paris 2002, S. 78 (übers. v. Rebecca Leinen); **147.Q2** Zit. nach: Martin Göhring, Geschichte der großen Revolution, Bd. 2: Vom Liberalismus zur Diktatur, (Mohr) Tübingen 1951, S. 382; **149.Q3** Code Civil des Français vom 21.3.1804, offizieller Erstdruck, Paris 1804, http://gallica.bnf.fr/ark:/12148/bpt6k1061517/f3.image.r=.langFR (Zugriff: 8.8.2017, übers. v. Rebecca Leinen);

Abbildungen

Umschlag Getty Images, München (AFP/Vincenzo Pinto); **5–7** Wieland, Tobias, Celle; **8** Filmstill: Karl der Große, R: Gabriele Wengler, D/AT 2013 (c) taglicht media Film- und Fernsehproduktion GmbH, Köln; **10–11** Wieland, Tobias, Celle; **12.D1** Ernst Klett Verlag GmbH, Stuttgart; **13.Q3** akg-images, Berlin; **14.Q1** akg-images, Berlin (VISIOARS); **15.Q2** Interfoto, München (Sammlung Rauch); **15.Q3** ullstein bild, Berlin (ddp); **15.Q5** akg-images, Berlin; **16.D1** creanovo, Axel Kempf, Hannover; **17.D2** Ernst Klett Verlag GmbH, Stuttgart; **17.Q1** akg-images, Berlin (Erich Lessing); **18.Q1** BPK, Berlin; **19.D1** Ernst Klett Verlag GmbH, Stuttgart; **20.Q1** akg-images, Berlin (Nimatallah); **20.Q2** Bridgemanimages.com, Berlin; **21.Q3** Bridgemanimages.com, Berlin; **21.Q4** KHM-Museumsverband, Wien; **21.Q5a** akg-images, Berlin; **21.Q5b** ullstein bild, Berlin (Archiv Gerstenberg); **22.Q1** Bridgemanimages.com, Berlin (Bibliotheque Nationale, Paris, France); **23.Q4** akg-images, Berlin; **24.Q1** akg-images, Berlin; **25.Q2** ullstein bild, Berlin (Granger, NYC); **26.D1** Wieland, Tobias, Celle; **27.Q1** akg-images, Berlin; **28.D1** Müller, Lutz-Erich, Leipzig; **29.D2** Lohß, Sandy, Chemnitz; **30.D1** Lutz-Erich Müller, Leipzig; **30.D2** Müller, Lutz-Erich, Leipzig; **31.Q3** akg-images, Berlin (Erich Lessing); **32.D1** Müller, Lutz-Erich, Leipzig; **33.D2** Lohß, Sandy, Chemnitz; **33.D3** Lohß, Sandy, Chemnitz; **34.D1** Lutz-Erich Müller, Leipzig; **35.D2** Müller, Lutz-Erich, Leipzig; **36.D1** creanovo, Axel Kempf, Hannover; **37.D2** Thinkstock, München (George Green); **37.Q2** akg-images, Berlin (British Library); **38.D1** Lutz-Erich Müller, Leipzig; **38.D1** Wieland, Tobias, Celle; **39.D2** Wieland, Tobias, Celle; **39.Q3** akg-images, Berlin; **40** Wieland, Tobias, Celle; **42** akg-images, Berlin (Sammlung Foedrowitz); **44–45** Wieland, Tobias, Celle; **46.Q1** akg-images, Berlin; **47.D1** Lutz-Erich Müller, Leipzig; **48.Q1** akg-images, Berlin; **49.D1** Ernst Klett Verlag GmbH, Stuttgart; **50.D1** Wieland, Tobias, Celle; **51.Q2** F1online digitale Bildagentur, Frankfurt (Imagebroker RM); **51.Q3** Bäckerei Pfeifle, Freiburg/Foto: Andreas Gerhardt, Freiburg; **52.Q1** akg-images, Berlin; **53.D1** Lohß, Sandy, Chemnitz; **53.D1** Lohß, Sandy, Chemnitz; **53.D1** Lohß, Sandy, Chemnitz; **53.D1** Lohß, Sandy, Chemnitz; **53.Q3** Getty Images Plus, München (Photodisc/Peter Dazeley); **54.D1** Lutz-Erich Müller, Leipzig; **54.Q1** F.C.Hansa Rostock e.V., Rostock; **55.D2** Ernst Klett Verlag GmbH, Stuttgart; **56.Q1** akg-images, Berlin (Ms. fr. 2810, fol. 44 r. Paris, Bibliothèque Nationale); **57.D1** Ernst Klett Verlag GmbH, Stuttgart; **58** Ernst Klett Verlag GmbH, Stuttgart; **59** Wieland, Tobias, Celle; **60.Q1** Alamy stock photo, Abingdon (Lebrecht Music & Arts); **60.Q2** akg-images, Berlin (Pictures from History); **60.Q3** Getty Images Plus, München (Maremagnum); **61** Ernst Klett Verlag GmbH, Stuttgart; **62.D1** Lohß, Sandy, Chemnitz; **63.Q1** BPK, Berlin (Bayerisches Nationalmuseum); **64.D1** Lohß, Sandy, Chemnitz; **65.Q1** Bridgemanimages.com, Berlin (Giraudon); **65.Q1** Bridgemanimages.com, Berlin (Giraudon); **65.Q1** Bridgemanimages.com, Berlin (Giraudon); **66.Q1** akg-images, Berlin (Bildarchiv Monheim); **67.Q2** imago images, Berlin (onemorepicture); **67.Q2 links** imago images, Berlin (Hoffmann); **67.Q2 rechts** imago images, Berlin (Hoffmann); **67.Q3** Picture-Alliance, Frankfurt/M. (imageBROKER | Martin Moxter); **68** Wieland, Tobias, Celle; **70** Aufnahme vom Festspiel-Filmset für „Luther – Der Anschlag", 67. Bad Hersfelder Festspiele, 2017 (c) Osthessen/News – Foto: Harald Ernst. Mit freundlicher Genehmigung der Bad Hersfelder Festspiele; **72–73** Wieland, Tobias, Celle; **74.Q1** akg-images, Berlin (Erich Lessing); **75.Q2** Interfoto, München (Alinari); **75.Q3** JupiterImages photos.com, Tucson, AZ (photos.com); **76.Q1** Picture-Alliance, Frankfurt/M. (Costa/leemage); **77.Q4** akg-images, Berlin; **77.Q5** Picture-Alliance, Frankfurt/M. (dpa/Andreas Arnold); **78.Q1** akg-images, Berlin; **79.D1** Lohß, Sandy, Chemnitz; **80.D1** Ernst Klett Verlag GmbH, Stuttgart; **80.Q1** ShutterStock.com RF, New York (yingko); **81.Q2** BPK, Berlin (Alfredo Dagli Orti); **82.D1** Ernst Klett Verlag GmbH, Stuttgart; **82.D2** Ernst Klett Verlag GmbH, Stuttgart; **84.D1** creanovo – motion & media design GmbH, Axel Kempf, Hannover; **84.Q1** akg-images, Berlin; **85.D2** Heiter, Maria, Düsseldorf (Schülerarbeit); **86** Ernst Klett Verlag GmbH, Stuttgart; **86.D1 oben** Lutz-Erich Müller, Leipzig; **86.D1 unten** Wieland, Tobias, Celle; **87.D2** Picture-Alliance, Frankfurt/M. (Imaginechina/Wei ye); **87.Q1** Tribute Giraffe with Attendant (ink & colour on silk), Chinese School, (16th century)/Philadelphia Museum of Art, Pennsylvania, PA, USA/Gift of John T. Dorrance, 1977/Bridgeman Images; **88.Q1** Interfoto, München (PHOTOAISA/M.C.Esteban); **89.D1** akg-images (Agostini/G. Dagli Orti), Berlin. (c) Banco de México Diego Rivera Frida Kahlo Museums Trust/VG Bild-Kunst, Bonn 2021 [Diego Rivera: The Great City of Tenochtitlan]; **89.Q3** Bridgemanimages.com, Berlin; **90.D1** Ernst Klett Verlag GmbH, Stuttgart; **91.Q3** ullstein bild, Berlin (Granger, NYC); **92.Q1** Picture-Alliance, Frankfurt/M. (dpa); **93.D1** Ernst Klett Verlag GmbH, Stuttgart; **94.Q1** Picture-Alliance, Frankfurt/M. (NurPhoto/Giulia Spadafora); **95.D1** toonpool.com, Berlin (Kostas Koufogiorgos); **95.Q2** Picture-Alliance, Frankfurt/M. (empics/Ben Birchall); **96** Wieland, Tobias, Celle; **97.Q1** Picture-Alliance, Frankfurt/M. (ZUMAPRESS.com); **97.Q2** Picture-Alliance, Frankfurt/M. (Paul Bersebach/The Orange County Register/ZUMAPRESS.com); **98.Q1** akg-images, Berlin; **99.D1** Lohß, Sandy, Chemnitz; **99.D2** Schwarwel, Leipzig; **100.Q1 links** akg-images, Berlin; **100.Q1 rechts** Alamy stock photo, Abingdon (Paul Fearn); **101.D1** Picture-Alliance, Frankfurt/M. (dpa/Daniel Karmann); **101.Q2** akg-images, Berlin; **101.Q3** BPK, Berlin; **102.D1** Luther, R: Eric Till, D/ USA 2003 (c) Picture-Alliance (dpa-Film/Ottfilm), Frankfurt; **103.D3** Luther, R: Eric Till, D/ USA 2003 (c) ddp media GmbH, Hamburg; **103.D4** Luther, R: Eric Till, D/ USA 2003 (c) imago images (Prod.DB), Berlin; **104.D1** Wieland, Tobias, Celle; **105.D3** Ernst Klett Verlag GmbH, Stuttgart; **106.Q1** akg-images, Berlin; **107.D1** Ernst Klett Verlag GmbH, Stuttgart; **108.Q1** akg-images, Berlin; **109.D1** Müller, Lutz-Erich, Leipzig; **109.Q2** Picture-Alliance, Frankfurt/M. (dpa/Friedel Gierth); **110.Q1** akg-images, Berlin; **111.D1** Ernst Klett Verlag GmbH, Stuttgart; **112** Wieland, Tobias, Celle; **114** ddp images GmbH (Capelight Pictures), Hamburg. Aus dem Film: Leb wohl, meine Königin/Les adieux à la reine, R: Benoit Jacquot, 2011; **116–117** Wieland, Tobias, Celle; **118.Q1** Interfoto, München (National Maritime Museum, London); **118.Q2** akg-images, Berlin (Jean-Claude Varga); **119** Lohß, Sandy, Chemnitz; **119.Q4** akg-images, Berlin; **120.Q1** Mauritius Images, Mittenwald (Universal Images Group North America LLC/DeAgostini/Alamy Stock Foto); **121.Q2** akg-images, Berlin (euroluftbild.de); **122.Q1** BPK, Berlin (RMN/Blot); **123.D2** Wieland, Tobias, Celle; **123.D2** Lutz-Erich Müller, Leipzig; **124.Q1** Interfoto, München (Photoaisa); **125.D2** Lohß, Sandy, Chemnitz; **126.D1** Lohß, Sandy, Chemnitz; **127.Q1** akg-images, Berlin; **128.Q1** ullstein bild, Berlin (Granger, NYC); **129.D1** Lohß, Sandy, Chemnitz; **130.D1-2** Lohß, Sandy, Chemnitz; **130.oben** Ernst Klett Verlag GmbH, Stuttgart; **131.Q1** ullstein bild, Berlin; **131.Q2** akg-images, Berlin (North Wind Picture Archives); **132.Q1** akg-images, Berlin; **133.D1–3** Lohß, Sandy, Chemnitz; **134.Q1** Bridgemanimages.com, Berlin (Photo Josse); **135.Q2** akg-images, Berlin; **136.Q1** akg-images, Berlin; **137.Q2–5** akg-images, Berlin; **138.Q1** BPK, Berlin (RMN – Grand Palais/Agence Bulloz); **139.Q2** akg-images, Berlin; **140.Q1** akg-images, Berlin (Erich Lessing); **141.Q2** Picture-Alliance, Frankfurt/M. (AP Photo/Susan Walsh); **141.Q5** Alamy stock photo, Abingdon (ART Collection); **142.Q1** akg-images, Berlin; **143.D1** Lohß, Sandy, Chemnitz; **143.D2** Lohß, Sandy, Chemnitz; **144.Q1 links** akg-images, Berlin (Bibliothèque Nationale, Paris); **144.Q1 rechts** Bridgemanimages.com, Berlin (De Agostini Picture Library/M. Seemuller); **145.Q2** akg-images, Berlin; **146.Q1** ullstein bild, Berlin (Imagno); **147.Q3** akg-images, Berlin (Heritage Images/Art Media); **148.Q1** akg-images, Berlin (Erich Lessing); **149.Q2** akg-images, Berlin (Erich Lessing); **150.Q1** Picture-Alliance, Frankfurt/M. (Pressefoto ULMER/Fabian Laemmle); **150.Q2** Picture-Alliance, Frankfurt/M. (PHOTOPQR/L'EST REPUBLICAIN/Alexandre MARCHI); **151.D1** Wieland, Tobias, Celle; **151.D1** Lohß, Sandy, Chemnitz; **152** Wieland, Tobias, Celle; **184–187** Oser, Liliane, Hamburg

MK Hinweise zum Recherchieren im Internet

Das Internet bietet eine fast grenzenlose Menge an Informationen – auch zu geschichtlichen Themen.
Doch das Aufspüren von richtigen und verständlichen Inhalten ist nicht einfach.
Die folgenden Schritte können dir dabei helfen.

Schritt 1: Vorbereitung

- Thema: Wie heißt das Thema, zu dem du etwas suchst? Fasse es nicht zu weit (nicht „Renaissance", sondern z.B. „Kunst der Renaissance").

- Fragestellung: Nachdem du dein Thema eingegrenzt hast, formuliere jetzt eine „Forschungsfrage", die du beantworten willst (z.B. „Was sind typische Merkmale der Kunst in der Renaissance?").

- Suchbegriffe: Überlege dir nun Suchbegriffe, die gut zu dieser Forschungsfrage passen (z.B. „Merkmale Kunst Renaissance")

Schritt 2: Suche und Auswahl

- **Mit Suchmaschinen:** Gib deine Suchbegriffe in eine oder besser mehrere Suchmaschinen ein (z.B. „blinde-kuh", „helles-koepfchen", „duckduckgo" oder „ecosia")

- **Mit Wissens-Webseiten:** Besuche auch Webseiten, die geschichtliches Wissen gut verständlich darstellen (z.B. „Kinderzeitmaschine" oder „Planet Wissen"). Gib deine Suchbegriffe dort in die Suchleiste ein.

- **Vorsicht mit Wikipedia:** Die Texte dort sind oft kompliziert und sehr lang. Außerdem kann man sich nicht immer auf ihre Richtigkeit verlassen.

💡 *WICHTIG: Nimm dir für diesen Schritt Zeit – mit geeigneten Suchbegriffen erzielst du ein besseres Ergebnis.*

💡 *WICHTIG: Schau dir die Suchergebnisse genau an – nicht immer sind die ersten Treffer die besten!*

Schritt 3: Bewerten

- Passen die Ergebnisse jeweils zu deiner Forschungsfrage?

- Sind die Inhalte überhaupt verständlich?

- Sind die Informationen glaubwürdig? Die folgende Checkliste hilft dir dabei, das herauszufinden:

– Nutze und vergleiche mehrere Internetseiten: Stimmen die Informationen überein?

– Überprüfe, wer hinter der Internetseite steckt. Diese Information findest du z. B. im „Impressum" oder unter „Wir über uns".

– Welchem Zweck dient die Seite? Will jemand einseitige oder falsche Informationen verbreiten oder wird sachlich informiert?

– Soll etwas verkauft werden (= Werbung)?

– Stimmt die Rechtschreibung? Sind die Bilder passend und von guter Qualität? Ist die Seite kürzlich aktualisiert worden?

– Versuche herauszufinden, ob die Informationen aktuell sind.

💡 WICHTIG: Diesen Schritt ernst nehmen – nicht alle Informationen im Internet sind vertrauenswürdig!

Schritt 4: Verarbeiten der Informationen

- Nutze die Informationen, die du ausgewählt hast, und erstelle damit ein eigenes Produkt (z. B. Text, Präsentation, Plakat, Audio, Videobeitrag).

- Dabei reicht es nicht aus, die Inhalte aus dem Internet einfach nur zu kopieren. Du musst sie bearbeiten und einen sinnvollen Zusammenhang zwischen ihnen herstellen.

- Wenn du Inhalte aus dem Internet übernimmst, musst du immer die Herkunft (= Quelle) angeben. Dazu gehören die Internetadresse und das Datum, an dem du die Seite aufgerufen hast.

- Zitierst du einen Text wörtlich, so muss dieses Zitat gekennzeichnet sein (z. B. Anführungszeichen). Es sollte nicht zu lang sein – es geht ja darum, einen eigenen Gedankengang zu belegen. Kürzungen eines Zitats müssen so gekennzeichnet sein: (…). Kürzungen dürfen den Text „entstellen", d. h. der Sinn darf dadurch nicht verändert werden.

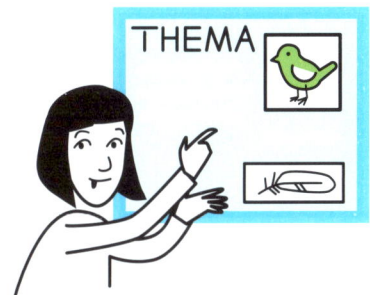

💡 TIPP: Auf der Seite „internet-abc" findest du weitere Hinweise, wie du im Internet verlässliche Informationen finden kannst.

Hinweise für das Lösen der Aufgaben

SP *Sprachtipps, die dir beim Formulieren der Antworten helfen, sind hier blau hervorgehoben.*

Anforderungsbereich I

Arbeite heraus	Du liest einen Text oder schaust ein Material unter einer bestimmten Fragestellung an. Du gibst die wichtigsten Gedanken dazu mit deinen Worten wieder. • *In dem Text/Bild geht es um ...* • *Der Maler stellt dar, wie ...* • *Die Autorin ist der Ansicht, dass ...*
Beschreibe	Du sagst/schreibst auf, was du in einem Material zu einem Thema erkennst. • *Ich sehe/erkenne ...* • *Das Material/Bild zeigt ...* • *Im Vordergrund befindet sich ...* • *Davor/dahinter/neben ...* • *Zuerst ..., dann ..., danach ...*
Fasse zusammen	Du liest einen Text und schreibst das Wichtigste kurz auf. • *... lässt sich so zusammenfassen: ...* • *Die wichtigsten Aspekte sind: ...* • *Die Kernbotschaft lautet: ...*
Gib wieder	Du suchst aus einem oder mehreren Texten nach wichtigen Aussagen/ Informationen und wiederholst diese. • *Die wichtigste Aussage lautet: „..."* • *Der Autor schreibt, dass ...* • *Die Rednerin spricht von ...*
Liste auf/Stelle zusammen	Du schreibst Informationen in Kurzform auf: z.B. in kurzen Sätzen, nach Oberbegriffen geordnet, in Stichworten oder in einer Tabelle. *Beispiel Ötzis Ausrüstung:* • *Kleidung: Grasmantel, Bärenfellmütze, ...* • *Waffen: Pfeile, ...* • *Werkzeuge: ...*
Nenne/ Zähle auf	Du entnimmst einem Text oder einem anderen Material einzelne Aussagen und ordnest sie sinnvoll. *1. Folgende Punkte kann ich nennen: ...* *2. ... heißt ...* *3. ... wird ... genannt.*
Ordne zu	Du sortierst Informationen unter Überschriften oder Oberbegriffe. • *... passt zu/gehört zu ...* • *... lässt sich einteilen in ...*

Stelle gegenüber	Du beschreibst die Unterschiede zwischen zwei Bildern, Aussagen oder Sachverhalten, ohne sie zu kommentieren oder zu bewerten.
	• *Autor A behauptet, ...*
	  Autorin B dagegen spricht von ...
	• *Im Bild links ist ... zu sehen.*
	  Ganz anders im Bild rechts: ...

Anforderungsbereich II

Analysiere	Du untersuchst ein Material oder einen Sachverhalt umfassend nach vorgegebenen oder selbst gewählten Aspekten und stellst deine Ergebnisse begründet dar. • *Betrachtet man ..., dann ...* • *Folgende Merkmale lese ich ab: ...* • *Daraus geht hervor, dass ...* • *Besonders wichtig ist ...*
Erkläre/ Begründe	Du äußerst dich ausführlich zu Abläufen, Ereignissen, Zuständen oder Handlungen von Personen und suchst nach Gründen dafür. Diese Zusammenhänge formulierst du dann mit eigenen Worten. • *Dies kann man erklären mit ...* • *Es bedeutet, dass .../Das heißt, ...* • *Da/Weil/Aufgrund von ...*
Erläutere	Du stellst Sachverhalte oder Handlungen ausführlich dar. Dabei entscheidest du selbst, was du für besonders wichtig hältst und du demzufolge sehr genau darlegst, was du nur kurz erwähnst oder was du weglassen willst. • *Infolge von ..., sodass ...* • *Zum Beispiel ...*
Finde heraus	Du suchst in verschiedenen Materialien eine Antwort auf eine Frage oder die Lösung eines Problems. Du formulierst das Ergebnis mit deinen Worten. • *Folgende Informationen konnte ich finden: ...* • *Ich habe herausgefunden, dass ...*
Ordne ein	Du stellst Sachverhalte oder Positionen in einen größeren thematischen Zusammenhang. • *... hängt zusammen mit ...* • *Man kann ... diesem Aspekt zuordnen.*
Prüfe	Du vergleichst Informationen aus den Materialien mit dem, was du schon weißt. Du stellst fest, ob beides übereinstimmt oder sich widerspricht. • *Anhand der Informationen kann ich (nicht) bestätigen, dass ...*
Vergleiche	Du stellst unterschiedliche Aussagen/ Informationen gegenüber und findest heraus, worin sie sich gleichen, ähnlich sind oder sich völlig unterscheiden. • *Im Vergleich zu ...* • *Es gibt viele Ähnlichkeiten: ...* • *Im Gegensatz zu ...*